国家骨干高职院校工学结合创新成果系列教材

# 电子产品营销

主　编　黄晓芸　禤健丽

主　审　宁爱民

中国水利水电出版社

www.waterpub.com.cn

## 内 容 提 要

本教材根据教育部高职高专教育教学改革要求,从高职院校电子类专业学生职业岗位需求的角度出发,以电子产品市场营销活动的开展为主线,介绍了电子产品市场的概况、电子产品的市场分析、电子产品的市场机会选择、制定电子产品市场营销组合(包括产品策略、价格策略、渠道策略和促销策略)等内容。

本教材可作为高职院校电子类及相关专业的教学用书,也可作为电子产品营销人员岗前培训及自学参考用书。

## 图书在版编目(CIP)数据

电子产品营销 / 黄晓芸,褚健丽主编. -- 北京:
中国水利水电出版社,2015.1(2022.7重印)
国家骨干高职院校工学结合创新成果系列教材
ISBN 978-7-5170-2935-9

Ⅰ. ①电… Ⅱ. ①黄… ②褚… Ⅲ. ①电子设备-市
场营销学-高等职业教育-教材 Ⅳ. ①F764.6

中国版本图书馆CIP数据核字(2015)第027031号

| 书　　名 | 国家骨干高职院校工学结合创新成果系列教材<br>**电子产品营销** |
|---|---|
| 作　　者 | 主编　黄晓芸　褚健丽　主审　宁爱民 |
| 出版发行 | 中国水利水电出版社<br>(北京市海淀区玉渊潭南路 1 号 D 座　100038)<br>网址:www.waterpub.com.cn<br>E-mail:sales@mwr.gov.cn<br>电话:(010)68545888(营销中心) |
| 经　　售 | 北京科水图书销售有限公司<br>电话:(010)68545874、63202643<br>全国各地新华书店和相关出版物销售网点 |
| 排　　版 | 中国水利水电出版社微机排版中心 |
| 印　　刷 | 北京市密东印刷有限公司 |
| 规　　格 | 184mm×260mm　16 开本　11.25 印张　267 千字 |
| 版　　次 | 2015 年 1 月第 1 版　2022 年 7 月第 5 次印刷 |
| 印　　数 | 12001—15000 册 |
| 定　　价 | **37.00 元** |

# 国家骨干高职院校工学结合创新成果系列教材

# 编　委　会

# 前言

进入 21 世纪，电子产业得到了飞速发展。目前，中国已成为全球重要的电子信息产品制造国家，在通信、高性能计算机、数字电视等领域也取得一系列重大技术突破。电子产品市场营销已成为电子企业在竞争激烈的市场环境中谋求发展的利器。电子产品营销是市场营销理论在特定领域中的应用。

本教材根据高职高专人才培养目标，按照"项目驱动、任务导向"的理念来设计，按照职业领域工作过程的逻辑；排列设置典型工作任务，立足于提高学生专业知识的综合运用能力和综合素质，特别是创新能力和实践能力的培养。

全书以某手机品牌的营销策划总项目为载体，共分为 7 个项目，从电子产品市场的概况、电子产品的市场分析、电子产品的市场机会选择、制定电子产品市场营销组合（包括产品策略、价格策略、渠道策略和促销策略）这几个方面来展开阐述。为使学生易于理解项目学习内容，在每个项目知识介绍前均以"导入案例"引出学习内容。同时，每个项目后均配有"训练任务"和"强化练习"，让学生参与到具体营销实践中来。

本教材由广西水利电力职业技术学院黄晓芸和褟健丽任主编，广西水利电力职业技术学院苏智灵和廖威任副主编，广西水利电力职业技术学院宁爱民任主审。南宁强国科技有限公司总经理张仲良、南宁市宇立汽车安全技术有限公司工程师秦德茂和广西水利电力职业技术学院叶芳参与了本书的编写。具体分工如下：项目一和项目四由黄晓芸、廖威编写，项目三、项目七和附录由褟健丽、秦德茂、张仲良编写，项目二、项目五和项目六由苏智灵、叶芳编写，全书由黄晓芸负责修改统稿。

本教材在编写过程中参考了大量文献，得到了有关部门、企业和出版社的领导、专家和老师的大力支持，在此一并致谢。

由于编写时间仓促，书中疏漏之处，敬请同行专家和读者批评指正。

编者

2014 年 5 月

# 目　　录

# 项目一　认识电子产品市场

| 项目情境创设 | 电子产品作为耐用消费品已迅速进入人们的生活，是人们生活用品中不可缺少的一部分。本项目作为本书开篇的第一个项目，要求同学们了解电子产业发展的现状和趋势，并对主要电子产品（主要以通信产品为主）特点有一定的认识，对电子市场营销建立初步认知，为后续进行电子产品营销项目的策划奠定必要的知识和能力基础。 | |
|---|---|---|
| 项目学习目标 | 知识目标 | 熟悉电子产业发展现状和趋势；掌握电子产品特点；了解市场的分类和市场营销观念的发展过程；理解市场、市场营销的含义；了解电子产品的经营理念。 |
| | 能力目标 | 能识别常见电子产品；能综合运用所学知识剖析现实电子产品市场案例；能组建电子产品营销团队，明确团队的目标任务。 |

**【案例导入】**

现代营销学之父菲利普·科特勒曾经说过："营销并不是以精明的方式兜售自己的产品，而是一门创造真正的客户价值的艺术。"

假设你手头有个杯子需要卖出，它的成本是 1 块钱，怎么卖？你能卖多少钱？

销售杯子的方案可能有很多种：

仅仅卖一个杯子，也许最多能卖出 2 元钱；

强调该杯子为现在的流行款式，3 元、4 元能卖得动；

杯子是著名品牌，价格可能能到 5 元、6 元；

精美包装的杯子，10 元、20 元也能卖出去；

一个名人（周杰伦、克林顿、秦始皇）用过的杯子，能卖 200 元、2000 元、20 万元。

卖什么？如何卖？怎么卖？怎样卖才能取得理想的结果？这些就是企业市场营销所涵盖的工作内容。

## 任务一　认识电子产业现状、产品分类及发展趋势

### 一、了解电子产业现状

电子信息产业以其"产品增值空间大、产业带动能力强、转型提升作用好、提供就业机会多、创新关联范围广"等特点，为发达国家共同关注，市场呈现高增长态势。发展电子信息产业已经成为发达国家抢占未来经济制高点的重要战略。

改革开放 20 年来，中国经济和社会生活发生了翻天覆地的变化。一个十分令人瞩目的现象就是电子信息技术和种类繁多的电子产品已经广泛渗入国防、经济和社会各个领域，成为人们生产、科研、工作、生活不可缺少的部分。

电子产业是我国增长最快的行业之一，1995～2003年，电子产业总产值由2471亿元增加到24058亿元，增长874%，年均增长32.9%；电子产业增加值由449亿元增加到3545亿元，增长690%，年均增长29.4%，均远远高于同期制造业的平均增长速度。2012年，我国电子信息产业销售收入突破十万亿元大关，达到11.0万亿元，增幅超过15%，电子产业的持续快速增长初步确立了我国作为世界电子产品生产大国的地位。

我国在电子产业的优势主要体现在电子终端产品的制造上。据工信部数据，2012年我国手机、计算机、彩电、集成电路等主要产品产量分别达到11.8亿部、3.5亿台、1.3亿台和823.1亿块，手机、计算机和彩电产量占全球出货量的比重均超过50%，稳固占据世界第一的位置。

目前，我国电子信息产业的发展表现出以下几个基本特征。

1. 我国已经成为电子信息产品的制造大国

我国电子信息产业总量规模国际地位持续稳步提升，已步入电子信息产品世界制造大国的行列，而且提升的趋势还在持续，很快可以超过日本位居世界第二。我国电子信息产业形成了产品门类相对齐全的制造业体系，彩电、微波炉、视盘机、收录放机、电话机、扬声器、磁性材料等产品产量居世界第一，有些产品占有全球较大的市场份额，并且形成比较强的产业配套基础。

2. 我国电子信息产业以独到的优势初步奠定了全球产业分工体系中的重要地位

在经济全球化的背景下，国际产业发展的显著变化之一是产业分工方式的改变，即跨国公司为主导的产业链纵向分工方式的形成和高度细分化，以及由此推动的新一轮产业的国家间转移，并呈现出两个重要特征：其一是此轮产业转移伴随着新的产业分工方式的出现——产业链纵向的高度分工化，即加工、组装、制造等相对劳动密集度高的产业环节由发达国家转移出去，形成了跨国公司在全球范围内优化布局其产业链，加工、组装、制造等环节与研发、设计、品牌等环节空间分离的格局；其二是一些具有一定基础和比较优势的低成本发展中国家，承接了发达国家转移出来的加工、组装、制造等环节，从而为部分发展中国家带来了参与新一轮全球分工的机会。

就我国电子信息产业而言，凭借着市场需求巨大、低成本生产要素（劳动力、土地、智力资源等）、相当实力的产业基础和生产能力等综合成本优势，获得了此轮产业转移的有利地位，已初步确立了在全球产业分工中的重要地位——电子信息产品的加工制造。我国电子信息产业参与国际分工及其大出大进国际循环的格局初步形成。

3. 产业聚集已经出现，初步形成了长江三角洲、珠江三角洲和环渤海地区三大信息产业基地

产业的区域聚集化发展已经成为当代产业发展的重要特征，美国的硅谷、英国的苏格兰科技区、印度的班加罗尔、台北的新竹科技工业园区、法国的昂蒂布、芬兰的赫尔辛基、以色列的特拉维夫都是集群式创新的成功典范。产业发展的区域聚集化出于提高规模经济、降低交易成本、有利要素流动、共享服务和基础设施等多重目的，从而提高产业的竞争力。

我国已初步形成了长江三角洲、珠江三角洲和环渤海地区三大信息产业基地。在这些产业聚集区内，形成了主机企业和多级零部件供应企业分工高度细化的产业分工方式，尤

其是形成了能够实现即时供应、交易成本较低的产业配套能力，使得区内企业表现出了很强的竞争力和市场适应能力。这些电子信息产业聚集区也是外商直接投资的首选地，使其具有很高的国际化程度，一些产业基地成为了某些电子信息产品的全球重要的生产基地。就此意义而言，这些信息产业基地正逐步发展成为影响全球市场的重要世界生产制造基地。

## 二、电子产品的分类

电子产品泛指所有由电子元器件组成的产品。如电视机、冰箱、各种电子仪器仪表等。

电子产品种类繁多，按照电子电器产品的用途分类可分为以下几种：

制冷类、空调类、取暖类、厨房类、清洁类、热容类、熨烫类、电声类、视频类、娱乐类、保健类、通信类产品及其他类电子电器产品。具体见表1-1。

表1-1　　　　　　　　　　电子产品分类表

| 分类标准 | 种类 | 实例 |
| --- | --- | --- |
| 按产品操作的难易程度分类 | 人工操纵的产品 | 机械类的洗衣机 |
| | 半自动操纵的产品 | 半自动类的洗衣机 |
| | 全自动的产品 | 全自动类的洗衣机 |
| | 智能化产品 | 采用模糊理论制造的洗衣机 |
| 按产品的大小分类 | 超大型产品 | 大型中央空调 |
| | 大型产品 | 大型卫星影院、电视背投 |
| | 中型产品 | 冰箱、彩电 |
| | 小型产品 | 笔记本电脑、加湿器 |
| 按产品的用途分类 | 制冷产品 | 电冰箱、冷冻箱 |
| | 空调产品 | 空调器、冷风机 |
| | 取暖产品 | 远红外电取暖器、电热毯 |
| | 厨房产品 | 电饭锅、消毒碗柜 |
| | 清洁产品 | 洗衣机、干衣机 |
| | 热容产品 | 电吹风 |
| | 熨烫产品 | 电熨斗 |
| | 电声产品 | 收音机、录音机、MP4 |
| | 视频产品 | 电视机、摄像机 |
| | 娱乐产品 | 电动玩具、电子游戏机 |
| | 保健产品 | 按摩器、脉冲治疗器 |
| | 通信类产品 | 手机 |
| | 其他产品 | 电动缝纫机、电动自行车 |

**【知识拓展】**

## 十款十年改变世界的电子产品

2003—2012 年，十年弹指一挥间，我们正处于一个信息科技大爆炸的时代。这 10 年，有无数令我们印象深刻的电子产品，但如果在这 10 年中挑出十款影响世界的电子产品，却个个都是重量级的，因为是它们改变了这个地球，是它们改变了我们的生活。

图 1-1

1.2003 年 Intel 迅驰技术（图 1-1）笔记本电脑

2003 年，Intel 公司正式宣布推出无线移动计算技术的品牌——英特尔迅驰移动计算技术（Intel Centrino Mobile Technology）。Centrino 代表了 intel 为笔记本电脑提供的最佳技术，基于全新的移动处理器微架结构和无线连接功能，并在电池寿命、轻薄外形和移动性能方面具有增强特性。英特尔迅驰不仅推动了笔记本电脑价格的下降，更重要的意义是推动了 WiFi 的普及。

2.2004 年摩托罗拉 V3 手机（图 1-2）

2004 年最火爆的科技玩物非摩托罗拉 V3 手机莫属，那时能有一台摩托罗拉 V3 手机，绝对会引来无数羡慕的目光。现在看来 2.2 英寸 26 万色高分辨率早已落伍，但在 2004 年，V3 之美告诉我们工业设计对于一款科技产品流行于世有极其重大的影响。

3.2005 年苹果 iPod nano 播放器（图 1-3）

从磁带机、CD 机、MP3 再到如今手机听音乐，音乐播放设备也经历了风风雨雨。2005 年 MP3 是最热门的产品，而 iPod 又是热门中的热门。iPod 的出现改变了人们听音乐的习惯，通过 itunes 也改变了欧美国家整个唱片业。

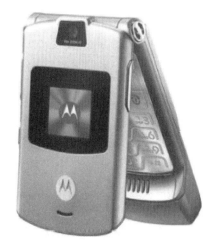

图 1-2

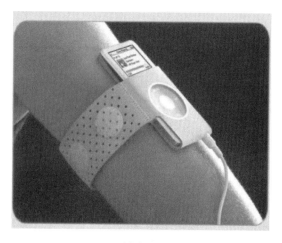

图 1-3

4. 2006 年 Intel Core 2 芯（图 1-4）笔记本

2006 年，Inter 公司再次用芯片改变了世界，Intel Core 2 处理器的出现，象征着之前奔腾时代不断提升主频的时代结束了，多核、低功耗和高缓存成为了 Core 时代的核心竞争力，Core 出现不仅奠定了英特尔在 PC 芯片上的霸主地位，也在全球加速了从 PC 台式机向笔记本的转型。

图 1-4

图 1-5

5. 2007 年亚马逊 Kindle 电子书（图 1-5）

从甲骨文、竹简到纸张，老祖宗们不知道用了多少年一直在改进记录文字的载体。而就在 2007 年，我们有幸见证了新的历史，如今全球最流行的电子书设备 Kindle 正是 2007 年推出的。人们可以不必再使用纸张阅读文字。虽然 Kindle 不是首款电子书，但亚马逊在线销售电子书的模式却影响了全球消费者。

6. 2008 年谷歌首款 Android 手机 G1（图 1-6）

2007 年 iPhone 的推出引领了智能手机时代的到来，但扮演普及智能手机的角色并非苹果，而是谷歌 Android。在如今智能机遍天下的时代，从高端市场的三星 S4 到低端市场的红米手机，谷歌 Android 均有覆盖。但还有多少人记得 Android 的首款手机 HTC G1，正是从这部手机开始，Android 走出了改变世界的第一步。

7. 2009 年微软 Windows 7 PC（图 1-7）

一款数码产品可能不足以影响世界，但对于 2009 年，以 Windows 7 系

图 1-6

图 1-7

统为代表的 PC 却可以。2009 年，Windows 7 正式发布，从 XP 到 Windows 7，微软再次推出了改变世界的窗口系统，至于此前的 Vista 和后来的 Windows 8，都没有 Windows 7 的影响力。Windows 7 来了，它改变的是这个星球上每一台电脑。感谢微软吧，是它让这个世界换上新的窗户。

8. 2010 年苹果 iPhone 4 手机（图 1-8）

iPhone 可以说是这十年来最伟大的科技产品，它的出现以及 3G 网络的普及让手机进入智能时代，也改变了我们的生活，改变了这个星球的交流方式。选择 iPhone 4 是因为它是历代 iPhone 中最好的一代，iPhone 4 之前都是试验品，iPhone 4 之后都是复制品，从 2010 年推出到 2013 年停产，iPhone 4 也是最长寿的苹果手机。

图 1-8

9.2011 年苹果 MacBook Air 笔记本电脑（图 1-9）

2011 年，苹果更新了 MacBook Air，采用酷睿双核的 MacBook Air 成为了最畅销的单品笔记本电脑。MacBook Air 不仅带来了超轻薄的外观和精湛的工业设计，也改变了 intel 在 PC 上的统治地位，越来越多的消费者选择 Mac Ox 系统的苹果 PC，因为它真的好用，不可置疑的是 MacBook Air 就是这个年代最好的轻薄笔记本的代言者。

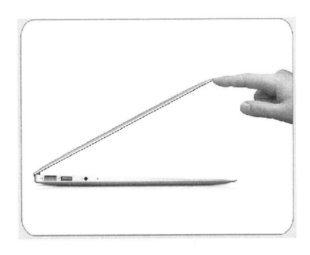

图 1-9

10.2012 年三星 Galaxy Note 手机（图 1-10）

不管苹果承不承认，苹果在这个时代最有力的竞争者是谷歌和三星，前者有 Android，后者则有大屏幕。三星 2011 年底推出的 5 吋屏平板的三星 Galaxy Note，随后在 2012 年一炮而红，通过多尺寸屏幕的机海战术，三星成为了最受欢迎的 Android 手机品牌，而这一切正是从这款 Note 开始。

图 1-10

### 三、电子信息产业的发展趋势

电子信息产业具有产业规模大、技术进步快、产业关联度强等特征，是经济增长的重要引擎，更是我国国民经济重要战略性产业。新世纪以来，以通信、计算机及软件产业为主体的电子信息产业凭借其惊人的增长速度，一举成为当今世界上最重要的战略性产业。它在各行业激烈的经济技术竞争和产业结构调整升级中高速发展，增长速度基本保持在6%～10%之间，平均为同期世界 GDP 增长率的两倍。

从全球来看，我国电子信息产业从"默默无闻"跨越到了"名列前茅"。中国已经成为全球重要的消费电子生产国家之一，多种消费电子产品产销量在世界市场上排名第一。2010 年，我国电子消费品进出口总额达 10128 亿美元，同比增长 31.2%，占全国外贸总额达 34%。消费电子产业作为我国国民经济基础性、战略性产业，已成为国民经济的重要组成部分。目前，电子信息产业发展呈现以下几个特点。

1. 新的产业分工体系形成

产业分工进一步细化，开始向工序分工转变。产业链和产品工序的作用日趋明显，产业由梯次转移向直接投资转移。比如说，由于 SMT 技术的发展，原来的整机厂板子都不再制造，开始投资研发，加大新机型组装和销售力度。例如苹果手机，苹果公司主要负责产品的投资研发等，整机、配件的生产主要由富士康等企业代工。

2. 技术、品牌、资本、规模和市场份额的作用加大

市场、资金和技术的国际化使得国际竞争由资源、产品的竞争转向技术、品牌、资本和市场份额的竞争，核心技术和品牌成为竞争的关键。由于技术高速发展和市场激烈竞争，使得技术开发的难度和风险越来越大，所需经费和高科技人才投入越来越多，从而跨国公司联合研究开发应运而生。

电子信息产业的利润主要取决于核心技术、知识产权、自主品牌和生产规模。就整机厂家来说，中国微波炉第一大户格兰仕由于依靠定牌加工（OEM），自身收益也只有3%～5%。售价 600 美元的 iPhone 4，进行组装的富士康等中国组装企业，则只得到每台6.54 美元的酬劳。而苹果公司在每台 iPhone 4 上的获利高达 360 美元，即利润约为 60%。

3. 跨国公司主导地位突出

目前，世界上已有几万家跨国公司，但在各行业有影响的只有几千家，主要以世界500 强为主。这些跨国公司在电子信息产业领域的兼并之风席卷全球，主导竞争潮流已成定势。

4. 产品界限和产业界限日趋模糊

数字技术促进了音视频、通信、计算机三大类产品间的互相融合。电信网、电视网和计算机网交叉经营、资源共享且相互渗透已是大势所趋。电子技术与机械、汽车、能源、交通、建筑、轻纺、冶金等产业的结合不断催生了新的技术领域和更广阔的产业门类。计算机、手机、传真机大量进入家庭，使消费类和投资类产品边界模糊。数字化多媒体等信息技术的发展促进了 PC 和 TV 的融合，使家用电视机、计算机、通信终端融为一体的信息家电出现。

## 任务二 认识电子产品特点——以通信产品为例

我国消费电子行业产品结构向高端发展趋势明显。3D电视、智能电视、LED背光源电视、智能手机、平板电脑、变频空调、大容量冰箱、滚筒洗衣机等高端产品正在走入普通消费者家庭。

在国家产业政策的支持下，消费电子终端企业纷纷涉足上游领域，在液晶面板、等离子面板、液晶模组、液晶背光模组、空调压缩机、冰箱压缩机、直流电机等具有高附加值已初见规模，特别是随着高世代液晶面板生产线陆续开工建设，中国企业在全球消费电子产业当中的话语权进一步增强。

美国资深IT评论家莫斯伯格被认为是美国最具影响力的技术专栏作家之一，他在展望2013年个人电子产品发展趋势时作出了概括。1月2日，他在《华尔街日报》撰文认为，个人电子产品发展在2013将呈现以下七个特点。

第一，平板电脑将继续侵蚀笔记本电脑市场，微软"视窗8"目前还没能扭转这一趋势。消费者还不会放弃购买笔记本电脑，但会延长产品的更新周期，将平板电脑列为首要购买对象。平板电脑将逐渐取代单一的电子阅读器。

第二，以苹果公司为代表的软硬件整合浪潮将继续席卷，各大公司将把自己品牌设备的硬件、操作系统、核心应用和网络生态环境都掌握在手中。谷歌在完成收购摩托罗拉移动后将进一步向这个整合模式发展；而在推出自己生产的 Surface 平板之后，微软如果宣布推出自主品牌的手机也不会让人感到惊奇。

第三，智能电视。尽管现在三星等品牌的电视机已经可以接入互联网、观看网络视频，但这些产品还稍显"笨拙"，所谓"智能电视"的功能还没能被广大消费者接受。业内和消费者最期待的苹果智能电视有望在2013年推出，重新定义电视观看体验，更为流畅地融合有线电视和网络内容。

第四，价格低廉的智能手机和流量计划。尽管智能手机越来越普及，但服务价格还是较为昂贵，每月的通话及流量费用轻易就能突破100美元。使用谷歌安卓系统及微软系统的智能手机在保证品质的情况下，有望在2013年降价。已有美国运营商开始提供每月19美元无限量通话、短信和流量的计划。

第五，音质更佳、价格不菲的便携音乐播放器。很多艺术家都抱怨现在的数字音乐缺乏音乐原有的丰富质感，2013年可能流行能播放高质量数字音乐的便携播放器。这种设备播放音乐文件的大小可能是目前音乐文件的10～20倍。如韩国 iRiver 公司已推出一种售价达700美元、可以播放 HIFI（高保真）音乐的播放器。

第六，健康监测设备。2013年将有更多可以随时计步和对睡眠状况、心率等健康指标进行监测的手环、手表等电子设备出现。

第七，互联网控制家电。2013年预计将有更多的应用程序和设备让消费者通过低耗能的网络、智能手机或平板电脑，对电灯、家用电器等日常物件进行无线控制。

除了以上这些趋势，莫斯伯格认为，人们对云计算也就是远程服务器的依赖将进一步增强，这将对日常生活、行业发展产生持久的影响。

下面，我们以手机产品为例，介绍其基本情况、类型、使用和维护方法、常见故障排除方法及其发展趋势。

1. 手机的简介

移动电话通常称为手机，早期又有"大哥大"的俗称，是可以在较广范围内使用的便携式电话终端。

手机外观上一般都应该包括至少一个液晶显示屏和一套按键（部分采用触摸屏的手机减少了按键）。电话键盘部分手机除了典型的电话功能外，还包含了 PDA、游戏机、MP3、照相机、摄影、录音、GPS 等功能，有向带有手机功能的 PDA 发展的趋势。

2. 手机的类型

目前手机的主要类型见表 1 - 2。

表 1 - 2　　　　　　　　　　　　　　　　手 机 类 型 表

| 序　号 | 类　型 | 说　　　明 |
|---|---|---|
| 1 | 折叠式手机 | 折叠式手机为翻盖式，要翻开盖才可见到主显示屏或按键，且只有一个屏幕。目前，市场上还有双屏翻盖手机，即在翻盖上有另一个副显示屏，这个屏幕通常不大，一般能显示时间、信号、电池、来电号码等功能 |
| 2 | 直立式手机 | 直立式手机的屏幕和按键在同一平面，手机无翻盖。直立式手机的特点主要是可以直接看到屏幕上所显示的内容 |
| 3 | 滑盖式手机 | 滑盖式手机要通过抽拉才能见到全部机身。滑盖式手机有些机型就是通过滑动下盖才能看到按键；而另一些则是通过上拉屏幕部分才能看到键盘。从某种程度上说，滑盖式手机是翻盖式手机的一种延伸与创新 |
| 4 | 旋转式手机 | 旋转式手机是折叠式手机的发展，手机的上盖翻开后，能进行 360°的旋转。这样的手机主要是便于观看视频和拍照摄像 |
| 5 | 腕表式手机 | 腕表式手机主要是戴在手腕上跟手表一样的手机，其设计小巧，功能方面与普通手机并无两样 |

3. 手机的使用和维护方法

手机的使用和维护方法详见表 1 - 3。

表 1 - 3　　　　　　　　　　　　　　　手机的使用和维护方法

| 序　号 | 事　项 | 具　体　说　明 |
|---|---|---|
| 1 | 注意场合 | 某些场合不能使用手机，比如在加油站等易燃易爆场所，不能开机；乘坐飞机、轮船时，为防止干扰飞机、轮船的通信系统，也应关机 |
| 2 | 远离电器 | 要远离使用中的电子电器，在电视机、收音机、助听器和心脏起搏或个人电脑附近使用时，可能会引起干扰 |
| 3 | 勿近磁场 | 不要靠近强磁性，因手机内有磁铁，故不能将其放置于磁性存储媒体，如电脑磁盘、信用卡、电话磁卡等物件附近 |
| 4 | 减少碰撞 | 碰撞会导致手机内部元件损坏而失灵 |
| 5 | 切勿烘烤 | 高温不仅影响其整机性能，而且极易损坏元件 |

续表

| 序　号 | 事　项 | 具　体　说　明 |
|---|---|---|
| 6 | 防止受潮 | 手机一旦受水浸、雨淋或溅上饮料，其"灵性"全无；受潮后应及时送修 |
| 7 | 清洗得当 | 可用湿布加中性洗涤剂擦洗，不能用含酸碱性的清洗剂清洗，否则会腐蚀壳体及零件 |
| 8 | 勿自拆卸 | 不要随意拆卸，因为手机内部是由微型电子元件组成的，极易损坏 |

**4. 手机常见故障排除方法**

手机的常见故障排除方法详见表 1-4。

表 1-4　　　　　　　　　　　手机的常见故障排除方法

| 序　号 | 故障现象 | 判断和排除方法 |
|---|---|---|
| 1 | 不能开机 | 出现此故障往往是电池的原因，应检查电池是否充电，放置是否正确，电极是否清洁、干燥 |
| 2 | 不能呼叫 | 检查天线是否全部伸展开。检查显示屏上的信号强度计，如果信号弱，移动至开阔的位置；如果在楼内，移至靠近窗口处。检查网络选择设置，尝试人工选择，或尝试另一个网络。检查网络运营地区图，是否显示限制呼叫。检查呼叫禁止、固定拨号和封闭用户组设置，是否达到呼叫费用上限。使用PIN2码复位上限或与服务供应商联系，检查是否插入新的SIM卡。检查是否加有新的限制 |
| 3 | 不能接收电话 | 检查天线是否全部伸展开，显示屏上的信号强度计信号如何。如果信号弱，移动至开阔的位置；如果在楼内，移到靠近窗边。检查是否设置了呼叫转移及呼叫禁止，是否关闭了振铃及振动呼叫 |
| 4 | 电话不能开锁 | 是否插入了新的SIM卡，如果是，则输入新的PIN码。是否使用了备用电话，则输入默认的电话开锁编码 |
| 5 | SIM卡不工作 | SIM卡是否插入正确位置，试重插一次。金色的卡片是否明显受损或划伤，从服务供应商购买时一定要仔细检查。检查SIM及电话的电极，如果不干净，应用防静电的布清洁 |
| 6 | 电池不充电 | 检查充电器是否正确连接。检查电池电极是否清洁、干燥，电池温度是否过高，充电前应先自然降温。检查是否为旧电池，使用几年后，电池性能会降低，应更换电池 |
| 7 | 电池比正常耗电快 | 检查电话是否处于不良覆盖地区，否则会消耗更多的电量。天线是否全部伸展开，如果是则可使用较少的电量。如果是新电池，新电池需要几次全部充电、放电的过程才能达到最佳性能。让电池完全放电（开机直到电话自动关机），然后充一夜电。检查电池节电方式功能的设置。检查是否在极端温度下使用电话，温度过高或过低电池性能会大大降低 |
| 8 | 不能取消呼叫转移或呼叫禁止 | 等到位于良好的网络覆盖区域时再试 |
| 9 | 不能拨发国际呼叫 | 一些服务供应商自动禁止拨发国际呼叫的功能，应与服务供应商联系。检查是否加上了相应的区号，可利用国际拨号前缀"+"，然后输入相应的国家区号及电话号码，拨发国际呼叫 |

5.手机产品的发展趋势

手机产品的发展趋势详见表1-5。

表1-5　　　　　　　　　　　　　手机产品发展趋势

| 趋　势 | 表　现 |
|---|---|
| 普及化 | 因手机携带使用方便快捷，不受移动限制又可全球通，可随意随地交流信息，所以它正在成为与人们形影不离、最理想的首选通信工具，将是人类最亲近的朋友 |
| 微轻化 | 随着微电子技术的大力发展和人们对手机携带更方便的渴求，手机越来越微轻化、体积更小、重量更轻 |
| 数字化 | 这是手机的重点发展方向，数字手机与通信卫星网络相结合可实现全球通，如与电脑配合还可发传真，加入公众信息网可直接进入互联网和信息高速公路。数字手机不易开机，也不易被盗打，而且传输速度快，声音清晰无杂，是传统模拟手机无法比拟的 |
| 多层化 | 随着手机模拟普及加快，它正在走进各层次的普通百姓家，因收入、文化、爱好、职业、需要、习俗的不同，普通百姓对手机的要求也各不相同，便出现了消费多层次化的趋势 |
| 显示化 | 设有液晶显示屏显示文字和图像等信息，依赖超大的内存功能，可储存个人喜欢的影音、图像、电子书等资料，然后根据需求进行播放或阅读 |
| 多功能化 | 手机不仅用于通信，还正在向多功能、多用途发展，目前主要有：提供多种信息服务，通过手机荧屏可查询银行业务，车船飞机时刻表、价目表等，还有天气预报，电话号码等多种信息（未来的移动通信网络将具有记忆功能，想何时何日打电话，网络会替代办；如打电话占线，一旦线路空出，网络会自动拨号及时重新拨通话；备有多种悦耳铃声供选用，或自编、录制、下载音乐） |
| 可视化 | 手机有荧屏，打电话时可看见对方图像 |
| 录音化 | 可进行数码录音、重放，替代录音机、录音笔 |
| 二合化 | 具有秘书传呼功能，将手机与寻呼机功能"合二为一" |
| 智能化 | 将移动计算和移动通信集合在一起的手机产品，由于集合了手机和PDA的特点，在信息处理能力上高于传统手机，所以在无线上网方面也具有优势。同时拥有高速无线上网、移动办公、多媒体和个性设置等全方位移动通信功能，它带来的超大屏幕、内置媒体播放器，可以实现在线观看电影等功能，它比普通手机具有更强大的计算能力，可以下载上万种游戏、铃声、电子书等。这种机型也许不是纯粹意义上的手机，更多地像是手机功能附在PDA上 |

# 任务三　认识电子市场营销

美国著名的营销学权威菲利普·科特勒在其巨著《营销管理》（第9版）中指出："在70年代，美国最强大的企业包括通用汽车公司、西尔斯百货公司、美国无线电公司和美国国际商用机器公司……它们之中每一个公司都未能了解变化着的市场和顾客，以及提供有竞争价值的需求。通用汽车仍在不停地探索为什么在世界的大多数地区德国和日本汽车领先于通用汽车。巨大的西尔斯在选择时髦百货公司和时装店还是大众折扣商店两者之间举棋不定。美国无线电公司，虽然发明了许多新的专利，却从未掌握过营销的艺术，现在只能大量进口来自日本和韩国的产品，然后再挂上它的品牌。国际商用机器公司——世界上最大的计算机销售商，1992年首次亏损达49.6亿美元，因为它继续把重点集中于计算机主机销售上，而市场已无情地转向新的需要，例如微机、计算机网络和计算机工作站。"

类似情况在我国也屡见不鲜。社会主义市场经济体制的建立，把企业推向了市场，成为市场经济活动的主体。加上市场供需态势发生剧变，市场供应日益丰富，供方市场竞争激烈。为此，相当多的企业不适应新的市场格局，陷入了困境。

所有这一切无疑给企业上了一堂课：任何一个企业都不能忽视顾客、市场和竞争。现在，越来越多的企业开始研究如何以市场需求为导向，指导企业的生产和经营活动，组织有系统的市场营销。通用汽车公司、西尔斯公司、美国无线电公司和IBM公司先后对经营战略和策略进行了调整，创造出一整套营销策略和技术。海尔公司、联想集团、宝钢集团亦在市场营销方面创造了骄人的业绩。可以这样说，市场营销在帮助这些企业取得竞争优势上起着关键性的作用。

## 一、市场的含义

市场是一个既古老又现代的概念，它又丰富的多层次的内涵，可以从传统的、政治经济学的和营销学的三个角度去理解和分析。

传统的市场的概念是指商品交换的场所：这是一种狭义的传统的市场概念，比较多地强调市场的空间、地理的含义，只有有了具体的地点空间，才会有市场。

政治经济学中市场是指商品交换关系的总和。

营销学中市场是指某种产品的现实购买者与潜在购买者（可能的购买者、有潜在购买需求的人或组织）需求的总和。

电子产品市场是指由一切对电子产品具有特定需要和欲望，并且愿意和能够从事交换来使需要和欲望得到满足的潜在顾客所组成的群体。

**（一）市场的三个要素**

市场由三个要素组成：

（1）人口。指人口数量的多少。人口是构成市场的基本要素，消费者人口的多少，决定着市场的规模和容量，而人口的构成及其变化则影响着市场需求的构成和变化。

（2）购买力。指消费者支付货币购买商品或劳务的能力。购买力是构成现实市场的物质基础。购买力的高低是由消费者的收入水平决定的。

（3）购买欲望。指消费者购买商品或劳务的愿望、要求和动机。购买欲望是使消费者的潜在购买力转化为现实购买力的必要条件。

**【案例1-1】** 时新商场对折销售何以成功

湖北十堰市时新商场是一个以经营纺织品为主的商场。近几年来，由于受纺织品销售不景气的大气候的影响，生意比较平淡。尤其是大批的鞋类积压，使商场举步维艰。其中仅旅游鞋就占用了40万元资金。为了摆脱被动局面，1993年11月份商场用半个月的时间对折销售旅游鞋。该店在十堰市最具影响的《车城文化报》上宣称：此举措是以加速资金周转、盘活资金为目的，商场将亏损十万元。

当这个消息传播出去以后，该店鞋柜每天顾客熙熙攘攘，鞋柜前里三层外三层，这种情况持续了十五天，该店销售的旅游鞋不仅有仿皮鞋（40元）、普通鞋（60元），也有名牌鞋，如狼牌、火炬牌，定价也只有70元。这些鞋全部销售一空。结果，该店不仅没有亏损，反而赚了5万元。

时新商场经营成功的原因是什么呢？

分析：

市场是人口、购买力和购买欲望的集合。由此可见，看一种商品有没有市场，或者说市场是否已经形成，就要看是否具备这三个要素，三要素缺一，就不能形成市场，只有三者具备，这个市场才有经营取胜的可能。

十堰市时新商场经营旅游鞋之所以成功，从市场概念来看，主要是该店根据当时形成市场的三要素同时具备的情况大胆开拓市场，采取了灵活的营销方式。

第一，人口是形成市场的首要的也是最重要的因素。人口的多少，在一定程度上决定了市场的大小。因此，看某一商品是否有销路，首先要看能够接受这种商品的消费者有多少。十堰市属中小型城市，人口是足够多的，不成问题的。

第二，购买力。有了人口，不一定就能形成一定的市场，还要看这些人口有无购买力，有购买力的人口有多少。十堰市旅游鞋销售困难，其主要原因是价格贵，超过了大多数消费者的货币支付能力。时新商场针对这种情况，果断地运用了对折降价售卖的招数，立即吸引了成千上万的顾客，由于符合市场购买力状况，形成了抢购热潮。

第三，从购买欲望来看，旅游鞋具有舒适耐穿、容易清洁、品质高级、式样高雅，而且冬天穿着保暖的特点。人人都希望拥有旅游鞋，只是价格太高，有些顾客只能望鞋兴叹，而时新商场价格对折，正好迎合顾客之需，符合消费者的购买意向。

总之，从现代市场概念来看，时新商场抓住了形成市场的三个要素，看准了市场，大胆开拓，终于取得了成功。

**（二）市场的分类**

1. 消费者市场

消费者市场是指个人或家庭为了生活消费而购买商品或服务的市场。消费者是电子产品的主要买主，消费者市场是电子产品经营活动为之服务的最终市场。因此，电子产品消费者市场是电子产品经营者最为重视和重点研究的对象。

2. 组织市场

组织市场是指为了获取利润进行再生产而购买产品的市场。

组织市场包括三类：生产者市场、中间商市场、政府市场。

（1）生产者市场。也称为工业市场或产业市场。在生产者市场中，人们采购货物或劳务的目的是加工生产其他产品，并将这些产品销售或出租，以从中获利。

（2）中间商市场。也称转售者市场。在中间商市场中，批发商、各类零售商和代理商购买产品的目的是在消费者市场上出售这些产品而获利。

电子产品经营者一般不生产产品，是电子产品转售者，即经销商。例如，国美电器股份有限公司就是我国一家大型家电连锁零售企业，其经营的商品包括空调、冰箱、彩电、音像、通信产品、计算机、数码产品等上千个品牌、20多万个规格型号的电子产品。

（3）政府市场。政府市场是指为执行政府的主要职能而采购或租用商品的各级政府单位。政府市场上的购买者是政府的采购机构。政府市场是一个庞大的市场，受到电子产品生产经营者的普遍重视。

**（三）电子产品市场特点**

1. 电子产品消费者市场特点

（1）分散性。电子产品消费者市场以个人或家庭为购买和消费的基本单位，购买者众多、市场分散，购买的目的是为了满足生活需要，主要通过零售商购买，每次购买的量较少。

（2）差异性。电子产品消费者人多面广，差异性大。不同年龄、性别、兴趣爱好、受教育程度、收入水平的消费者有着不同的需求特点。

（3）多变性。电子产品更新换代周期短，新产品层出不穷，越来越多的消费者追逐消费潮流，需求多变。消费者更关注产品的性能、外表款式乃至产品品位，而对一成不变的产品感到厌倦。

（4）替代性。电子产品种类繁多，同种产品的生产厂家多，产品之间往往可以互相替代。因此，消费者选择余地大，经常在替代品之间进行购买选择，导致购买力在不同产品、品牌和企业间流动。

（5）非专业性。电子产品消费者大多缺乏相应的产品知识和市场知识，其购买行为属于非专业性购买。他们对产品的选购受广告宣传的影响较大，其购买行为具有很大程度的可诱导性。

2. 电子产品组织市场特点

（1）派生需求。组织需求是一种派生需求。组织机构对产品的需求归根结底是从消费者对消费品或服务的需求中派生出来的。

（2）市场大。组织市场是一个非常庞大的市场。该市场的消费者不仅购买与消费者市场相同的大量产品，如计算机、灯具、空调等，而且购买许多消费者市场不常需要的产品，如大型中央空调、大型计算机等。

（3）多人决策。采购决策过程的参与者往往不止一个人，而是由很多人组成的，甚至连采购经理也很少能独立决策而不受他人影响。

（4）过程复杂。由于购买金额较大，参与者较多，而且产品技术性能较为复杂，组织购买行为过程将持续较长一段时间。

（5）提供服务。一般来说，电子产品本身并不能满足组织购买者的全部需求，产品经营者还必须为购买者提供技术支持、人员培训、及时交货、信贷优惠等便利与服务。

## 二、市场营销的含义

市场营销是指通过交换以满足目标顾客的需要和欲望，从而实现企业盈利目标的综合性经营销售活动。

按照这一定义，市场营销的根本目的是为了实现企业目标，而实现这一目标的前提必须是满足消费者现实的和潜在的需要；市场营销的中心是市场交易过程，为了保证商品交换过程的顺利进行，企业应当研究不断变化的市场环境，开展市场营销活动，包括开展市场调研、市场机会分析、选择目标市场、产品开发、定价、分销渠道选择、促销活动、产品的储存与运输、销售及售后服务等。

**【知识拓展】**

## 从 4P 到 4C，由企业中心到顾客中心

美国营销学学者麦卡锡教授在 20 世纪的 60 年代提出了著名的 4P 营销组合策略，即产品（Product）、价格（Price）、渠道（Place）和促销（Promotion）。他认为一次成功和完整的市场营销活动，意味着以适当的产品、适当的价格、适当的渠道和适当的促销手段，将适当的产品和服务投放到特定市场的行为。

4P 理论主要是从供方出发来研究市场的需求及变化，如何在竞争中取胜。4P 理论重视产品导向而非消费者导向，以满足市场需求为目标。4P 理论是营销学的基本理论，它最早将复杂的市场营销活动加以简单化、抽象化和体系化，构建了营销学的基本框架，促进了市场营销理论的发展与普及。4P 理论在营销实践中得到了广泛的应用，至今仍然是人们思考营销问题的基本模式。然而随着环境的变化，这一理论逐渐显示出其弊端：一是营销活动着重企业内部，对营销过程中的外部不可控变量考虑较少，难以适应市场变化。二是随着产品、价格和促销等手段在企业间相互模仿，在实际运用中很难起到出奇制胜的作用。由于 4P 理论在变化的市场环境中出现了一定的弊端，于是，更加强调追求顾客满意的 4C 理论营运而生。

4C 理论是由美国营销专家劳特朋教授在 1990 年提出的，它以消费者需求为导向，重新设定了市场营销组合的四个基本要素：即消费者（Consumer）、成本（Cost）、便利（Convenience）和沟通（Communication）。它强调企业首先应该把追求顾客满意放在第一位，其次是努力降低顾客的购买成本，然后要充分注意到顾客购买过程中的便利性，而不是从企业的角度来决定销售渠道策略，最后还应以消费者为中心实施有效的营销沟通。与产品导向的 4P 理论相比，4C 理论有了很大的进步和发展，它重视顾客导向，以追求顾客满意为目标，这实际上是当今消费者在营销中越来越居主动地位的市场对企业的必然要求。

这一营销理念也深刻地反映在企业营销活动中。在 4C 理念的指导下，越来越多的企业更加关注市场和消费者，与顾客建立一种更为密切和动态的关系。1999 年 5 月，大名鼎鼎的微软公司在其首席执行官巴尔默德主持下，也开始了一次全面的战略调整，使微软公司不再只跟着公司技术专家的指挥棒转，而是更加关注市场和客户的需求。我国的科龙、恒基伟业和联想等企业通过营销变革，实施以 4C 策略为理论基础的整合营销方式，成为了 4C 理论实践的先行者和受益者。

家电行业中，"价格为王""成本为师"都是业内的共识，以前都是生产厂家掌握定价权，企业的定价权完全是从企业的利润率出发，没有真正从消费者的"成本观"出发，这就是为什么高端彩电普及不快的原因。而现在消费者考虑价格的前提就是自己的"花多少钱买这个产品才值"。于是作为销售终端的苏宁电器专门有人研究消费者的购物"成本"，以此来要求厂家"定价"，这种按照消费者的"成本观"来对厂商制定价格要求的做法就

是对追求顾客满意的 4C 理论的实践。

## 三、市场营销观念的演变与新发展

### （一）市场营销观念的演变

所谓营销观念，就是指企业开拓市场，实现营销目标的根本指导思想。其核心也就是以什么样的营销哲学或理念来指导企业开展生产经营活动。

市场营销观念的演变与发展可归纳为五个阶段，即生产观念、产品观念、推销观念、市场营销观念和社会营销观念。

1. 生产观念

19 世纪末至 20 世纪初，西方资本主义国家处于工业化初期，产品的数量尚未能满足社会需要，处于卖方市场、供不应求的市场状况，企业产品一生产出来就销售一空。在这样的市场状态下，企业的一切生产经营活动以生产为中心，围绕生产来安排一切业务。

生产观念可以概括为："我们会做什么，就生产什么"。遵循这种营销观念的企业的主要任务是提高生产效率，降低产品成本，以量取胜。

【案例 1 - 2】

美国福特汽车公司的口号是"让每个人都坐上福特车"，采用流水线作业生产统一的黑色车而成为美国最大的汽车厂。

2. 产品观念

产品观念和生产观念几乎在同一时期流行。这种观念认为，消费者喜欢那些质量高、性能好、价格合理并有特色的产品，因此企业的主要任务就是提高产品质量。奉行这种观念的企业认为只要产品好，不怕卖不掉；只要产品有特色，自然会顾客盈门。

产品观念可以概括为："我们会做什么，就努力做好什么"。遵循这种营销观念的企业的主要任务是"提高产品质量，以质取胜"。

【案例 1 - 3】

美国通用汽车公司在 20 世纪 40 年代致力于开发高档豪华轿车，受到高消费群体的欢迎，从而一举战胜福特汽车公司，成为美国最大的汽车工厂。

3. 推销观念

推销观念产生于 20 世纪 20～40 年代，这个时期西方国家的市场形势发生了很大的变化。由于科学管理和大规模生产技术的推广，使得大批产品供过于求，竞争日益激烈，许多厂商纷纷倒闭。多数企业便认为如果不进行推销，顾客便不会购买足量的产品，所以需要强力推销来刺激顾客的购买欲望。

推销观念认为，消费者一般不会主动选择和购买商品，只能通过推销产生的刺激诱导消费者产生购买行为。这样，推销部门的任务就是采用各种可能的手段和方法，去说服和诱导消费者购买商品。至于商品是否符合顾客的需要，是否能让顾客满意，顾客是否会重复购买等问题，都无关紧要。

推销观念可以概括为："我们会做什么，就努力去推销什么"。

4. 市场营销观念

第二次世界大战以后，生产力和科技高速发展，产品更新换代周期大幅度缩短，供应量大大增加；人民生活水平提高；产品供过于求，市场由买方市场转变为卖方市场。

许多企业家认识到：在进行生产之前，必须首先分析和研究消费者的需要，在满足消费者需要的基础上，企业才能生存和发展。

按照市场营销观念，市场不是处于生产过程的终点，而是起点，不是供给决定需求，而是需求引起供给，哪里有需求，哪里才有生产和供给。

市场营销观念的原则是："顾客需要什么，就生产和销售什么"或者"能销售什么，就生产什么"。在这种观念指导下，企业的中心工作不再是单纯追求销售量的短期增长，而是着眼于长久地占领市场阵地。因而提出了"哪里有消费者的需要，哪里就有我们的机会"和"一切为了顾客的需要"等口号。

市场营销观念的产生是现代企业营销观念的重要变革。西方市场学家对这一变革给予了很高的评价，称之为商业哲学的一次革命。

【案例 1－4】

伊莱克斯针对亚洲市场新设计的洗衣机附有特殊设计的网状结构，避免老鼠对洗衣机水管的破坏，安装了特殊的电路板防止蚁穴，针对亚洲气候潮湿的特点，洗衣机外壳渡上厚厚的一层锌防锈。

美国福特汽车公司吸取了生产和销售单一黑色轿车致使公司濒临倒闭的教训，转而以顾客需要为中心，开发生产出多种颜色、型号的汽车，满足社会各阶层顾客的需要，重新打开销路，扭转了被动局面。

三星曾通过调查更深入了解了女性对于手机的要求，推出的多款针对女性设计的手机，或者有迎合女性的功能设计，如镜子、粉饼盒等，或者是更有特色的贝壳式外形和七色背景屏。另外，三星看准高层消费者的需求，从而开发了一种家庭综合娱乐系统，把所有家用电器和通讯设备利用无线连接技术融为一体，用户只需使用一个电视遥控器或手机即可操控家中任何电器。

5. 社会营销观念

在实际生活中，企业在满足顾客需求时，会不自觉地与社会公众利益发生矛盾，出现企业经营危害社会利益的现象。例如：氟利昂的生产，满足了家电行业的需要，但它破坏了臭氧层，危害人类健康。又如含磷的洗衣粉、一次性筷子、不太营养的快餐食品等，这些产品的使用危害着消费者的生命和健康。

社会营销观念强调：在考虑顾客需求、企业利润的同时，更要考虑社会利益，做一个有公共道德的企业。

社会营销观念是对市场营销观念的重要补充与完善。它的基本论点是：企业在生产和提供任何产品或服务时，不仅要满足消费者的需要和欲望，符合本企业的利益，还要符合消费者和社会发展的长远利益，实现企业、消费者和社会利益三者的协调。

【案例 1－5】

日资生堂在其21世纪"伟大构想"的3个目标中，有一条是"向社会多做贡献"，即每个员工一年有3天带薪假期，要求职员利用3天假期参加志愿者服务活动。

五种营销观念的区别详见表1-6。

表1-6                                       五种营销观念的比较

| 营销观念 | 生产观念 | 产品观念 | 推销观念 | 市场营销观念 | 社会营销观念 |
| --- | --- | --- | --- | --- | --- |
| 营销出发点 | 产品 | 产品 | 产品 | 消费者需求 | 消费者需求 |
| 营销目的 | 通过大批生产产品获利 | 通过改善产品获利 | 通过大量推销产品获利 | 通过获得需求达到长期获利 | 通过获得需求达到长期获利 |
| 基本营销策略 | 以增加产量，降低产品价格竞争 | 以提高产品质量竞争 | 以多种推销方式竞争 | 以发现和满足需求竞争 | 以获取消费者信任，兼顾社会利益影响消费者竞争 |
| 侧重方法 | 坐店等客 | 坐店等客 | 人员推销、广告宣传 | 实施整体营销方案 | 与消费者及有关方面建立良好关系 |

## （二）市场营销新理论

市场营销学自20世纪初问世以来，发展了不少新的理论。

1. 关系营销观念

所谓关系营销观念就是指为了建立、发展、保持长期的、成功的交易关系而进行的市场营销活动的一种营销观念。

关系市场营销的核心是正确处理企业与消费者、竞争对手、供应商、分销商、政府机构和社会组织的关系，以追求各方面关系利益最大化。这种从追求每笔交易利润最大化转化为追求同各方面关系利益最大化是关系市场营销的特征，也是当今市场营销发展的新趋势。

2. 绿色营销观念

绿色营销观念是在当今社会环境破坏、污染加剧、生态失衡、自然灾害威胁人类生存和发展的背景下提出来的新观念。20世纪80年代以来，伴随着各国消费者环保意识的日益增强，世界范围内掀起了一股绿色浪潮，在这股浪潮冲击下，绿色营销观念也就应运而生了。

所谓绿色营销观念，是指企业必须把消费者需求与企业利益和环保利益三者有机地结合起来，必须充分顾及到资源利用与环境保护问题，从产品设计、生产、销售到使用整个营销过程都要考虑到资源的节约利用和环保利益，做到安全、卫生、无公害的一种营销观念。

3. 网络营销观念

网络营销观念是由于互联网技术的迅速发展而出现的一种全新的营销观念。

网络营销是指企业、组织或个人通过利用计算机网络、现代通信技术等一系列硬件和软件的支持，在网上开展的一系列营销活动，如网上调查、网上购物、网上促销、网上支付等活动。网络营销突破了地域限制，提供了更个性化的产品和服务，使得交易更加便利。此外，网络营销还具有营销成本低、营销环节少、营销国际化和全天候等特点。

**【训练任务】**

任务：组建电子产品营销团队

具体要求：

（1）学生自行分组，以 3～5 人一组为宜，并推选 1 人为组长。各团队讨论确定团队名称、团队从事的主要行业和主打产品、本学期团队工作任务和目标以及团队口号。

（2）各团队上台展示，向全班同学介绍上述内容并做自我介绍。

**【强化练习】**

一、选择题

1. "酒香不怕巷子深"的营销观念是（　　）。

　　A. 生产观念　　　　　B. 产品观念　　　　　C. 推销观念　　　　D. 市场营销观念

2. 现代企业对其营销活动及管理的基本指导思想是（　　）。

　　A. 生产观念　　　　　B. 产品观念　　　　　C. 市场营销观念　　　D. 销售观念

3. 从营销理论的角度而言，企业市场营销的最终目标是（　　）。

　　A. 满足消费者的需求和欲望　　　　　　　B. 获取利润

　　C. 求得生存和发展　　　　　　　　　　　D. 把商品推销给消费者

二、简答题

1. 年轻消费者对电子电器产品的消费需求有什么特点？

2. 电子电器产品生产经营应该树立怎样的营销观念？

三、案例分析

1. 据美国汽车工业调查：一个满意的顾客会引发 8 笔潜在的生意，其中至少有一笔成交。一个不满意的顾客会影响 25 个人的购买意愿。争取一位新顾客所花的成本是保住一位老顾客所花费的 6 倍。

**案例问题：**案例中提到的这种现象体现了哪种市场营销观念？美国汽车工业调查的这一结果给企业营销工作带来什么提示？

2. 某洗衣机对其销售的洗衣机需求情况进行追踪调查，大多数人，尤其是城市购买者认为非常适用和耐用，但一些农村购买者却认为不适用也不耐用。农民反馈意见：洗衣机洗衣服还好使，但洗地瓜、土豆以及其他蔬菜就不好用，不是转不动就是下水道堵……对此意见，公司技术人员说，我们这是洗衣机不是洗菜机，农民就不应该这样使。但有的营销人员却说，农民对洗衣机有洗菜要求，我们就应该满足生产。

**案例问题：**从理论上讲两种意见各是什么营销观念？你同意哪种意见？为什么？

# 项目二　电子产品的市场分析

| 项目情境创设 | | 企业的市场营销活动是在一定的外界条件下进行的，企业时时刻刻受到其自身条件和周围环境的影响和制约。本项目以某品牌手机企业为例，来分析影响其生产经营的环境因素有哪些，这些因素又是如何影响企业的市场营销活动的。影响手机购买行为的因素有哪些；如何收集手机市场相关信息，从而满足市场需求 |
|---|---|---|
| 项目学习目标 | 知识目标 | 了解营销环境对企业营销活动产生的影响，掌握营销环境机会与威胁分析方法，掌握影响消费者购买行为的因素，掌握消费者购买行为的形成过程，了解市场调查的过程和调查方法，掌握市场调查报告的撰写要求 |
| | 能力目标 | 初步具有分析环境因素对企业营销活动的影响的能力，能分析营销环境给企业带来的机会和威胁，具有分析客户购买行为的能力，能选择合适的市场调查方法，能组织市场调查并撰写市场调查报告 |

## 【案例导入】

### 家乐福败走香港

继 1997 年底八佰伴及 1998 年中大丸百货公司在香港相继停业后，2000 年 9 月 18 日，世界第二大超市集团"家乐福"位于香港杏花村、荃湾、屯门及元朗的 4 所大型超市全部停业，撤离香港。

法资家乐福集团，在全球共有 5200 多个分店，遍布 26 个国家及地区，全球的年销售额达 363 亿美元，盈利达 7.6 亿美元，员工逾 24 万人。家乐福在我国的台湾、深圳、北京、上海的大型连锁超市，生意均蒸蒸日上，为何独独兵败香港？

家乐福声明其停业原因，是由于香港市场竞争激烈，又难以在香港觅得合适的地方开办大型超级市场，短期内难以在市场争取到足够的占有率。

家乐福倒闭的原因可从两个方面来分析。

1. 从自身来看

(1) 家乐福的"一站式购物"（让顾客一次购足所需物品）不适合香港地窄人稠的购物环境。家乐福的购物理念是建基于宽敞的场所，与香港寸土寸金的社会环境背道而驰，显然资源运用不当。这一点反映了家乐福在适应香港社会环境方面的不足和欠缺。

(2) 家乐福在香港没有物业，而本身需要数万至 10 万平方英尺（1 英尺＝0.305m）的面积经营，背负庞大租金的包袱，同时受租约限制，做成声势时租约已满，竞争对手觊觎它的铺位，会以更高租金夺取；家乐福原先的优势是货品包罗万象，但对手迅速模仿，这项优势也逐渐失去。

除了已开的 4 间分店外，家乐福还在将军澳新都城和马鞍山新港城中心租用了逾 30

万平方英尺的楼面，却一直未能开业，这也给它带来沉重的经济负担。

（3）家乐福在台湾有 20 家分店，能够形成配送规模，但在香港只有 4 家分店，直接导致配送的成本相对高昂。在进军香港期间，它还与供货商发生了一些争执，几乎诉诸法律。

2. 从外部来看

（1）在 1996 年它进军香港的时候，正好遇上香港历史上租金最贵的时期，经营成本高昂，这对于以低价取胜的家乐福来说，是一个沉重的负担。并且在这期间又不幸遭遇亚洲金融风暴，香港经济也大受打击，家乐福受这几年通货紧缩影响，一直无盈利。

（2）由于香港本地超市集团百佳、惠康、华润、苹果速销等掀起的减价战，给家乐福的经营以重创。作为国际知名的超市集团，家乐福没有主动参加这场长达两年的减价大战，但几家本地超市集团的竞相削价，终于使家乐福难以承受，在进军香港的中途铩羽而归。

家乐福败走香港说明了"巨无霸"也不是不可战胜的，唯有切实地了解市场、适应市场，才能做好市场。

企业的市场营销活动是在一定的外界条件下进行的，企业营销成败的关键就在于企业能否适应不断变化着的营销环境，为实现营销目标，企业必须认真分析和研究市场营销环境。实践证明，凡是善于分析研究环境、适应环境、利用环境的企业，就能抓住有利于企业发展的机会，使企业不断发展壮大。

# 任务一　分析市场营销环境

## 一、认识市场营销环境

### （一）市场营销环境的含义

市场营销环境是指影响企业营销活动而又难以控制的各种因素和力量的综合。美国著名的市场营销学专家菲利普·科特勒将其定义为："市场营销环境由企业营销职能外部的因素和力量所组成，这些因素和力量影响着营销管理者成功地保持和发展同其目标市场客户交换的能力。"

电子企业所处的市场环境是不断变化的，它既可给电子企业带来新的市场机会，又可给电子产品企业带来某种威胁。因此，市场营销环境对于电子企业的生存和发展具有重要的意义。电子企业必须重视对市场营销环境的分析和研究，并根据市场营销环境的变化制定有效的市场营销战略，扬长避短，趋利避害，适应变化，抓住机会，从而实现自己的市场营销目标。

市场营销环境的分类主要是按影响范围的大小来分，一般分为微观环境和宏观环境。微观环境指企业、供应商、营销中介、客户、竞争者、公众等对企业营销活动有直接影响的诸因素；宏观环境指影响企业微观环境各个因素的较大的社会力量，包括政治、经济、人口、自然、科学技术、法律、文化等环境。微观环境和宏观环境二者既相互影响又相互制约，企业的市场营销活动就是在微观环境和宏观环境的相互作用下展开的。

### （二）市场营销环境的特征

（1）客观性。市场机会和环境威胁是营销环境因素变化的结果，无论企业是否认识或是否重视，它们都会以其独特的方式客观地存在于营销环境之中。

（2）平等性。市场营销环境在一定条件下和一定的范围内对同一类企业具有平等性。无论是市场机会还是威胁，它们给企业带来的影响都是客观的。但它们对企业的影响力却有差别，这取决于企业本身的素质和能力。

（3）可变性。社会处于不断变化的动态发展过程之中，市场营销环境也随着各种因素的相互影响而不断变化，市场环境变化带来的市场机会和威胁也在减弱、消失或相互演化。有句古话叫："机不可失，时不再来。"这句话就说明了机会难得，要善于捕捉和利用机会。

## 二、分析宏观市场营销环境

宏观市场营销环境是指企业无法直接控制的因素，是通过影响微观环境来影响企业营销能力和效率的一系列巨大的社会力量，它包括人口、经济、政治与法律、科学技术、自然环境及社会文化等因素。由于这些环境因素对企业的营销活动起着间接的影响，所以又称间接营销环境。

### （一）人口环境

人口是构成市场的第一位因素。因为市场是由那些想购买商品同时又具有购买力的人构成的，因此，人口的多少直接决定着市场的潜在容量，人口越多，市场的规模就越大。而人口的年龄结构、地理分布、婚姻状况、出生率、死亡率、人口密度、人口流动性及其文化教育等人口特性会对市场格局产生深刻的影响，并直接影响企业的市场营销活动和经营管理。因此，对于电子企业来说，必须重视对人口环境的研究，密切注视人口特性及其发展动向，不失时机地抓住市场机会，当出现威胁时，应及时、果断调整营销策略以适应人口环境的变化。

#### 1. 人口数量与增长速度

我国是人口大国。众多的人口及人口的进一步增长给企业带来了市场机会，也带来了威胁。首先，人口数量是决定市场规模和市场潜量的一个基本要素，人口越多，如果收入水平不变，则对食物、衣着、日用品的需求量也越多，市场也就越大；其次，人口的迅速增长促进了市场规模的扩大，因为人口增加，其消费需求也会迅速增加，市场的潜力也就会增大；另一方面，人口的迅速增长，也会给企业营销带来不利的影响，比如人口迅速增长可能导致人均收入下降，限制经济发展，从而使市场吸引力降低。

#### 2. 人口的地理分布及区间流动

消费需求与人口的地理分布及区间流动密切相关，一是人口密度不同，不同地区市场需求量存在差异，城市的人口比较集中，尤其是大城市人口密度很大，而农村人口则相对分散；二是不同地区居民的购买习惯和购买行为也存在差异，例如南方人以大米为主食，北方人以面粉为主食，江浙沪沿海一带的人喜食甜食，而川湘鄂一带的人则喜辣味；三是随着经济的活跃和发展，人口的区域流动性也越来越大，消费结构也发生一定的变化，继而给当地企业带来较多的市场份额和营销机会。在我国，人口的流动主要表现在农村人口向城市或工矿地区流动；内地人口向沿海经济开放地区流动。另外，经商、观光旅游、学习等也使人口流动加速。

3. 人口结构

人口结构包括年龄结构、性别结构、民族、教育程度与职业结构、家庭结构、社会结构和民族结构等。

（1）年龄结构。不同年龄的消费者对商品和服务的需求是不一样的。不同年龄结构就形成了具有年龄特色的市场。企业了解不同年龄结构所具有的需求特点，就可以决定企业产品的投向，寻找目标市场。

【案例 2-1】

时尚是大学生先锋品牌共有的元素。而大学生对"时尚"的理解的关键核心是"独特风格"。在传统与时尚之间，大学生最为关注的关键词是"独特风格"，是个性的展示。调查显示（参见表 2-1），对于"流行""时髦""新奇"这些态度语句，大学生中有 20%～30% 的人表示出偏好。而对于"喜欢购买具有独特风格的产品"这一态度语句，有近57.7% 的大学生表示同意。在流行、时髦与独特之间，大学生有自己的认识，流行未必独特，但独特风格往往会代表一种时尚。

表 2-1　　　　　　　　大学生对于独特风格的认同比例

| 与独特风格相关的态度 | 赞同比例/% | 与独特风格相关的态度 | 赞同比例/% |
| --- | --- | --- | --- |
| 我希望自己成为有独特风格的人 | 74.8 | 我喜欢追求流行、时髦与新奇的东西 | 30.4 |
| 我喜欢购买具有独特风格的产品 | 57.7 | 流行与实用之间我比较喜欢流行 | 24.0 |
| 我希望被视为一个领导者 | 56.6 | 与其他人相比，我的穿着更加时髦 | 22.9 |
| 使用名牌可以提高一个人的身份 | 38.4 | | |

同时，当代大学生在崇尚独特、追求时尚的同时，也越来越尊重生活态度、价值观的多元化。

改革开放以来，中国对多元的文化、价值观的包容程度越来越大。当代大学生对个性的追求表现得更加显著。调查中，有超过 70% 的人表示"希望自己成为有独特风格的人"，超过半数的大学生喜欢购买具有独特风格的产品。这种个性化的追求显示并促成了当代大学生普遍具有更强的自信心，例如，有大约 57% 的大学生"希望被视为一个领导者"。也因此，麦当劳高唱着"我就喜欢"迎接着一批批大学生顾客，M-Zone 扛着"我的地带我做主"的大旗在大学校园高高飘扬，安踏暗示着"我选择我喜欢"，迅速赢得了大学生市场的最高份额；美特斯邦威强调"不走寻常路"，彰显青春个性。

（2）性别结构。性别差异会给人们的消费需求带来显著的差别，反映到市场上就会出现男性用品市场和女性用品市场。企业可以针对不同性别的不同需求，生产适销对路的产品，制定有效的营销策略，开发更大的市场。

（3）教育程度与职业结构。人口的教育程度与职业不同，对市场需求表现出不同的倾向。随着高等教育规模的扩大，人口的受教育程度普遍提高，收入水平也逐步增加。企业应关注人们对报刊、书籍、电脑这类商品的需求的变化。

（4）家庭结构。家庭是商品购买和消费的基本单位。一个国家或地区的家庭单位的多少以及家庭平均人员的多少，可以直接影响到某些消费品的需求数量。同时，不同类型的家庭往往有不同的消费需求。

（5）社会结构。我国绝大部分人口为农业人口，农业人口约占总人口的80%左右。这样的社会结构要求企业营销应充分考虑到农村这个大市场。

（6）民族结构。我国是一个多民族的国家。民族不同，其文化传统、生活习性也不相同。具体表现在饮食、居住、服饰、礼仪等方面的消费需求都有自己的风俗习惯。企业营销要重视民族市场的特点，开发适合民族特性、受其欢迎的商品。

4. 家庭单位

家庭是社会的细胞，也是购买、消费的基本单位。家庭的数量直接影响到某些消费品的需求量，如住宅电话、家庭上网等都是以家庭为单位进行消费的。目前，"四代同堂"现象已不多见，"三位一体"的小家庭则很普遍，并逐步由城市向乡镇发展。家庭数量的剧增必然会引起对住房、炊具、家具、家用电器和住宅电话等需求的迅速增长。

**（二）经济环境**

国民收入水平、消费结构、产业结构、经济增长率、货币供应量、银行利率等均是经济环境的构成要素。下面主要分析与市场消费直接有关的几个因素。

1. 收入水平

收入水平是构成市场的重要因素，甚至是更为重要的因素。因为市场规模的大小归根结底取决于消费者的购买力大小，而消费者的购买力取决于他们收入的多少。企业必须从市场营销的角度来研究消费者收入，通常从以下5个方面进行分析。

（1）国民生产总值。它是衡量一个国家经济实力与购买力的重要指标。国民生产总值增长越快，对商品的需求和购买力就越大，反之，就越小。

（2）人均国民收入。这是用国民收入总量除以总人口的比值。这个指标大体反映了一个国家人民生活水平的高低，也在一定程度上决定商品需求的构成。一般来说，人均收入增长，对商品的需求和购买力就大，反之就小。

（3）个人可支配收入。指在个人收入中扣除消费者个人缴纳的各种税款和交给政府的非商业性开支后剩余的部分，可用于消费或储蓄的那部分个人收入，它构成实际购买力。个人可支配收入是影响消费者购买生活必需品的决定性因素。

（4）个人可任意支配收入。指在个人可支配收入中减去消费者用于购买生活必需品的费用支出（如房租、水电、食物、衣着等项开支）后剩余的部分。这部分收入是消费需求变化中最活跃的因素，也是企业开展营销活动时所要考虑的主要对象。这部分收入一般用于购买高档耐用消费品、娱乐、教育、旅游等。

（5）家庭收入。家庭收入的高低会影响很多产品的市场需求。一般来讲，家庭收入高，对消费品需求大，购买力也大；反之，需求小，购买力也小。另外，要注意分析消费者实际收入的变化。注意区分货币收入和实际收入。

2. 消费结构

随着消费者收入的变化，消费者的消费结构也发生变化。消费结构指消费过程中人们所消耗的各种消费资料（包括劳务）的构成，即各种消费支出占总支出的比例关系。

西方一些经济学家常用恩格尔系数来反映这种变化。恩格尔系数表明，在一定的条件下，当家庭个人收入增加时，收入中用于食物开支部分的增长速度要小于用于教育、医疗、享受等方面的开支增长速度。食物开支占总消费量的比重越大，恩格尔系数越高，生活水平越低；反之，食物开支所占比重越小，恩格尔系数越小，生活水平越高。

这种消费结构不仅与消费者收入有关，而且还受到下面两个因素的影响：

（1）家庭生命周期的阶段影响。据调查，没有孩子的年轻人家庭，往往把更多的收入用于购买冰箱、电视机、家具、陈设品等耐用消费品上；而有孩子的家庭，则在孩子的娱乐、教育等方面支出较多，而用于购买家庭消费品的支出减少；当孩子长大独立生活后，家庭收支预算又会发生变化，用于保健、旅游、储蓄部分就会增加。

（2）家庭所在地的影响。农村与城市的消费者相比，前者用于交通方面的支出较少，用于住宅方面的支出较多，而后者用于衣食、交通、娱乐方面的支出较多。

优化的消费结构是优化的产业结构和产品结构的客观依据，也是企业开展营销活动的基本立足点。从我国的情况看，消费结构发生了很大变化：用在食物、衣物等生活必需品的消费比重在下降，而用在住宅、汽车、教育和劳务等方面的消费比重在上升。

3．储蓄和信贷

消费者的购买力还要受储蓄和信贷的直接影响。消费者个人收入不可能全部花掉，总有一部分以各种形式储蓄起来，这是一种推迟了的、潜在的购买力。消费者储蓄一般有两种形式：一是银行存款，增加现有银行存款额；二是购买有价证券。当收入一定时，储蓄越多，现实消费量就越小，潜在消费量愈大；反之，储蓄越少，现实消费量就越大，而潜在消费量愈小。近年来，我国居民储蓄额和储蓄增长率均较大。居民储蓄增加，显然会使企业目前产品价值的实现比较困难，但另一方面，企业若能调动消费者的潜在需求，就可开发新的目标市场。

消费者信贷对购买力的影响也很大。所谓消费者信贷，就是消费者凭信用先取得商品使用权，然后按期归还贷款，以购买商品。这实际上就是消费者提前支取未来的收入，提前消费。目前消费者信贷方式主要有：短期赊销、分期付款、信用贷款等。信贷消费允许人们购买超过自己现实购买力的商品，从而创造了更多的就业机会、更多的收入以及更多的需求。

**（三）政治与法律环境**

1．政治环境

政治环境是指企业市场营销活动的外部政治形势。一个国家的政局稳定与否，会给企业营销活动带来重大的影响。如果政局稳定，人民安居乐业，就会给企业营销造成良好的环境。相反，政局不稳，社会矛盾尖锐，秩序混乱，就会影响经济发展和市场的稳定。企业在市场营销中，特别是在对外贸易活动中，一定要考虑东道国政局变动和社会稳定情况可能造成的影响。

政治环境对企业营销活动的影响主要表现为国家政府所制定的方针政策，如人口政策、能源政策、物价政策、财政政策、货币政策等，都会对企业营销活动带来影响。例如，国家通过降低利率来刺激消费的增长；通过征收个人收入所得税调节消费者收入的差异，从而影响人们的购买；通过增加产品税，对香烟、酒等商品的增税来抑制人们的消费需求。在国际贸易中，不同的国家也会制定一些相应的政策来干预外国企业在本国的营销活动。主要措施有进口限制、税收政策、价格管制、外汇管制和国有化政策等。

**【案例 2 - 2】** 米莎小黑熊的夭折

斯坦福·布卢姆是美国一家体育用品公司的推销员，1977 年以前，他已成功地推销了招贴纸、汗衫和臂章等商品。为了再大干一番，他用 25 万美元买下了在美国使用米莎小黑熊商标的专利权。因为米莎小黑熊将正式作为在莫斯科举行的 1980 年夏季奥运会的标记（吉祥物）。在随后的两年中，布卢姆和他的体育用品公司为销售米莎产品四处奔波，他们允许 58 家公司使用米莎商标。当四种颜色描制的憨态可掬的小黑熊的大幅广告出现在几十种杂志上时，千百万个胖鼓鼓的小米莎便被制造出来，分送到全国各地的玩具商店和百货商店。事情进展得非常顺利。布卢姆估计可获得 5000 万～1 亿美元的毛利。但是，就在这时发生了意想不到的事情：苏联突然出兵侵略阿富汗，并拒绝撤军。美国总统因此宣布美国将不参加在莫斯科举行的奥运会。顷刻之间，昔日令人喜爱的小动物变成了邪恶的象征，不再有人问津。尽管布卢姆毫无过错，但他的希望却化为泡影。

2. 法律环境

法律环境是指国家或地方政府所颁布的各项法规、法令和条例等，它是企业营销活动的准则，企业只有依法进行各种营销活动，才能受到国家法律的有效保护。近年来，为适应经济体制改革和对外开放的需要，我国陆续制定和颁布了一系列法律法规，例如《中华人民共和国产品质量法》《企业法》《经济合同法》《涉外经济合同法》《商标法》《专利法》《广告法》《食品卫生法》《环境保护法》《反不正当竞争法》《消费者权益保护法》《进出口商品检验条例》等。企业的营销管理者必须熟知有关的法律条文，才能保证企业经营的合法性，运用法律武器来保护企业与消费者的合法权益。

对从事国际营销活动的企业来说，不仅要遵守本国的法律制度，还要了解和遵守国外的法律制度和有关的国际法规、惯例和准则。例如前一段时间欧洲国家规定禁止销售不带安全保护装置的打火机，无疑限制了中国低价打火机的出口市场。日本政府也曾规定，任何外国公司进入日本市场，必须要找一个日本公司同它合伙，以此来限制外国资本的进入。只有了解掌握了这些国家的有关贸易政策，才能制定有效的营销对策，在国际营销中争取主动。

**（四）科学技术环境**

科学技术是人类在长期实践活动中所积累的经验、知识和技能的总和。科学技术环境给人类带来了很大好处，极大地促进了生产力的发展，科学技术深刻地影响着人类社会历史进程和社会经济生活的各个方面，对企业营销活动产生了巨大影响，尤其是在面临原料、能源严重短缺的今天，科学技术往往成为决定人类命运和社会进步的关键所在。企业对科技环境的研究应注意下列问题：

（1）新技术的影响及其对本企业的经营活动可能造成的直接或间接的冲击；

（2）了解和学习新技术，采用新技术，开发新产品或转入新行业，以求生存和发展；

（3）利用新技术，提高企业的服务质量和工作效率；

（4）新技术的出现对人民生活方式带来的变化及其对企业经营活动造成的影响；

（5）国际市场经营活动中要对目标市场的技术环境进行考察，明确其可接受性。

**（五）自然环境**

一个国家、一个地区的自然地理环境包括该地的自然资源、地形地貌和气候条件。从长远的观点来看，自然地理环境包括该地的资源状况、生态环境、环境保护等。自然环境的发展变化，对企业市场营销活动起着制约性的作用。目前来看，自然环境给企业带来严重威胁的同时也创造了市场机会，使得机遇与挑战同在。因此，企业应注意自然环境的发展趋势，调整好自己的营销策略。目前自然环境的发展变化主要体现在以下几个方面。

（1）自然资源日益短缺。自然资源可分为两类：一类为可再生资源，如森林、农作物等，这类资源是有限的，可以被再次生产出来，但必须防止过度采伐森林和侵占耕地。另一类资源是不可再生资源，如石油、煤炭、银、锡、铀等，这种资源蕴藏量有限，随着人类的大量地开采，有的矿产已近乎处于枯竭的边缘。自然资源短缺，使许多企业将面临原材料价格大涨、生产成本大幅度上升的威胁；但另一方面又迫使企业研究更合理地利用资源的方法，开发新的资源和代用品，这些又为企业提供了新的资源和营销机会。

（2）环境污染日趋严重。工业化、城镇化的发展对自然环境造成了很大的影响，尤其是环境污染问题日趋严重，许多地区的污染已经严重影响到人们的身体健康和自然生态平衡。环境污染问题已引起各国政府和公众的密切关注，这对企业的发展是一种压力和约束，要求企业为治理环境污染付出一定的代价，但同时也为企业提供了新的营销机会，促使企业研究控制污染技术，兴建绿色工程，生产绿色产品，开发环保包装。

（3）政府干预不断加强。自然资源短缺和环境污染加重的问题，使各国政府加强了对环境保护的干预，颁布了一系列有关环保的政策法规，这将制约一些企业的营销活动。有些企业由于治理污染需要投资，影响扩大再生产，但企业必须以大局为重，要对社会负责，对子孙后代负责，加强环保意识，在营销过程中自觉遵守环保法令，担负起环境保护的社会责任。同时，企业也要制定有效的营销策略，既要消化环境保护所支付的必要成本，还要在营销活动中挖掘潜力，保证营销目标的实现。

**（六）社会文化环境**

社会文化一般指人们在社会历史发展过程中所创造的物质财富和精神财富的总和。市场营销环境中的文化因素主要包括：价值观念、宗教信仰、道德准则、审美观念及风俗习惯。文化环境包含的内容丰富，每一种文化都包含着某些行为规范，如共同遵守的信仰、准则、习惯和规则，这些既是在社会因素的影响下形成的，而本身又是一种重要的社会影响因素，这些因素无时无刻不在影响着人的购买行为和消费方式。不同的地区、不同的社会有不同的文化，多种文化的差异及对人们的制约和影响使同一件商品在不同人看来代表不同的含义，满足不同的需要。

社会文化虽然具有相当的稳定性，但并不是一成不变的，它总是随着时间的推移，或慢或快地发生着变化。例如，几年前大多数中国人对网上聊天、网上交友、收发 E-mail 还很陌生，电信企业为了推广因特网业务，曾开办了许多因特网俱乐部，免费让大家感受因特网带来的神奇，但现在，"上网了吗？"成了人们彼此见面打招呼的口头语，上网已经成了人们每天生活的一部分，在因特网这个虚拟的空间里，没有国界、不分男女老少，借助于网络人们几乎能够解决所有的难题。因特网也给众多企业带来了无限的商机。因此，市场营销人员要不间断地追踪文化的变化趋势，适应这种变化并对企业的营销策略做出适时的调整，这样才能使企业准确地把握住商机，取得市场竞争的优势地位。

**三、分析微观市场营销环境**

企业能否成功地开展市场营销活动，实现既定目标，不仅取决于能否适应市场营销宏观环境因素的变化，而且还取决于是否适应微观环境因素的变化。企业微观市场营销环境是指与企业紧密相连、直接影响企业营销能力和效率的各种力量和因素的总和，主要包括企业自身、供应商、营销中介、消费者、竞争者及社会公众。由于这些环境因素对企业的营销活动有着直接的影响，所以又称直接营销环境。

1. 企业

企业是为满足消费者需求而提供商品或服务的经济组织。它由各个职能部门组成，包括计划、财务、采购、生产、研发、营销等部门。各部门之间既相互独立，又相互协调与配合，共同构成企业生产经营管理系统。企业的市场营销部门同企业其他部门发生着各种联系，受到企业微观环境的影响。

企业市场营销部门要面对决策层和许多其他职能部门。各管理层之间分工是否科学，协作是否和谐，都会影响营销管理决策和方案的实施。营销部门在制定营销决策时，首先要争取企业决策层的理解和支持，使营销计划能在决策层的推动下得以实施；同时，要充分考虑财务、研究与开发、采购、生产等部门的情况，并与之共同研究制定和完善计划，通过协作，默契配合去实现计划。各相关职能部门只有有效分工、密切协作、才能保证营销活动顺利开展。

2. 供应商

供应商是影响企业营销的微观环境的重要因素之一。供应商是指向企业及其竞争者提供生产产品和服务所需资源的企业或个人。供应商所提供的资源主要包括原材料、设备、能源、劳务、资金等。

供应商对企业营销活动的影响主要表现在以下几点。

(1) 供货的稳定性与及时性。原材料、零部件、能源及机器设备等货源的保证，是企业营销活动顺利进行的前提。如粮食加工厂需要谷物来进行粮食加工，还需要具备人力、设备、能源等其他生产要素，才能使企业的生产活动正常开展。供应量不足、供应短缺，都可影响企业按期完成交货任务。

(2) 供货的价格变动。毫无疑问，供货的价格直接影响企业的成本。如果供应商提高原材料价格，生产企业亦将被迫提高其产品价格，由此可能影响到企业的销售量和利润。

(3) 供货的质量水平。供应货物的质量直接影响到企业产品的质量。

针对上述影响，企业在寻找和选择供应商时，应特别注意两点：

第一，企业必须充分考虑供应商的资信状况。要选择那些能够提供品质优良、价格合理的资源，交货及时，有良好信用，在质量和效率方面都信得过的供应商，并且要与主要供应商建立长期稳定的合作关系，保证企业生产资源供应的稳定性。

第二，企业必须使自己的供应商多样化。企业过分依赖一家或少数几家供货人，受到供应变化的影响和打击的可能性就大。为了减少对企业的影响和制约，企业就要尽可能多地联系供货人，向多个供应商采购，尽量注意避免过于依靠单一的供应商，以免当与供应商的关系发生变化时，使企业陷入困境。

3. 营销中介

(1) 中间商。中间商是协助公司寻找顾客或直接与顾客进行交易的商业企业。中间商分两类：代理中间商和经销中间商。代理中间商包括代理人、经纪人、制造商代表，他们专门介绍客户或与客户磋商交易合同，但并不拥有商品持有权。经销中间商如批发商、零售商和其他再售商，他们购买产品，拥有商品持有权，再售商品。中间商对企业产品从生产领域流向消费领域具有极其重要的影响。在与中间商建立合作关系后，要随时了解和掌握其经营活动，并可采取一些激励性合作措施，推动其业务活动的开展，而一旦中间商不能履行其职责或市场环境变化时，企业应及时解除与中间商的关系。

（2）实体分配公司。主要是指协助厂商储存并把货物运送至目的地的仓储物流公司，实体分配包括包装、运输、仓储、装卸、库存控制和订单处理等方面，其基本功能是调节生产和消费之间的矛盾，弥合产销时空上的背离，提供商品的时间效用和空间效用，以便适时、适地和适量地把商品供应给消费者。

（3）营销服务机构。主要是指为厂商提供营销服务的各种机构，如营销研究公司、广告公司、传播公司等。企业可自设营销服务机构，也可委托外部营销服务机构代理有关业务，并定期评估其绩效，以促进其提高创造力、质量和服务水平。

（4）金融机构。协助厂商融资或分担货物购销储运风险的机构，如银行、保险公司等。财务中介不直接从事商业活动，但对工商企业的经营发展至关重要。在市场经济中，企业与金融机构关系密切，企业间的财务往来要通过银行结算，企业财务和货物要通过保险取得风险保障，贷款利率与保险费率的变动也会直接影响到企业的成本，而信贷来源受到限制更会使企业处于困境。

4. 消费者

消费者是企业产品与劳务的购买者，是企业营销过程中所直接面对的对象。企业营销的最终目的就是通过有效地提供产品和服务来满足目标市场的需求。无数的企业实践证明：市场的优胜者是那些重视顾客、最大限度地满足顾客需求的企业；而缺乏营销远见、忽视顾客要求的企业注定要失败。

企业营销者通常把消费者群体称为目标市场，作为企业服务的目标对象，企业的一切营销活动都以它为中心。按消费者的需求和购买目的的不同，可将目标市场分为五种类型：

（1）消费者市场，即为了个人消费而购买的个人和家庭所构成的市场。

（2）生产者市场，即为了生产、取得利润而购买的个人和企业所构成的市场。

（3）中间商市场，即为了转卖、取得利润而购买的批发商和零售商所构成的市场。

（4）政府市场，即为了履行职责而购买的政府机构所构成的市场。

（5）非营利组织市场，为了维持正常运作和履行职能而购买产品和服务的各类非营利组织所构成的市场。

（6）国际市场，即由国外的消费者、生产者、中间商、政府机构等所构成的市场。

5. 竞争者

竞争者是指与企业或个人存在经济利益争夺关系的其他经济主体。在激烈的市场竞争中，企业要立于不败之地，不仅需要研究其现实和潜在的顾客，而且必须研究其竞争者，尤其是竞争对手的产品价格、广告宣传、产品研究与开发、资源采购、销售渠道财务状况和市场等情况。从产品的替代性分析，竞争者可分为四个层次。

（1）品牌竞争者。品牌竞争者是指为满足同一需要而提供同种形式不同品牌产品的竞争者。这些产品的档次和价位基本相同，只是品牌不同，如高档香烟品牌中的中华、红塔山、利群、金圣等，微波炉品牌中的格兰仕、美的，消费者在对它们的选购上存在着品牌偏好，这些品牌的生产者即为品牌竞争者。

（2）形式竞争者。形式竞争者是指为满足同一需要而提供同种类别不同形式产品的竞争者。如自行车包括各种形式：普通自行车、赛车、山地车等；洗衣机有波轮式、滚筒式、半自动式、全自动式，这些不同形式产品的提供者即为形式竞争者。

（3）属类竞争者。属类竞争者又称为平行竞争者，是指为满足同一需求而提供不同产品的竞争者。例如，消费者为了满足代步的需要打算购买交通工具，他可以在家用轿车、摩托车和自行车中进行选择。这样，家用轿车、摩托车、自行车的提供者就成了平行竞争者。

（4）愿望竞争者。愿望竞争者是指为满足消费者当前的各种愿望而提供不同产品的竞争者，是最广义的竞争者。如消费者当前可能有许多愿望：买住房、买家用轿车、自费出国旅游，而在购买力有限的条件下，消费者不可能同时获得所需的各种产品或服务，他只能选其中的一个。在这种情况下，房地产开发商、轿车制造商、提供出国旅游服务的旅行社就成了愿望竞争者。对彩电制造商而言，生产 VCD、家庭音响、个人电脑和家用空调等不同产品的厂家都是愿望竞争者。

在明确了竞争者后，每个企业都必须认真研究主要竞争对手的战略和策略及双方的实力对比情况，这样才能知己知彼，扬长避短，在竞争中取胜。

6. 社会公众

公众是指对企业的营销目标和营销能力有实际影响或潜在影响的群体。企业在向客户提供产品或服务的过程中，不仅要和供应商打交道，与竞争对手争夺市场，还要面临社会性公众。社会性公众既可以增强也可能削弱企业实现目标的能力。一个成功的企业应该考虑如何主动地处理好与主要公众的关系，而不是消极等待或对公众采取冷漠的态度。一般来说企业面临的主要公众有以下几种。

（1）金融公众。关心并可能影响企业获得资金能力的团体，如银行、信托投资公司、证券交易所、保险公司等。

（2）媒介公众。报社、杂志社、电视台、广播电台等大众传播媒体。这些公众对树立企业形象、扩大企业声誉等方面具有重要作用。

（3）政府公众。指有关的政府部门，企业在制定营销计划时必须充分考虑政府有关部门的政策、法规，适应政府公众对企业的要求。

（4）社会公众。指一般公众和社会性团体，包括消费者协会、环境保护组织、民众团体等，他们可能热心地支持企业的某些活动，也可能激烈地反对企业的某些做法，企业必须和他们建立良好的关系。

（5）内部公众。指企业的全体员工，他们对企业信任与否和是否有积极性，不仅直接决定了劳动生产率的高低，而且他们对企业的态度也会潜移默化地影响企业以外的公众，进而影响企业形象。

## 四、分析营销环境中的机会与威胁

变化中的市场营销环境对企业营销活动来说，既蕴藏着市场机会，又隐藏着营销风险。企业要经常监视和预测其周围市场环境的变化，分析和识别由于环境发展变化而造成的主要机会和威胁，及时采取适当的对策，以适应外部环境的变化。

### （一）市场机会分析

所谓市场机会，是指能为企业带来盈利可能的环境变化的特征和趋势。企业可能有多个机会，企业的市场机会可以通过市场机会矩阵图来表达。

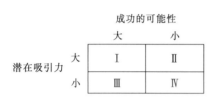

图 2-1　市场机会矩阵

市场机会矩阵图（图 2-1）的横轴代表"成功的可能性"，纵轴代表"潜在吸引力"。潜在的吸引力和成功的可能性都大的是最好的机会。

区域Ⅰ为吸引力大、可行性弱的市场机会。一般来说，该种市场机会的价值不会很大。除了少数好冒风险的企业，一般企业不会将主要精力放在此类市场机会上。但是，企业应时刻注意决定其可行性大小的内、外环境条件的变动情况，并做好当其可行性变大进入区域Ⅱ迅速反应的准备。

区域Ⅱ为吸引力、可行性俱佳的市场机会，该类市场机会的价值最大。通常，此类市场机会既稀缺又不稳定。企业营销人员的一个重要任务就是要及时、准确地发现有哪些市场机会进入或退出了该区域。该区域的市场机会是企业营销活动最理想的经营内容。

区域Ⅲ为吸引力、可行性皆差的市场机会。通常企业不会去注意该类价值最低的市场机会。该类市场机会不大可能直接跃居到区域Ⅰ中，它们通常需经由区域Ⅰ、Ⅳ才能向区域Ⅱ转变。当然，有可能在极特殊的情况下，该区域的市场机会的可行性、吸引力突然同时大幅度增加。企业对这种现象的发生也应有一定的准备。

区域Ⅳ为吸引力小、可行性大的市场机会。该类市场机会的风险低，获利能力也小，通常稳定型企业、实力薄弱的企业以该类市场机会作为其常规营销活动的主要目标。对该区域的市场机会，企业应注意其市场需求规模、发展速度、利润率等方面的变化情况，以便在该类市场机会进入区域Ⅱ时可以立即有效地予以把握。

面对环境对电子企业可能带来的机会，企业通常采取的对策有以下三种。

1. 及时利用

市场机会是不断发展变化的，并且市场机会随着时间的变化其价值也会发生变化。当市场机会被一个或一批企业利用并取得了较好的经济效益，就会有相当一批竞争者纷纷加入进来，也试图利用该市场机会。因此，在资源可能的情况下，要迅速调整企业的市场营销组合策略，及时利用那些对企业发展有利的市场机会。

2. 创造条件适时利用

当企业内部条件与市场时机所要求的条件不相符，而市场时机在一定时间内又不会发生重大变化时，企业应通过自身的努力改善或补充环境所不具备的条件，使之成为企业可利用的市场时机，条件成熟再从中利用。如果盲目利用企业不具备条件的市场时机，会给企业带来很大的风险，受到不应有的损失。

3. 放弃

有时市场机会很好，但由于企业内部的条件限制很难利用，此时企业应放弃该市场机会，寻找与企业内部条件相吻合的市场时机。

在面对潜在的吸引力很大的市场机会时，作出营销决策时一定要特别慎重，要结合市场竞争的现状和发展趋势及企业的能力等各方面考虑成功的可能性。在很多情况下，许多企业只是看到了市场的吸引力，而忽视了企业要取得成功的其他决定因素，贸然地作出了进入的决策，导致企业陷入经营的困境甚至招致失败。许多产业的重复投资、重复建设，其原因之一也和对市场机会作出了错误的评价，因而导致作出错误的决策有关。

**（二）环境威胁分析**

所谓环境威胁，是指环境中一种不利于企业发展的现实或潜在的特征的变化，如果不采取果断的市场营销行动，这种不利趋势将伤害到企业的市场地位。企业的环境销威胁也可以用环境威胁矩阵图来表达。

环境威胁矩阵图（图2-2）的横轴代表"威胁的可能性"；纵轴代表"潜在的严重性"，表示企业赢利减少程度。

图中区域Ⅰ表示出现威胁的可能性和潜在的严重性都较大；区域Ⅱ表示出现威胁的可能性小而潜在的严重性大；区域Ⅲ表示出现威胁的可能性大而潜在的严重性较小；区域Ⅳ表示出现威胁的可能性和潜在的严重性都较小。

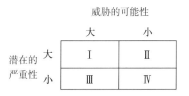

图 2-2　环境威胁矩阵

面对环境对企业可能造成的威胁，企业常用的对策有以下三种。

（1）对抗。也称抗争策略，即试图通过自己的努力限制或扭转环境中产生威胁的不利因素。如通过各种方式促使（或阻止）政府通过某种法令或有关权威组织达成某种协议、努力促使某项政策或协议的形成以用来抵消不利因素的影响。

（2）减轻。也称削弱策略，即企业在反抗不能实行或无效时，企业调整营销组合，加强对环境的适应，以减轻环境威胁的严重性和危害性。如国际营销企业针对东道国的严格的产品检验标准，对产品进行适应性改进，以便顺利地进入目标市场。

（3）转移。也称转变或回避、放弃策略，指企业在无法反抗或减轻的情况下，通过放弃或转移、调整某项业务，避免环境变化对企业的威胁。通常包含以下不同的"转移"：第一，企业原有销售市场的转移；第二，作自身行业方面的调整；第三，企业依据营销环境的变化，放弃自己原有的主营产品或服务，将主要力量转移到另一个新的行业中。

# 任务二　分析市场购买行为

## 一、分析消费者市场购买行为

消费者市场是指为满足生活消费需要而购买商品、服务、劳务的个人和家庭所构成的市场。一个社会的商品或服务，只有进入了人们的生活消费，才算最终完成，所以消费者市场又称为最终产品市场、最终消费市场。

**（一）影响电子产品消费者购买的主要因素**

研究电子产品消费者市场，核心是研究电子产品消费者的购买行为，即研究消费主体通过支出（包括货币或信用）而获得所需电子产品时的选择过程，而这个过程的形成与发展要受到许多因素的影响，主要的有社会文化因素、经济因素和心理因素。

1. 社会文化因素

消费过程本身也是一种文化现象，所以，文化对消费者行为具有强烈和广泛的影响。

分析社会文化因素对电子产品消费市场的影响，主要从文化、社会阶层、家庭和相关群体等方面入手。

（1）文化与亚文化群。文化是指人类社会发展过程中所创造的物质财富和精神财富的总和，是植根于一定的物质、社会、历史传统之上形成的特定价值观念、信仰、思维方式、宗教、习俗的综合体。作为一种观念，"文化"看不见、摸不着，但人们能感觉到它的存在。如东西方文化的巨大差异，同属东方的中日文化之间的差异。文化是影响人们欲望和行为的基本因素，对消费者购买行为具有强烈和广泛的影响。

在每一种文化中，往往还存在着在一定范围内一定数量的具有文化同一性的群体，即亚文化群。他们以特定的价值观和影响力将各成员联系在一起，从而形成生活格调和行为方式相同或相近的群体。这种次文化包括许多类型，其中对消费购买行为影响较大的有民族亚文化、宗教亚文化、地理区域亚文化、种族亚文化。

（2）社会阶层。由于收入水平、教育程度等方面的差异，不同社会阶层的人在购买行为和购买商品种类上具有明显的差异性，对商品、品牌、广告宣传媒体等均有不同的偏好。电子企业应适应不同阶层的消费，以便有的放矢，采取最佳的营销策略。

如工人、农民和知识分子这三大阶层，对电子产品的需求、爱好和兴趣显然是有差异的。电子企业研究不同社会阶层对购买行为的不同影响，对于细分电子产品市场具有特别重要的意义。

（3）相关群体。相关群体是指对个人的态度、意见偏好和行为有直接或间接影响的群体。相关群体有3种形式：一是主要团体，包括家庭成员、亲朋好友和同窗同事，主要团体对消费者的购买行为发生直接和主要的影响；二是次要团体，即消费者所参加的工会、职业协会等社会团体和业余组织，这些团体对消费者购买行为发生间接的影响；三是期望群体，消费者虽不属于这一群体，但这一群体成员的态度、行为对消费者有着很大的影响，例如影星、歌星、球星。相关群体对消费者购买行为的影响主要有3个方面：一是影响消费者的生活方式，进而影响其购买行为；二是引起消费者的购买欲望，从而促成其购买行为；三是影响消费者对产品品牌及商标的选择。因此，企业在市场营销中，应充分利用社会群体的影响，尤其是相关群体的意见领导者的影响，要注意研究意见领导者的特性，提供其爱好的商品，并针对他们做广告，以发挥其"导向"和"引导"作用。

应当说明的是，相关群体对消费者购买不同商品的影响是有所区别的。一般来说，当消费者购买引人注目的产品如汽车、服装等受相关群体的影响较大，而购买使用时不太引人注意的产品如洗衣粉等时，则不受相关群体的影响。

（4）家庭。家庭是社会的细胞，也是社会基本的消费单位，家庭成员对消费者的购买行为起着直接和潜意识的影响。对消费者购买行为的影响，在不同类型的家庭中其影响是有区别的。有人曾把家庭分为 4 种类型，即丈夫决定型、妻子决定型、共同决定型、各自做主型。另外，在不同商品的购买中，家庭成员的影响亦有区别。

一般说，丈夫对电视机、汽车等重要产品的影响较大，妻子则对洗衣机、吸尘器等商品的购买的影响力较大，夫妻影响均等的商品包括住宅、家具等。另外，家庭成员对购买者决策过程影响的角度亦有不同：丈夫一般在"何时购买""何处购买"影响较大，妻子则在商品的外形、颜色等方面的影响较大。

2. 经济因素

经济因素是影响电子产品顾客购买行为的直接因素，它主要包括消费者收入、电子产品的价格与效用等。消费者总是追求以尽可能少的支出（包括货币或信用）获取最大的商品效用。

（1）消费者收入。消费者是否购买电子产品以及购买多少是由其支付能力的大小所决定的，而支付能力的大小又受收入多少的限制。顾客用于支付电子产品消费的收入部分，主要是来自消费者可任意支配收入。消费者收入高，可任意支配收入多，用于电子产品的投资就大，反之，就小。据国外有关资料，当人均国民收入达到 1000 美元左右时，手机的需求会发生突发性的增长。

（2）电子产品的价格与效用。消费者都追求物美价廉的商品。在电子个人消费中价格是最敏感的。在购买商品时，消费者主要考虑的是自己的收入、商品的功能和商品的价格，在个人收入、商品功能一定的条件下，商品的价格是推动消费者购买行为的动力。因此，在其他因素不变的条件下，当电子产品价格较高时，无论收入高、低者，其购买行为都会受到不同程度的抑制；当电子产品价格较低时，就会不同程度地激发起消费者的购买行为。因而，电子企业应注意制定合理的价格，并根据市场行情和需求变化，进行适当的调整，以引发顾客的消费行为。消费者在进行电子产品消费时不但追求电子产品的低价格，而且还注重电子产品的最大效用。电子产品的效用主要包括电子产品的性能、使用价值、准确性、可靠性等。在价格与效用之间，不同消费者会有不同的选择。一般而言，在价格基本相同情况下，消费者会选择使用价值大、效用好的电子产品；而在电子产品性能差异不大时，则一般会选择价格较低的电子产品。

3. 心理因素

消费者的购买行为受心理因素的影响与支配。行为科学研究告诉我们，人的行为规律是：需要产生动机，动机驱使人的行为。消费者购买行为受动机、感觉、学习、信念和态度等心理因素的影响。

（1）动机。动机是一种升华到足够强度的，推动人们为了达到特定目的而采取行动的迫切需要。而需要则是指客观刺激物通过人体感官作用于人的大脑而引起的某种缺乏状态。当这种状态达到一定程度时，便产生需求，而需求累积到一定程度又引起动机，后者又是引起人的行为、支配人的行为的直接原因和动力。因此，电子产品企业营销要想达到自己的目标，应设法通过一定的刺激物来引发消费者对电子产品的需求及动机，进而促使消费者采取购买行为。

（2）感觉。感觉是指消费者的感官直接接触刺激物和情境所获得的直观、形象的反映。当消费者有了购买动机之后，可能产生行动。但采取怎样的行动，则视其对客观情境的感觉如何。所谓感觉，是指人们通过感觉器官，对客观刺激事物和情境的反映。消费者对不同的刺激物或情境不仅会产生不同的感觉，就是对于相同的刺激物或情境，也会产生不同的感觉，出现这种现象的主要原因是由于感觉过程的特殊性。心理学家认为，感觉过程是一个有选择性的心理过程，这种"有选择性的心理过程"主要包括3个方面：

1) 选择性注意。它是指人在同一时间内只能感知周围的少数对象，其他的对象则被忽略了。比如有一欲买手机的消费者，走进琳琅满目的家电商场，尽管呈现在他面前的有电冰箱、洗衣机、收录机，但他真正关心、注意的只有手机的广告和有关展销的产品，而其他产品的广告和样品对他不会留下太深的印象。

2) 选择性曲解。人们对感觉到的事物，并不是照相似地反映出来，而是往往按照自己的先入之见，或根据自己的兴趣、爱好来说明、解释感觉到的事物。这种按个人意愿来解释客观事物或信息的倾向叫选择性曲解。

3) 选择性记忆。人们只是记住那些与自己看法、信念相一致的东西，对于购买者来说，他们往往记住自己喜爱的品牌商品的优点而忘掉其他竞争品牌商品的优点，这就是选择性记忆。

针对人们感觉的这种特殊性，要求电信企业营销人员在促销过程中，采取简明、有力的广告词句，反复宣传自己的产品，以引起消费者的注意，并使之记住自己产品的优点，产生对自己产品的特殊偏好，诱导他们对产品产生良好印象。

（3）学习。学习是通过实践，由于经验而引起的行为变化过程。人类学习过程（包括消费者的学习过程）是由驱策力、刺激物、提示物（诱因）、反应，强化五要素组成的。"驱策力"是一种驱使人们行动的内在推动力，"刺激物"是一种能减缓或消除驱策力紧张程度的物体，如为御寒的衣服。"诱因"又称"提示刺激物"，它决定着动机的程度和方向，如某人已有了买一套西服的动机，但他在何时、何处买，买什么品牌的西服方面，则受其周围的一些较小或较次要的刺激物的影响；"反应"是对诱因和刺激物的反作用或反射行为；"强化"则是对刺激物、反应的加强，强化与满意的程度是紧密相关的。

根据消费者这种刺激-反应-强化的规律，企业应为扩大电子产品的销路，向电子产品消费者提供能有效刺激其产生购买动机与欲望的电信产品（刺激物和诱因），并通过电子产品的质优、价廉来强化消费者的反应。

（4）信念和态度。消费者在购买和使用电子产品过程中形成了信念和态度。这些信念和态度又反过来影响人们的购买行为。

信念是人们对某种事物所持的看法。如相信某个电子企业的产品质量好、服务好、使用方便，又比如消费者"便宜没好货，好货不便宜"的信念。态度是人们长期保持的对某种事物或观念的是非观、好恶观。

消费者一旦形成对某种产品或品牌的态度，以后就倾向于根据态度做出重复的购买决策，而不愿费心去进行比较、分析、判断。因此，态度往往很难改变。如果大多数消费者对某种电子产品的态度是肯定的，这种电子产品就畅销，反之，就滞销。

4. 个人因素

消费者购买行为也受个人特征的影响，特别是年龄、性别、职业、经济状况、生活方式、个性等的影响。

（1）年龄与人生阶段。不同年龄消费者的购买欲望、兴趣和爱好不同，他们购买消费商品的种类和样式也有差别。同样是购买手机，青年人喜欢时尚、新潮的，老年人喜欢方便实用的。青年人缺乏经验，容易在各种信息影响下出现冲动性购买；中老年人经验比较丰富，常根据习惯和经验购买，一般不太重视广告等商业性信息。

（2）性别、职业和受教育程度。由于生理和心理上的差异，不同性别消费者的欲望、消费构成和购买习惯有所不同。多数男性顾客购买商品果断、迅速，而女性顾客则往往仔细挑选。对于消费电子产品而言，女性顾客比男性顾客更加精打细算。在选择手机时，女性顾客更注重式样、款式和颜色，而男性顾客更看重功能与便利性。

教育程度高的顾客购买商品的理性程度高，审美能力较强，购买决策过程较全面，更善于利用非商业性来源的信息。他们对电子产品的消费通常比受教育程度低的顾客要多，例如上网，受教育程度高的顾客往往应用计算机的能力较强，外语水平较高的顾客对网络资源的需求大、利用率高，通常上网的时间长，则上网消费多。

例如：职业不同的消费者由于生活、工作条件不同，消费构成和购买习惯也不同。通常写字楼集中的地方对移动通信和数据通信的需求都较多，白领工作人员的通信消费比蓝领工作人员的通信消费要高。

（3）经济状况。个人的经济状况决定其购买能力，在很大程度上制约着个人的购买行为。收入高的顾客比收入低的顾客更有能力消费价格更昂贵的电子产品。

（4）生活方式。生活方式是影响个人行为的心理、社会、文化、经济等各种因素的综合反映，是人们根据自己的价值观念等安排生活的模式，并通过他的活动、兴趣和意见表现出来。生活方式不同，购买行为不同。生活上艰苦朴素的人会精打细算，生活上大手大脚的人则很少会斤斤计较。

（5）个性与自我形象。一个人所具有的特性，会直接或间接地影响消费者的购买行为。例如，喜欢冒险的消费者容易受广告的影响，成为新产品的早期使用者；从众的消费者则表现为随大流，等到某种产品已经流行一段时间后才购买。自信的或急躁的人购买决策过程较短；缺乏自信的人购买决策过程较长。

与个人性格相联系的是自我形象。企业应特别注意对消费者"自我形象"的分析，这不仅仅是因为"自我形象"是影响购买者行为的重要个性因素，而且还因"自我形象"直接影响着购买者的行为。所谓"自我形象"，是指每个人对自己的认识，其中有时是指一个人希望把自己塑造成什么形象，有时则是指在社会交往中别人怎样看待自己。由于每个人总是希望表现自我形象，并把购买行为作为表现自我形象的重要方式，因此，一般说来，消费者总是购买那些与自己形象相称的商品。这就提醒企业在产品设计时，一定要仔细分析目标市场消费者"自我形象"的特征，并提供符合其"自我形象"的产品。

**（二）消费者购买行为参与者**

电子企业开展市场营销活动除了需要了解影响消费者的特征和各种影响因素之外，还必须弄清楚消费者购买决策过程，以便采取相应的措施，实现企业的营销目标。

对大多数电子产品而言，确认购买者并不难，但有些电子产品所涉及的购买决策成员往往不止一个人。因此，电子企业的营销人员必须弄清购买决策层的构成以及各自扮演的角色。人们在一项购买决策过程中可能充当以下角色：

（1）发起者，首先想到或提议购买某种产品或劳务的人。

（2）影响者，其看法或意见对最终决策具有直接或间接影响的人。

（3）决定者，能够对买不买、买什么、买多少、何时买、何处买等问题做出全部或部分的最后决定的人。

（4）购买者，实际采购的人。

（5）使用者，直接消费或使用所购商品或劳务的人。

了解每一购买者在购买决策中扮演的角色，并针对其角色地位与特性，采取有针对性的营销策略，就能较好地实现营销目标。

**（三）消费者购买行为分析方法**

（1）谁来购买（Who）。谁构成该市场？谁购买？谁参与购买？谁决定购买？谁使用所购产品？谁是购买的发起者？谁影响购买？

（2）购买什么（What）。购买什么产品或服务？顾客需要什么？顾客的需求和欲望是什么？对顾客最有价值的产品是什么？满足顾客购买愿望的效用是什么？顾客追求的核心利益是什么？

（3）购买哪种（Which）。购买哪种产品？在多个厂家中购买哪个厂家的产品？在多个品牌中购买哪个品牌的产品？购买著名品牌还是非著名品牌的产品？在有多种替代品的产品中决定购买哪种？

（4）为何购买（Why）。购买目的是什么？为何喜欢？为何讨厌？为何不购买或不愿意购买？为何买这不买那？为何选择本企业产品，而不选择竞争者产品？为何选择竞争者产品，而不选择本企业产品？

（5）何时购买（When）。什么季节购买？何时需要？何时使用？曾经何时购买过？何时重复购买？何时换代购买？何时产生需求？何时需求发生变化？

（6）何地购买（Where）。在城市购买还是农村购买？在超市购买还是农贸市场购买？在大商场购买还是在小商店购买？

（7）如何购买（How）。如何决定购买行为？以什么方式购买？（现场选购、邮购、网上购买、电视购物等）按什么程序购买？消费者对产品及其广告等如何反应？

（8）购买数量（How much）。一定时期的购买次数是多少？一定时期的购买频率是多少？人均购买量多少？场总购买量多少？

**（四）消费者购买行为类型**

（1）习惯型。消费者对某种产品的态度，常取决于对产品的信念。信念可以建立在知识的基础上，也可以建立在见解或信任的基础上。属于此类型的消费者，往往根据过去的购买经验和使用习惯采取购买行为，或长期惠顾某商店，或长期使用某个厂牌、商标的产品。

（2）慎重型。此类型消费者购买行为以理智为主，感情为辅。他们喜欢收集产品的有关信息，了解市场行情，在经过周密的分析和思考后，做到对产品特性心中有数。在购买过程中，他们的主观性较强，不愿别人介入，受广告宣传及售货员的介绍影响甚少，往往要经过对商品细致的检查、比较，反复衡量各种利弊因素，才作购买决定。

（3）价格型（即经济型）。此类消费者选购产品多从经济角度考虑，对商品的价格非常敏感。如，有的以价格的昂贵确认产品的质优，从而选购高价商品；有的以价格的低廉评定产品的便宜，而选购廉价品。

（4）冲动型。此类消费者的心理反应敏捷，易受产品外部质量和广告宣传的影响，以直观感觉为主，新产品、时尚产品对其吸引力较大，一般能快速作出购买的决定。

（5）感情型。此类消费者兴奋性较强，情感体验深刻，想象力和联想力丰富，审美感觉也比较灵敏。因而在购买行为上容易受感情的影响，也容易受销售宣传的诱引，往往以产品的品质是否符合其感情的需要来确定购买决策。

（6）疑虑型。此类型消费者具有内向性，善于观察细小事物，行动谨慎、迟缓，体验深而疑心大。他们选购产品从不冒失仓促地作出决定，在听取营业员介绍和检查产品时，也往往小心谨慎和疑虑重重；他们挑选产品动作缓慢，费时较多，还可以因犹豫不决而中断；购买商品需经"三思而后行"，购买后仍放心不下。

（7）不定型。此类消费者多属于新购买者。这种人由于缺乏经验，购买心理不稳定，往往是随意购买、或奉命购买商品。他们在选购商品时大多没有主见，一般都渴望得到营业员的帮助，乐于听取营业员的介绍，并很少亲自再去检验和查证产品的质量。

**（五）消费者购买决策过程**

每一消费者在购买某一商品时，均会有一个决策过程，只是因所购产品类型、购买者类型的不同而使购买决策过程有所区别，但典型的购买决策过程一般包括以下几个环节。

（1）认识需求。认识需求是消费者购买决策过程的起点。当消费者在现实生活中感觉到或意识到其实际情况和他的企求之间有一定的差距，并产生了要解决这一问题的要求时，购买的决策便开始了。

（2）收集信息。当消费者产生了购买动机之后，便会开始进行与购买动机相关联的活动。如果他想买的物品就在附近，他便会实施购买活动，从而满足需求。当想买的物品不易买到，或者需求不能马上得到满足时，他便会把这种需求存入记忆中，并注意收集与需求密切相关的信息，以便进行决策。

消费者信息的来源主要有 4 个方面：个人来源、商业来源、公共来源和经验来源。

（3）选择判断。当消费者从不同的渠道获得有关信息后，便对可供选择的品牌进行分析和比较，并对各种品牌的产品作出评价，最后决定购买。消费者对收集到的信息中的各种产品的评价主要从以下几个方面进行：分析产品属性；建立属性等级，确定品牌信念，形成"理想产品"，作出最后评价。

（4）购买决策。只让消费者对某一品牌产生好感和购买意向是不够的，真正将购买意向转为购买行动，其间还会受到两个方面的影响。

1）他人的态度。消费者的购买意图，会因他人的态度而增强或减弱。他人态度对消费意图影响力的强度，取决于他人态度的强弱及其与消费者的关系。一般说来，他人的态度越强、他与消费者的关系越密切，其影响就越大。例如丈夫想买一款新型手机，而妻子坚决反对，丈夫就极有可能改变或放弃购买意图。

2）意外的情况。消费者购买意向的形成，总是与预期收入、预期价格和期望从产品中得到的好处等因素密切相关的。但是当他欲采取购买行动时，发生了一些意外的情况，诸如因失业而减少收入，因产品涨价而无力购买，或者有其他更需要购买的东西等，这一切都将会使他改变或放弃原有的购买意图。

（5）购买后感受。购买后感受是消费者对已购商品通过自己使用或他人的评价，对满足自己预期需要的反馈，重新考虑购买了这种商品是否正确，是否符合理想等，从而形成感受。这种感受，一般表现为满意、基本满意、不满意三种情况。

消费者购买商品后的感受不仅关系到他们的再次购买行为，而且还会影响别人的购买决策，影响该种商品的市场。消费者购买商品后感到满意会导致重复购买行为；消费者购买商品不满意就会产生抱怨情绪，不但不再来购买商品，而且还会把抱怨告诉他人。因此，企业必须重视消费者购买后的信息反馈，做好售后服务，不断提高产品质量和服务质量，提高消费者购买后的满意程度。

研究和了解消费者的需要及其购买过程，是市场营销成功的基础。市场营销人员通过了解购买者如何经历引起需要、寻找信息、评价行为、决定购买和买后行为的全过程，就可以获得许多有助于满足消费者需要的有用线索；通过了解购买过程的各种参与者及其对购买行为的影响，就可以为其目标市场设计有效的市场营销计划。

## 二、分析组织市场购买行为

组织市场是指购买商品或服务以用于生产性消费，以及转卖、出租，或用于其他非生活性消费的企业或社会团体，主要包括机关事业单位、企业等。他们购买电子产品的目的是为了履行职责、提高工作效率或者是为了提高生产效率、促进销售及提供服务。组织客户的购买行为与个人消费者有很多相同之处，因此，许多电子产品个人消费者购买行为的分析方法和结论对于电子产品组织客户都是一样的。但二者购买行为又有明显的不同之处，所以有必要对电子产品组织客户购买行为进行分析研究。

### （一）电子产品组织市场的需求特点与购买行为特点

与个人消费者相比，电子产品组织市场客户的需求和购买行为具有以下特点：

（1）组织市场客户对电子产品的需求量大，购买规模大而且使用频繁。例如购买手机，个人消费者一般是购买一部手机；而集团客户动辄是购买十几部、几十部手机。所以，对于能给电子企业带来巨大业务收入和经济效益的集团客户，电子企业应千方百计地满足其对电子产品的需求。为了给集团客户提供优质服务，各电子公司都成立了专门为集团客户服务的"大客户服务部"，千方百计满足集团客户对电子产品的各种需要。

（2）组织市场客户对电子产品的需求缺乏弹性。由于组织市场客户购买电子产品主要是用于满足其工作及生产经营活动的需要。因此，在一定时期内，集团客户往往和电子企业建立起稳定的需求与供给关系，而且集团客户对电子产品的需求受价格变动的影响比起个人消费者来说要小得多。但集团客户对电子产品的质量、种类、服务等的要求很高。随着电子产品供应商的增多，集团客户与电子企业的讨价还价能力越来越强。

（3）组织市场客户购买行为多属于理智性购买。组织市场客户购买电子产品往往要预先制定计划，了解有关信息，做好充分准备，特别是需求电子产品多的单位，往往配备了对电子技术和产品较为了解的专业人员负责购买，不会像个人消费者的购买行为表现出那么多的冲动性。

（4）参加购买决策的人数较多，决策慎重。通常组织市场客户购买行为很少由单独一个人作出决策，特别是大宗电子产品的购买行为，往往不仅是集团内部决策，还要征求上级主管部门的意见，甚至请有关专家和工程技术人员论证。购买人员只是执行购买决策。由于电子产品技术含量高，产品复杂，因此，许多集团客户会在购买前进行一系列的咨询、调查、比较甚至请有关专家和技术人员设计几种方案供其选择，最后作出购买决策。

（5）组织市场客户根据自身需要购买不同的电子产品。组织市场客户间的需求差别很大。例如，党政机关对会议电话需求较多，金融单位对数据业务需求较多。电子企业应善于分析集团客户的需求特征，有针对性地推销电子产品和组织营销活动。

（6）组织市场客户对电子产品往往具有引申需求，对新业务特别是技术型新业务需求较大。随着经济的发展和技术进步的加快以及信息化进程的推进，组织市场客户对电子产品特别是新产品的需求旺盛。例如，政府开展电子政务、企业开展电子商务、医院开展远程医疗、学校开展远程教育等都对数据通信有很大的需求。随着信息化进程的加快，集团客户对电子产品的需求会进一步加大。电子企业要抓住机遇，发挥网络作为国家信息化基础设施的重要作用，不断开发电子新产品，特别是技术型新产品，进一步诱发和满足顾客对电子产品的需求。

**（二）影响组织市场客户购买行为的主要因素**

同消费者购买行为一样，电子产品组织市场客户的购买行为也同样会受到各种因素的影响，主要包括环境因素、组织因素、人际因素和个人因素。

（1）环境因素。环境因素是指集团客户的外部环境因素。集团客户常受社会政治、经济、法律、竞争等各种环境因素的影响和制约，如国家的产业政策、行业管制、经济形势以及竞争对手的经营战略等。企业营销者要密切注视这些环境因素的变化，力争将挑战变成机遇。

（2）组织因素。组织因素是指集团客户本身的因素，如该集团的任务目标、政策、工作程序和组织结构等对其购买的影响。企业营销者要分析组织因素对其购买行为的影响，了解并掌握其购买决策权是集中决定还是分散决定；在决定购买的过程中，哪些参与最后的决策等等。只有对这些情况做到心中有数，才能使自己的营销有的放矢。

（3）人际因素。人际因素是指集团客户内部有关部门和人员的权力、地位和影响等。这些因素对企业的电子产品的购买决策产生重要影响。电子企业营销人员必须了解用户购买决策的主要人员、他们的决策方式和评价标准、决策中心成员间相互影响的程度等。电子企业的营销人员应尽量与集团客户有关领导特别是在决定购买起重要作用的人员建立良好的关系，有针对性地进行营销。

（4）个人因素。集团客户的购买行为虽为理性活动，但参加采购决策的仍然是一个一个具体的人，而每个参与决策的人都有自己的动机、感觉和偏好。他们在作出决定和采取行动时，都不可避免地受其年龄、收入、所受教育、职位和个人特性以及对风险态度的影响。因此，市场营销人员应了解产业市场采购员的个人情况，以便采取"因人而异"的营销措施。

**（三）电子产品组织市场客户的购买决策过程**

集团客户的购买行为和个人消费者的购买行为一样，也有决策过程，电子企业的市场营销人员要了解其顾客购买过程的各个阶段的情况，并采取适当措施，以适应顾客在各个阶段的需要，才能成为现实的卖主。集团购买者购买过程的阶段多少，取决于集团购买者购买情况的复杂程度。一般情况集团客户的购买决策过程主要有以下环节：

（1）提出需求。提出需求是集团客户购买决策过程的起点。需求的提出，既可由内部的刺激引起，也可由外部的刺激引起。内部的刺激，如企业决定生产新产品或经营新业务而需要电子产品；或因发现过去使用的电子产品不能满足需要，而更换电子产品供应者。外部刺激诸如电子企业的产品广告，营销人员的上门推销等，使集团客户的有关人员发现了性能更好、价格更低、服务更完善的电子产品，促使他们提出购买需求。

（2）确定需求。指确定所需电子产品的品种、数量和规格。简单的购买，由使用人员直接决定，而复杂的购买，则须由集团内部的使用者和工程技术人员共同决定。

（3）市场调查。一旦需求趋于明朗，集团客户会通过市场调查来收集、整理、分析市场信息，了解所需电子产品的供应、价格、质量、服务，物色服务周到、产品质量高、功能强、声誉好的供应商。

（4）制定方案。在市场调查和信息分析的基础上，制定购买的具体方案。

（5）综合评估。对已形成的购买方案从可行性、投入产出比、是否满足需求等多方面综合进行评估。

（6）购买决策。在综合评估的基础上，作出购买决定。

（7）绩效评价。在电子产品购进后，集团客户还要对其购买决策、电子产品供应商的履约情况、售后服务及所购电子产品的使用情况进行评价，并根据评价结果，验证购买决策的正确性和决定今后是否继续购买该电子生产企业的电子产品。为此，电子企业的营销人员在产品销售出去以后，要加强追踪调查和售后服务，以赢得购买者的信任，保持长久的供求关系。

集团购买决策的不同阶段，对电子企业市场营销工作提出了不同的要求。据此，电子企业营销人员要以适当的策略介入集团的决策过程，从用户的利益出发，为其进行比较、选择电子产品提供客观、公正、实事求是的资料，使其对你产生信任感，从而影响其购买决策，成为企业的忠诚客户。

# 任务三　开展市场调查

## 一、市场调查的定义和类型

1. 市场调查的定义

市场调查，就是企业运用科学的方法，对市场有关的信息资料进行收集、记录、整理和分析，从而掌握市场的现状、发展变化和发展趋势，为市场预测提供科学依据的一种活动。市场调查是电信企业营销活动的起点，贯穿于整个营销活动的始终。

【案例 2 - 3】

20 世纪 90 年代初期，中国大陆有 400 多条方便面生产线，企业之间的竞争十分激烈。当时康师傅方便面在台湾只是一家很不起眼的小企业。他们通过对公开媒体广告调查发现，大陆的方便面市场存在一个"需求空档"，这就是大陆厂家大多生产的是低档方便面，而中高档方便面却无人生产。他们认为，随着大陆经济的发展、人们生活水平的提高，对中高档方便面的需求必将越来越大。他们在调查中还发现，大陆厂家生产的方便面，不太注重品味与营养，也未能达到真正的"方便"。基于这次调查，他们决定以中高档产品为拳头产品打入大陆市场。目前，康师傅方便面已形成红烧牛肉面、翡翠虾面、香菇炖鸡面等十几个品种。

通过以上案例我们可以知道，企业通过市场调研，就可以了解市场活动的历史与现状、把握市场变化规律、准确判断市场未来发展变化趋势；可以发现市场营销活动中的问题，可以收集到大量的信息资料，为问题的解决及方案的论证、分析、评价、选择提供科学的依据。

2. 电子产品市场调查的类型

电子市场调查，根据调查的性质和调查的目的不同，可分为探测性调查、描述性调查、因果性调查和预测性调查 4 种。

（1）探测性调查。探测性调查是指电信企业对发生的问题缺少认识和了解，为弄清问题的性质、范围、原因而进行的初始调查。这种调查，往往是通过查阅和依据现有的历史资料和类似案例，或是通过向熟悉调查对象的有关业务人员、专家进行请教，或是召开有关消费者代表的座谈会。例如，电子企业的某项产品近一段时间销售量一直在下降。但为何下降？是该产品质量出现问题？或是市场上出现更新的产品？或是竞争对手抢占了市场？这些问题电子企业未搞清楚，所以，通过探测性的调查来查找产生问题的原因。探测性调查一般是比较粗略的调查，往往通过二手资料获得。

（2）描述性调查。描述性调查是在市场调查中用来如实反映、收集和记录有关市场资料的一种调查方式。例如，调查电子企业产品的市场占有率，调查竞争对手的市场营销策略，等等。由于这种调查注重于事实资料记录，所以大多采用询问法和观察法来收集资料。

（3）因果性调查。因果性调查是电子企业为了弄清楚市场经营活动中出现的有关现象之间存在的因果关系而进行的一种调查活动。比如，电子企业不仅要了解市场占有率的实际情况，而且还要了解市场占有率上升或下降的原因。

（4）预测性调查。预测性调查是指企业通过收集、分析研究过去和现在的各种市场情报资料，运用科学的方法和手段，估计未来一段时期内市场变化趋势的一种调查活动。预测性调查是在因果调查的基础上进行的。其目的在于掌握市场机遇，制定有效的营销计划。这种调查通常又称为预测。

## 二、电子产品市场调查的主要内容

电子产品市场调查的内容包括电子产品企业市场营销的各个方面，具体地说，可概括为以下 7 个方面。

1. 顾客需求调查

从电子产品市场营销的观念来说，电子企业的一切活动都是为了满足顾客的需要，因此，对顾客需求情况的调查，应该成为电子产品市场调查的主要内容。对顾客电子产品需求情况的调查应包括：

（1）现有顾客对电子产品需求情况的调查。

（2）对影响电子产品需求的各种因素变化情况的调查。

（3）对潜在顾客电子产品需求情况的调查。

2. 电子产品调查

电子产品是电子企业赖以生存的物质基础。一个电子企业要想在电子市场竞争中求得生存和发展，就必须始终一贯地生产出顾客满意的电子产品来。对电子产品的调查应包括：

（1）顾客对本企业新、老电子产品的评价、意见和要求。

（2）调查分析电子产品处于产品生命周期的哪一阶段，何时投放新的电子产品，何时淘汰老产品。

（3）电子产品的品牌与商标。

（4）调查研究合适的电子产品服务形式等。

3. 电子产品价格调查

电子产品的价格对电子产品的销售和电子企业的获利情况有着重要的影响，尤其在社会主义市场经济条件下，积极开展电子产品价格的调查研究，对电子企业制定正确的价格策略有着重要的作用。电子产品资费调查的内容包括：

（1）电子产品市场供求情况及其变化趋势的调查。

（2）影响价格变化各种因素的调查。

（3）电子产品需求价格弹性的调查。

（4）替代产品价格的调查等。

4. 促进电子产品销售调查

促进电子产品销售调查的内容包括：

（1）人员推销的调查。

（2）各种营业推广的调查。

（3）电子企业形象的调查。

（4）广告媒体及效果调查等。

5. 电子产品销售渠道调查

电子产品销售渠道调查的内容包括：

（1）电子企业现有的销售渠道是否适应市场需求，能否满足消费者需要。

（2）消费者对电子企业的销售渠道有何要求。

（3）销售渠道是否畅通，布局是否合理。

（4）分销商的经营实力、推销手段、销售业绩。

（5）分销商对开拓电子产品市场有何见解，对电子企业有何要求等。

6. 电子产品市场环境调查

电子产品市场环境调查的内容包括：

（1）政治环境。

（2）经济环境。

（3）科技环境。

（4）社会文化环境等。

7. 竞争环境调查

竞争环境调查的内容包括：

（1）有哪些直接和间接的竞争对手。

（2）竞争对手的经营战略、经营目标。

（3）竞争对手的网络规模、经营能力、固定资产投资情况。

（4）竞争对手的经营范围、市场占有率。

（5）竞争对手的业务种类、销售渠道、价格、促销策略。

（6）竞争对手的服务质量、服务水平、服务环境，以及消费者对它的评价等。

## 三、电子产品市场调查的方法

电子产品市场调查的方法很多，归纳起来，主要有询问法、观察法、实验法和抽样调查法 4 种。

1. 询问法

询问法是市场调查中最常用的方法，是调查者通过询问的方式向被调查者了解情况，收集资料的一种调查方法。根据调查人员同被调查者接触的方式不同，询问法又可分为面谈调查法、电话调查法、邮寄调查法。

（1）面谈调查法。面谈调查法也称访谈法，是调查者与被调查者直接面对面交谈，向被调查者询问有关问题，当场记录调查情况，从而获取所需资料的一种方法。这种方法是询问法中最常见的一种形式。面谈调查既可以采取个人面谈、小组面谈，也可采用集体面谈。

面谈调查法的优点：可询问较多的问题，能得到邮寄或电话调查所无法得到的资料；能在预期工作日程内完成访问；能获得观察资料；可以更精确地控制样本，回收率高。

面谈调查的主要缺点是：调查成本较高，所花的时间较长；调查结果容易受调查人员主观因素的影响。

（2）电话调查法。电话调查法是调查者借助电话向被调查者询问问题，收集资料的一种方法。电话调查的优点是：调查的速度较快，节省调查的时间和费用。

电话调查的缺陷是：不容易取得被调查者的合作，不能询问一些较为复杂的问题。

（3）邮寄调查法。邮寄调查法是调查者将设计好的调查问卷通过邮局寄给被调查者，请被调查者自行填好后寄回，从而收集资料的一种调查方法。

这种调查方式的优点：调查的区域很广，只要通邮的地方，都可选为调查样本；调查的样本较多，成本较低；被调查者有充分的时间考虑所问的问题，能够反映大家的意见。

邮寄调查的缺陷是：调查问卷的回收率较低，回收时间较长；被调查者如果误解问卷的题意，可使调查产生偏差，从而不具有代表性。

询问法的几种具体方法各有优缺点。电子企业在具体选择调查方法时，应根据调查问题的性质和要求、调查方法应用的范围、调查内容的繁简、费用支出、调查时间等进行确定。

2. 观察法

观察法是调查者在收集资料时，不直接向被调查者询问问题，而是利用调查人员直接观察或采用各种仪器间接观察被调查者的行为或现场事实的一种收集资料的调查方法。这种方法通常是在被调查者不知不觉中进行。

观察法的优点：由于被调查者的行动不受外界的干扰，因而表现自然、真实，所收集到的资料比较客观、正确。但这种调查法只能记录事实，并不能说明原因；同时要求调查人员的素质较高。

观察法通常有以下几种：

（1）直接观察法。电子企业的调查人员直接到现场进行观察。例如，电子企业想了解消费者对各种上网业务的反应，就可派出调查人员到电子产品销售的柜台旁观察顾客的购买行为。

（2）亲身经历法。电子企业的调查人员想了解营业人员的服务态度和业务技能，就可以作为顾客去购买电子产品，以此来观察其服务态度、业务知识和操作技能的熟练情况。这种观察法得到的资料常常较真实。

（3）测量观察法。电子企业的调查人员运用机械工具或电子仪器进行观察记录和测量。例如，要调查了解客户售后服务中心的服务态度，调查人员可以亲自拨打售后服务电话，设置一些难题以观察服务人员的反映、态度，并作好录音，通过分析比较，找出问题，提出改进措施。

3. 实验法

实验法是指先在较小范围内进行实验，取得数据资料后再研究决定是否大规模推广的一种市场调查方法。这种方法一般用于产品试销。例如，当某项电子产品正式推向市场之前，在一个较小的范围内进行试用，以观察其功能、价格等是否合理，需求是否旺盛等。通过对实验结果的分析、判断，可以了解顾客对该电子产品的需求和市场前景。

实验法应用的范围较广。采用这种方法，能够有效地观察某些市场现象之间是否存在因果关系及其相互影响程度；能够得到比较准确的原始资料；有利于减少工作的盲目性。但这种方法实验成本较高；选择实验市场较困难；在实验中，干扰的因素较多。因此，要采用实验法必须讲究科学性，遵循客观规律。

## 四、电子产品市场调查的步骤

市场调查由于涉及面广，调查对象不稳定，因而使得调查工作很艰巨、复杂。为了使调查工作有组织、有计划地进行，达到预期的效果，电子产品企业必须合理安排好调查的程序。

1. 市场调查准备阶段

（1）确定调查目标。确定调查目标即确定调查课题，目的是通过调查解决营销中比较突出的问题。市场调查的最基本问题是要明确调查的目标。因此，在确定调查目标前，必须对电子企业生产经营活动的现状进行全面的分析。弄清楚为什么要进行调查、通过调查应该解决的问题、收集到的信息对电子企业经营有何作用等，以防止目标不明确，避免盲目调查。

（2）拟定调查项目。调查项目，是指为了达到调查的目的，在调查中应收集哪些方面的信息资料，根据这些所需的资料所拟定的调查项目。调查项目实际上是调查内容的进一步具体化，它的选定随调查对象和调查目的的不同而有所不同。如果调查对象是电子产品消费者，调查项目可以包括姓名、收入、职业、住址、文化程度等内容；如果调查的是某电子产品市场状况，调查项目可以包括电子产品的品牌、商品的质量、购买的时间等。

（3）制定市场调查计划。市场调查计划可以看作是市场调查工作的蓝图，一份周密的计划能够保证全部调查工作有序地、逐步地展开。市场调查计划的内容较多，一般应包括以下几个方面的内容：

1）调查的目的及调查项目。

2）调查和收集资料的方法，包括在什么地方调查、调查对象如何选择、用什么方法调查以及选择样本数目和抽样方法等。

3）规定调查的进度及完成调查的时间。

4）安排好调查人员并拟定出培训计划，调查人员素质的好坏影响调查效果，所以电子企业必须重视对调查人员的培训，以提高调查结果的准确性。

（4）非正式调查。非正式调查又称为试探性调查，是调查人员根据调查的目的，在小范围内作一些试探性调查，如访问有经验的专业人员、有关专家，征求消费者的意见等，以便进一步明确市场调查的范围，使调查的目的更加明确，范围更加集中。

2. 正式调查阶段

正式调查阶段是市场调查的实施阶段，是调查人员按规定的时间、方法及内容进行具体的实地调查，收集有关资料。这一阶段在整个市场调查过程中最为复杂，主要包括以下几个环节：

（1）收集各种资料。市场调查资料通常分为原始资料和二手资料。原始资料是通过现场实地调查所获得的资料；二手资料是经过他人收集、整理的资料。如电子企业的利润状况、竞争对手的业务收入和利润状况、公开出版的各种刊物、咨询公司、信息中心提供的各种有关数据。通常情况下，二手资料比较容易获得，速度也较快；而原始资料的收集成本较高，花费的时间也较长。

（2）设计调查问卷。调查问卷是调查人员在调查过程中所运用的工具。调查问卷设计是否合理直接关系到调查效果的准确性。因此，调查人员在设计调查表的过程中，必须注意下列几个方面：

1）调查表所列的项目都应是调查内容所必需的。与调查内容关系不大的项目通常可以省略，以减轻被调查者的负担。

2）调查表中所提问题的用词一定要准确，尽量避免含糊不清、模棱两可的语句。如基本上、大致、经常、美丽等词属于一般的模糊词汇，不应使用。被调查者对这些问题的理解不同，也会影响回答问题的准确性。

3）设计调查表，应避免使用带引导性的语句。例如，"您喜欢看《通信企业管理》杂志吗？"这时，被调查者就有可能由于你的引导而回答"喜欢"或"不喜欢"，应改为："您喜欢看什么杂志？《邮电商情》《通信企业管理》《电信科学》《通讯世界》"，由被调查者如实选定回答。

4）调查表中所列的问题应是被调查者有能力回答的问题，避免提一些带有困窘性的问题。

5）调查表的设计要讲究艺术性，注意问题的逻辑性与顺序性。通常，调查表中的问题设计应是先易后难，把具有趣味性的问题放在前面，具有实质性的问题放在后面。

（3）抽样设计。电子企业在市场调查中，很少采用普查的方式，基本上都是采用抽样调查。抽样调查即从被调查对象的母体中选出部分个体进行调查，并用个体特性推断出总体特性。为使抽样调查具有科学性，一定要注意：

1）抽样方法应合理，抽出的样本要有代表性。

2）抽样样本的个数要恰当。

（4）现场实地调查。现场实地调查是调查人员亲自到现场收集资料的过程。现场实地调查工作的好坏，直接影响调查结果的准确性。因此，为了使现场实地调查结果达到预期的目的，要对调查人员进行严格的挑选和岗前培训。要选派有一定理论水平和业务技术水平、又有一定的市场调研经验和工作能力的人员充当调查人员。在实地调查过程中，调查人员可能会遇到各种各样的问题，要求调查人员要运用调查技巧，处理不同的问题。如在调查过程中，被调查者拒绝回答问题，不予合作，这就要求调查人员设法打消被调查者的疑虑，向其说明本次调查的意图，争取调查者的信任；如果被调查者想尽早结束调查而随便回答，不提供较准确的数字和资料，就可能使调查结果造成一定的误差，这时调查人员应善于辨别真伪，采用各种办法进行核实，以保证调查所得资料真实可靠。所以调查人员在调查过程中，必须注意询问的语句、措词和询问的方式，要对被调查者的心理及所处的社会环境进行深入分析，针对不同的调查对象，采用不同的调查方式，尽量消除被调查者的心理障碍，以取得调查的成功。

3. 调查结果的处理阶段

这是市场调查全过程的最后一环，尤其是市场调查结果能否发挥预期效应的关键环节。现场实地调查中，尽管调查人员千方百计地提高了调查质量，所获取的资料也未必完全真实可靠，还必须对这些资料进行分析整理。所以，调查结果的处理阶段，才是整个调查工作的结束阶段。这个阶段包括调查资料的整理分析、撰写调查报告和进行追踪调查 3 个环节。

（1）调查资料的整理分析。对从实地调查所获得的资料，必须经过整理、加工才能运用。资料的整理分析一般有以下几个内容：

1）资料的核实。主要是对调查所得的资料进行严格筛选，剔除其不符合实际的资料，例如在调查中由于调查人员带有主观偏见所引导出来的资料或被调查者不符实际的回答资料等，以保证资料的可靠性和准确性。

2）资料的分类。把经过核实的资料进行编号、分类，以便日后检索、查阅和运用。

3）资料的汇总分析。在分组的基础上，编制每一类别的统计表，运用相应的统计方法对资料进行检验和分析。

（2）撰写调查报告。撰写调查报告是调查人员在整理、分析资料的基础上，对调查结果做出结论，并提出建议的过程。它是市场调查的必然过程和结果。在撰写调查报告时，内容应紧扣主题，力求做到客观、准确；文字简练，通俗易懂，避免或少用专门的技术名词；必要时，调查报告可用图表加以说明；必须十分注意选用的材料，应取材于市场调查的各个工作阶段所搜集的全部有关材料，并要求采用简明、严密而又富于逻辑性的文体结构去集中反映文献调查和实地调查的全部成果。

市场调查报告的具体内容取决于市场调查的范围和有关调查的核心问题。不同的调查范围和调查重点问题的调查报告内容是不同的。

市场调查报告的文体结构一般分为4个部分：序言、调查结果和结论摘要、正文和附件等。

1) 序言。一般只简单地介绍有关市场调查项目的基本情况，通常包括扉页、目录和简介等三项内容。扉页单独占一页纸，要求以简洁工整的文字载明市场调查专题的名称、使用市场调查报告的企业名称、市场调查工作人员的姓名和部门，以及呈交报告的具体日期等项内容。目录则要求完整地列出构成报告的主要章节题目和索引。简介则应说明组织这次市场调查的原因和时间背景，对这次调查的基本目的做扼要说明，简述原先确定调查的主要问题，并说明变化及调整情况。

2) 摘要。摘要的目的在于使企业有关人员很快了解有关市场调查的基本结果，以便从中引出结论和决定采取相应的措施。因此，要求摘要用简单扼要的语言对调查结果作概括介绍，说明有关市场容量、潜在的增长速度以及市场所在地的消费者对有关产品的正反两方面的态度和意见，并提出某些带有行动意义的结论和建议。

3) 正文。调查报告的正文部分必须准确地载明全部有关论据，从提出问题到得出结论以及论证过程均应全部概述无遗，同时，还应说明对问题进行分析的方法。此外，正文还必须载明可供企业决策阶层不受支配地进行独立思考问题的全部调查结果，或重新提出的具有个人创见的其他必要信息，而对一切无关的或不很确切的资料应毫不犹豫地删除。

市场调查报告的正文应该包含关于市场调查方法的说明、市场背景介绍、商品市场的具体说明和结论与建议等4部分。

在关于市场调查方法的说明中，应简要地说明所使用的调查方法以及选择这些方法的原因。其基本内容应包括如何确定抽样结构和选择样本、资料的搜集方法、调查的深入程度和市场调查资料的分析处理方法等。

在电子产品市场情况的介绍中，应该全面说明对本企业组织产品销售的方式、规模和对发展前景可能构成重要影响的当地市场的特点。而且，各项说明必须反映出调查产品的类别以及进行这次市场调查的目的。一般来说，这部分应包括电子产品的市场容量、潜在变化趋势、市场结构细分、销售渠道、竞争企业的市场占有份额与竞争产品同本企业产品的比较，本企业产品的市场反映与客户对产品的需求、购买行为、习惯和态度等内容，并相应地提出定价原则和建议采用的广告和促销办法。

在结论和建议部分，具体说明市场调查结果对本企业产品及其销售业务提出的要求，应该采取的改进措施。在此，还可以提出多种方案，供有关人员选择，并说明可能需要支付的费用和预期达到的目标。同时，对未来市场的变化和本企业产品的销售做出合理的预测。

4) 附件。附件的根本目的在于尽可能将有关资料集中起来，而这些资料正是论证、说明或深入分析报告正文内容所必要的参考资料。每一份附件都应该按一定的逻辑顺序标上编码。一般附件有各类统计图表、资料来源名单、调查问卷副本、调查样本详细情况、工作时间表、谈话记录等内容。

(3) 追踪调查。市场调查人员在写出调查报告后，要对报告的采纳情况和实施后的效果进行了解。

### 五、电子产品市场调查中应注意的问题

市场调查工作是电子企业开展市场营销活动的重要基础。但在实际工作中，电子企业对市场调查重要性的认识和在实施市场调查过程中的一些做法还存在误区。为了搞好电子企业的市场调查，使之能够起到应有的作用，必须注意如下问题。也可以说，这是对电子企业市场调查工作的基本要求。

（1）市场调查必须经常进行。电子产品市场无时不在发生变化，电子行业竞争环境在变化，消费者对电子产品的需求在变化，影响电子产品市场的重要因素政治、经济形势也在不断发生变化，如果没有及时和经常性的市场调查，就不可能及时观察到市场变化情况，企业也就不可能及时采取适当的应对措施。结果，不但新产品难以打开销路，就是名噪一时、十分抢手的名牌产品也会因此而逐渐失去竞争能力，变成滞销产品而无法销售。

因此，电子企业应该由专人负责或委托专人负责，建立相应的工作制度，使市场调查工作不致时断时续，而是结合营销业务的实际需要，经常性地开展市场调查活动，以发挥其应有的功效。

（2）要重视市场调查的成果，并及时付诸实施。作为一个积极参加市场竞争的电子企业，在任何时候都不应该忽视经过市场调查而取得的成果。忽视调查结果，不及时地付诸实施，束之高阁，不仅是一种极大的浪费，而且有可能使企业错过机会，失去市场竞争力，给电信企业造成无形的损失。

（3）建立市场信息系统和资料库，为市场调查提供经常性的资料来源。占有一切必需的资料是进行市场调查的重要手段，也是对市场变化进行深入研究、分析和预测的保障。

一般而言，市场调查人员经常需要搜集的资料有两类：一是原始资料，也称"一手资料"，它是经过实地调查而获得、并以反映市场现状为主的资料；二是文献资料，也称为"二手资料"，是各种报纸、杂志和书籍、报告书等公开发表的资料，这些资料主要是反映市场环境和市场历史的，通过查阅文献的方法，到图书馆等单位可以找到。无论是原始资料还是文献资料，都是市场调查不可缺少的。

原始资料可以告知你市场的现状，通过文献资料则可以了解市场的历史。如果要进行市场预测，则须两者兼备，缺一不可。因此，占有资料，建立稳定的资料来源渠道，是必不可少的。最理想的办法是建立"市场信息系统"，从而可以连续不断地提供系统的市场信息，协助企业及时地察觉市场的变化，并促进企业进行预测工作。可以肯定地说，建立市场信息化系统是实现电子企业市场调查工作经常化、系统化和制度化的有效保障。

（4）市场调查人员必须有良好的素质。市场调查也同其他工作一样，具体承担这项工作的人的素质对工作的效果会产生直接的影响。

人的素质主要包括两方面的内容：一是工作人员的思想修养和工作作风，二是工作人员的文化程度、专业知识水平和实际工作能力。对市场调查人员而言，在市场调查工作中必然经常接触大量的信息资料，经常搜集、整理、分析和处理大量的有关调查资料，资料工作构成了调查工作的主要内容。一个调查人员应该懂得如何去搜集资料，到什么地方去搜集资料，并有能力对资料进行及时的整理、分析和研究，从而为企业负责人当好参谋。

这是对市场调查人员的最起码要求。

同时，调查人员还必须具有一定的市场知识和贸易知识，可以配合市场营销人员开展工作，并对其工作提供指导意见。

总之，对电子企业而言，市场调查是一项长期的、艰巨的和复杂的工作，它的工作性质对工作人员提出了最基本的要求，而能否满足这些要求，则是关系到市场调查成败的关键。

## 【训练任务】

任务：某品牌手机产品市场分析

具体要求：

（1）各团队收集、整理影响该品牌手机营销的市场环境因素。

（2）各团队就收集到的市场环境因素进行分析讨论，找出微观环境的有利和不利因素，并区分、判断宏观环境中的机会与威胁，并提出对策。

（3）分析该品牌手机的客户消费需求与购买行为特点，了解客户购买行为的形成过程、影响因素，购买行为类型及购买决策过程。

（4）各团队根据以上分析，提交手机市场分析报告，并在课堂上进行汇报。

## 【强化练习】

### 一、选择题

1. 一般来说，市场营销环境包括（　　　）。
　　A. 直接营销环境和间接营销环境　　　　B. 微观环境和宏观环境
　　C. 微观环境和中观环境　　　　　　　　D. 宏观环境和中观环境

2. 企业的营销活动不可能脱离周围环境而孤立地进行，企业营销活动要主动地去（　　　）。
　　A. 控制环境　　　　B. 征服环境　　　　C. 改造环境　　　　D. 适应环境

3. 恩格尔定律表明，随着消费者收入的提高，恩格尔系数将（　　　）。
　　A. 越来越小　　　　B. 保持不变　　　　C. 越来越大　　　　D. 趋近于零

4. 以下哪个是影响消费者需求变化的最活跃因素（　　　）。
　　A. 人均国民生产总值　　　　　　　　　B. 个人收入
　　C. 个人可支配收入　　　　　　　　　　D. 个人可任意支配收入

5. 为了试验特定市场营销刺激对顾客行为的影响，可采用（　　　）。
　　A. 观察法　　　　B. 实验法　　　　C. 调查法　　　　D. 专家估计法

### 二、简答题

1. 简述市场营销环境的构成。

2. 企业面对环境威胁和环境机会，一般可以采取哪些对策？

3. 影响消费者购买行为的因素有哪些？

4. 消费者购买决策过程由哪几个阶段构成？

5. 市场调查的方法有哪几种类型？

### 三、案例分析

## 雀 巢 公 司

雀巢公司总部在瑞士沃韦，其从业人员多达22万人，在1994年《财富》杂志刊登的世界最大500家企业排行榜中名列第36名。雀巢有着1000多年的历史，它在近50个国家设立了数百家分工厂及销售网点，产品遍布全球。其奶制品占到年销售总额的1/4，其中婴儿食品约占7.5%。在雀巢公司的产品中，有一种专供婴儿食用的奶制品，其市场销售十分看好。接着雀巢公司又向市场投放了一种糖质炼乳——为6个月以下婴儿准备的母乳替代品。为了促进新产品的销售，雀巢公司开展了一系列的促销宣传活动，运用了一些销售手段。这本无可厚非，然而问题就出在它的促销宣传活动中。

雀巢公司的促销宣传活动，除了针对消费者以外，还直接针对内科医生、儿科医生、护士等一些医务人员，而直接针对消费者的促销形式又铺天盖地地席卷了全国市场，先后利用电台、报纸、杂志、广告牌，甚至动用了装有高音喇叭的大篷车进行宣传。除此之外，还免费发放样品、奶瓶、奶嘴、量匙……在某些国家，雀巢公司还采用"奶护士"方式直接与顾客接触。

一些持反对意见的人批评其做法过火，因为产品导致了母乳喂养的减少。更为严重的是，英国一家慈善组织出版了一本名为《杀害婴儿的凶手》的小册子，在小册子中雀巢公司被指责在非洲进行愚民活动；不久，一个设在德国的"第三世界工作小组"又发行了德文版的《杀害婴儿的凶手》，认为雀巢公司有"不道德行为"，并将小册子重新取名为《雀巢杀害童婴》。紧接下来，雀巢公司面临几项要求：停止使用所有"奶护士"；停止向消费者进行婴儿食品的广告和推销；停止向卫生保健行业进行婴儿食品推销等，还受到了美国各地、各阶层、各行业人员的联合抵制，人们甚至呼吁"雀巢"从超市的货架上撤走。这次抵制活动不仅直接造成了公司的利润和业务损失，还间接地使公司的信誉度迅速下降，引起了公众的反感。据估计，这次抵制活动造成公司的直接损失高达4.6亿美元，至于涉及其他产品造成的损失及企业形象上的全部损失，还远远不止于此。

"雀巢婴儿奶粉"的营销事件是公司整个发展过程中的一个惨痛的教训，它没有对公众的呼吁做出一个及时有效的反应。这次的联合抵制案例表明，任何企业的经营销售活动都不是在一个真空中进行的，它必然与整个社会及其文化、环境相联系。一个企业，一旦脱离了其所在的社会环境，不顾顾客的需求，不注意为顾客带来利益，忽视了社会与人类共同发展、进步，只是盲目追求自身利益的最大化，是注定要失败的。

**案例问题：**

1. 试分析雀巢公司进行大规模市场推广导致失败的原因。

2. 企业在进行市场环境分析时应包括哪些内容？

# 项目三　电子产品的市场机会选择

| 项目情境创设 | | 市场机会在市场营销中是一个非常重要的概念，即潜在市场的含义。本项目要求同学们通过市场调研分析，正确地进行手机市场机会分析，学习和了解电子电器产品市场细分的概念、作用和细分层次，从而选定最终的目标市场，进行准确的市场定位。 |
|---|---|---|
| 项目学习目标 | 知识目标 | 熟悉电子产品消费者细分的标准、程序与方法；目标市场选择的标准和程序；市场定位的原则和方法 |
| | 能力目标 | 具有电子电器产品市场细分、目标市场选择和市场定位的初步能力 |

## 【案例导入】

当苹果 iPad 推向市场时，业界很多专家对该产品都表示怀疑，因为这个产品明显有很多缺陷，如没有 USB 接口，没有物理键盘，没有摄像头，在编辑长文档的时候比较痛苦，不能执行多任务，等等。后来，媒体记者带着专家们的质疑采访乔布斯，他的回答揭示了问题的真相："iPad 是为信息消费者而不是为信息制造者开发的！"

很显然，苹果将电脑顾客划分信息消费者和信息制造者两个市场，iPad 的目标客户就是信息消费者，他们的主要需求是上网、方便、炫酷、快速、玩游戏、分享照片等。事实证明 iPad 对目标客户的核心需求都满足得非常好，成为革命性的一个产品。曾经风靡一时的上网本走的也是类似的细分思路，可惜没有持续创新，而且做得不到位。

# 任务一　电子产品的市场细分

## 一、电子电器产品市场细分的概念及作用

1. 市场细分的概念

市场细分就是企业根据市场需求的多样性和购买者行为的差异性，把整体市场即全部顾客和潜在顾客划分为若干具有某种相似特征的顾客群，以便选择确定自己的目标市场。

电子产品市场细分就是按照消费者的需求与欲望把电子电器总体市场划分成若干个具有共同特征子市场的过程。

2. 市场细分的作用

（1）有利于巩固现有的市场阵地，有效与竞争对手相抗衡。

（2）有利于企业发现新的市场机会，选择新的目标市场。

（3）有利于企业的产品适销对路，提高经济效益。

（4）有利于企业制定适当的营销战略和策略。

## 二、电子电器产品市场细分的标准

### （一）消费者市场细分

常用的细分方法有地理因素细分、人口因素细分、心理因素细分、行为因素细分四种。

1. 地理因素细分

由于处于不同地理位置和不同地理环境的消费者，会形成不同的消费需求、消费习惯和偏好，因此地理细分是常用的市场细分方法。

以中国手机市场为例，中国用户数至 2013 年已超 10 亿人，尽管需求很大，但竞争异常激烈，国际知名品牌不仅拥有核心技术，还有一批强大的设计团队不断对技术、外观设计推陈出新，在这样的背景下要想站稳脚跟、立足市场，严密的市场分析、谨慎的战略定位必不可少。

具体的细分依据有国别、地区、城市规模、人口密度、气候等。地理因素是一种静态因素，处于同一地理位置的消费者仍然会存在较大的需求差异，因此，企业在进行市场细分时，还必须进一步考虑其他因素。

2. 人口因素细分

人口因素细分对于企业识别潜在顾客尤为重要，是市场细分最常用的细分依据。主要的细分依据有年龄、性别、收入、职业、教育程度、家庭结构、种族、宗教信仰等人口统计因素，这些因素比较容易获得和衡量，而且消费者的需求又与此有密切的关系。如收入是影响消费者对住房、家具、汽车、服装等产品需求的重要因素。

（1）年龄。消费者的需求、爱好与能力随年龄而变化。就电子产品来说，一般年轻人注重款式设计，中年人看重价格，而老年人则看重其是否简单易于使用且耐用。同时，实际的收入水平也决定着他们的选择。

（2）性别。性别的细分在电子产品中也可以使用。如手机的性别分类则是针对不同性别消费群体的群体特点及其对手机外观与功能的性别认同差异性，即满足其性别指向需求进行的分类，出现了女性手机、男性手机以及中性手机的市场细分。

（3）收入。收入的变化将直接影响消费者的需求欲望和支出模式。根据平均收入水平的高低，可将消费者划分为高收入、次高收入、中等收入、次低收入、低收入五个群体。收入高的消费者比收入低的消费者购买更高价的产品，如钢琴、汽车、空调、豪华家具、珠宝首饰等；收入高的消费者一般喜欢到大百货公司或品牌专卖店购物，收入低的消费者则通常在住地附近的商店、仓储超市购物。因此，汽车、旅游、房地产等行业一般按收入变数细分市场。

（4）职业与教育。消费者职业的不同、所受教育的不同也会导致所需产品的不同。如不同职业的人对手机的需求不一样，公司老板喜欢高尖端的手机产品，一般职员喜欢上网功能强的手机，普通劳动人民喜欢通话质量好且费用便宜的手机。

（5）民族。世界上大部分国家都拥有多种民族，我国更是一个多民族的大家庭，除汉族外，还有 55 个少数民族。这些民族都各有自己的传统习俗、生活方式，从而呈现出各种不同的商品需求，如我国西北少数民族饮茶很多、回族不吃猪肉等。只有按民族这一细分变数将市场进一步细分，才能满足各族人民的不同需求，并进一步扩大企业的产品市场。

3. 心理因素细分

在上述地理因素、人口因素方面具有相同或相近特征的顾客，可能仍会表现出极大的需求差别，其原因主要在于消费者心理因素的影响。

心理细分的依据主要有消费者的生活方式、性格和社会阶层。

生活方式指消费者对待生活、工作、娱乐的态度和行为。据此可将消费者划分为享乐主义者、实用主义者；紧跟潮流者、因循守旧者等不同类型。

性格方面，消费者通常会选购一些能表现自己性格的款式、色彩及产品。根据性格的差异，可以将消费者分为独立、保守、外向、内向、支配、服从等类型。

此外，消费者还会根据自己的背景，将自己主观地融入某一社会阶层，同时在消费和购买产品时也会反映出该阶层的特征。比如在选择休闲活动时，高收入阶层可能会选择打高尔夫球，低收入阶层则可能选择在家中看电视。

4. 行为因素细分

按行为因素细分，就是按照消费者购买或使用某种商品的时间、购买数量、购买频率、对品牌的忠诚度等变数来细分市场。

（1）购买时间。许多产品的消费具有时间性，烟花爆竹的消费主要在春节期间，月饼的消费主要在中秋节以前，旅游点在旅游旺季生意最兴隆。因此，企业可以根据消费者产生需要、购买或使用产品的时间进行市场细分，如航空公司、旅行社在寒暑假期间大做广告，实行优惠票价，以吸引师生乘坐飞机外出旅游；商家在酷热的夏季大做空调广告，以有效增加销量；双休日商店的营业额大增，而在元旦、春节期间，销售额则更大等。因此，企业可根据购买时间进行细分，在适当的时候加大促销力度，采取优惠价格，以促进产品的销售。

（2）购买数量。据此可分为大量用户、中量用户和少量用户。大量用户人数不一定多，但消费量大，许多企业以此为目标，反其道而行之也可取得成功。如文化用品大量使用者是知识分子和学生，化妆品大量使用者是青年妇女等。

（3）购买频率。据此可分为经常购买、一般购买和不常购买（潜在购买者）。如铅笔，小学生经常购买，高年级学生按正常方式购买，而工人、农民则不常买。

**（二）生产者市场细分**

上述消费品市场的细分标准有很多都适用于生产者市场的细分，如地理环境、气候条件、交通运输、追求利益、使用群、对品牌的忠诚度等。但由于生产者市场有它自身的特点，企业还应采用其他一些标准和变数来进行细分，最常用的有最终用户要求、用户规模、用户地理位置等变数。

（1）按用户的要求细分。产品用户的要求是生产资料市场细分量常用的标准。不同的用户对同一产品有不同的需求，如晶体管厂可根据晶体管的用户不同将市场细分为军工市场、工业市场和商业市场，军工市场特别注重产品质量；工业用户要求有高质量的产品和服务；商业市场主要用于转卖，除要求保证质量外，还要求价格合理和交货及时；飞机制造公司对所需轮胎要求的安全性比一般汽车生产厂商要高许多；同是钢材，有的用作生产机器，有的用于造船，有的用于建筑等。因此，企业应针对不同用户的需求，提供不同的产品，设计不同的市场营销组合策略，以满足用户的不同要求。

（2）按用户经营规模细分。用户经营规模也是细分生产资料市场的重要标准。用户经营规模决定其购买能力的大小。按用户经营规模划分，可分为大用户、中用户、小用户。大用户户数虽少，但其生产规模、购买数量大，注重质量、交货时间等；小客户数量多，分散面广，购买数量有限，注重信贷条件等。许多时候，和一个大客户的交易量相当于与许多小客户的交易量之和，失去一个大客户，往往会给企业造成严重的后果。因此，企业应按照用户经营规模建立相应联系机制和确定恰当的接待制度。

（3）按用户的地理位置细分。每个国家或地区大都在一定程度上受自然资源、气候条件和历史传统等因素影响，形成若干工业区，例如江浙两省的丝绸工业区，以山西为中心的煤炭工业区，东南沿海的加工工业区等。这就决定了生产资料市场往往比消费品市场在区域上更为集中，地理位置因此成为细分生产资料市场的重要标准。企业按用户的地理位置细分市场，选择客户较为集中的地区作为目标，有利于节省推销人员往返于不同客户之间的时间，而且可以合理规划运输路线，节约运输费用，也能更加充分地利用销售力量，降低推销成本。

以上从消费品市场和生产资料市场两方面介绍了具体的细分标准和变量。为了有效地进行市场细分，有这样几个问题应引起注意：

1）动态性。细分的标准和变数不是固定不变的，如收入水平、城市大小、交通条件、年龄等，都会随着时间的推移而变化。因此，应树立动态观念，适时进行调整。

2）适用性。市场细分的因素有很多，各企业的实际情况又各异，不同的企业在细分市场时采用的细分变数和标准不一定相同，究竟选择哪种变量，应视具体情况加以确定，切忌生搬硬套和盲目模仿。如牙膏可按购买动机细分市场，服装按什么细分市场合适呢？

3）组合性。要注意细分变数的综合运用。在实际营销活动中，一个理想的目标市场是有层次或交错地运用上述各种因素的组合来确定的。如化妆品的经营者将18～45岁的城市中青年妇女确定为目标市场，就运用了4个变量：年龄、地理区域、性别、收入（职业妇女）。

**【案例 3-1】**

市场细分是1956年由美国市场营销学家温德尔·斯密首先提出来的一个新概念。它是指根据消费者的不同需求，把整体市场划分为不同的消费者群的市场分割过程。每个消费者群便是一个细分市场，每个细分市场都是由需要与欲望相同的消费者群组成。市场细分主要是按照地理细分、人口细分和心理细分来划分目标市场，以达到企业的营销目标。

麦当劳的成功正是在这三项划分要素上做足了工夫。它根据地理、人口和心理要素准确地进行了市场细分，并分别实施了相应的战略，从而达到了企业的营销目标。

1. 麦当劳根据地理要素细分市场

麦当劳有美国国内市场和国际市场，而不管是在国内还是国外，都有各自不同的饮食习惯和文化背景。麦当劳进行地理细分，主要是分析各区域的差异。如美国东西部的人喝的咖啡口味是不一样的。通过把市场细分为不同的地理单位进行经营活动，从而做到因地制宜。

每年，麦当劳都要花费大量的资金进行认真的严格的市场调研，研究各地的人群组合、文化习俗等，再书写详细的细分报告，以使每个国家甚至每个地区都有一种适合当地生活方式的市场策略。

例如，麦当劳刚进入中国市场时大量传播美国文化和生活理念，并以美国式产品牛肉汉堡来征服中国人。但中国人爱吃鸡，与其他洋快餐相比，鸡肉产品也更符合中国人的口味，更加容易被中国人所接受。针对这一情况，麦当劳改变了原来的策略，推出了鸡肉产品。在全世界从来只卖牛肉产品的麦当劳也开始卖鸡了。这一改变正是针对地理要素所做的，也加快了麦当劳在中国市场的发展步伐。

2. 麦当劳根据人口要素细分市场

通常人口细分市场主要根据年龄、性别、家庭人口、生命周期、收入、职业、教育、宗教、种族、国籍等相关变量，把市场分割成若干整体。而麦当劳对人口要素细分主要是从年龄及生命周期阶段对人口市场进行细分，其中，将不到开车年龄的划定为少年市场，将20～40岁之间的年轻人界定为青年市场，还划定了老年市场。

人口市场划定以后，要分析不同市场的特征与定位。例如，麦当劳以孩子为中心，把孩子作为主要消费者，十分注重培养他们的消费忠诚度。在餐厅用餐的小朋友，经常会意外获得印有麦当劳标志的气球、折纸等小礼物。在中国，还有麦当劳叔叔俱乐部，参加者为3～12岁的小朋友，定期开展活动，让小朋友更加喜爱麦当劳。这便是相当成功的人口细分，抓住了该市场的特征与定位。

3. 麦当劳根据心理要素细分市场

根据人们生活方式划分，快餐业通常有两个潜在的细分市场：方便型和休闲型。在这两个方面，麦当劳都做得很好。

例如，针对方便型市场，麦当劳提出"59秒快速服务"，即从顾客开始点餐到拿着食品离开柜台标准时间为59秒，不得超过一分钟。

针对休闲型市场，麦当劳对餐厅店堂布置非常讲究，尽量做到让顾客觉得舒适自由。麦当劳努力使顾客把麦当劳作为一个具有独特文化的休闲好去处，以吸引休闲型市场的消费者群。

# 任务二　电子产品的目标市场选择

## 一、目标市场的概念

所谓目标市场，就是指企业在市场细分之后的若干"子市场"中，所运用的企业营销活动之"矢"而瞄准的市场方向之"的"的优选过程。例如，现阶段我国城乡居民对照相机的需求，可分为高档、中档和普通三种不同的消费者群。调查表明，33％的消费者需要物美价廉的普通相机，52％的消费者需要使用质量可靠、价格适中的中档相机，16％的消费者需要美观、轻巧、耐用、高档的全自动或多镜头相机。国内各照相机生产厂家，大都以中档、普通相机为生产营销的目标，因而市场出现供过于求的现象，而各大中型商场的高档相机，多为高价进口货。如果某一照相机厂家选定16％的消费者目标，优先推出质优、价格合理的新型高级相机，就会受到这部分消费者的欢迎，从而迅速提高市场占有率。

## 二、目标市场选择标准

### 1. 有一定的规模和发展潜力

企业进入某一市场是期望能够有利可图，如果市场规模狭小或者趋于萎缩状态，企业进入后难以获得发展，此时，应审慎考虑，不宜轻易进入。当然，企业也不宜以市场吸引力作为唯一取舍，特别是应力求避免"多数谬误"，即与竞争企业遵循同一思维逻辑，将规模最大、吸引力最大的市场作为目标市场。大家共同争夺同一个顾客群的结果是，造成过度竞争和社会资源的无端浪费，同时使消费者的一些本应得到满足的需求遭受冷落和忽视。现在国内很多企业动辄将城市尤其是大中城市作为其首选市场，而对小城镇和农村市场不屑一顾，很可能就步入误区，如果转换一下思维角度，一些目前经营尚不理想的企业说不定会出现"柳暗花明"的局面。

### 2. 细分市场结构的吸引力

细分市场可能具备理想的规模和发展特征，然而从赢利的观点来看，它未必有吸引力。波特认为有五种力量决定整个市场或其中任何一个细分市场的长期的内在吸引力。这五个群体是：同行业竞争者、潜在的新参加的竞争者、替代产品、购买者和供应商。他们具有如下五种威胁性：

（1）细分市场内激烈竞争的威胁。如果某个细分市场已经有了众多的、强大的或者竞争意识强烈的竞争者，那么该细分市场就会失去吸引力。如果该细分市场处于稳定或者衰退，生产能力不断大幅度扩大，固定成本过高，撤出市场的壁垒过高，竞争者投资很大，那么情况就会更糟。这些情况常常会导致价格战、广告争夺战、新产品推出，公司要参与竞争就必须付出高昂的代价。

（2）新竞争者的威胁。如果某个细分市场可能吸引会增加新的生产能力和大量资源并争夺市场份额的新的竞争者，那么该细分市场就会没有吸引力。问题的关键是新的竞争者能否轻易地进入这个细分市场。如果新的竞争者进入这个细分市场时遇到森严的壁垒，并且遭受到细分市场内原来的公司的强烈报复，他们便很难进入。保护细分市场的壁垒越低，原来占领细分市场的公司的报复心理越弱，这个细分市场就越缺乏吸引力。某个细分市场的吸引力随其进退难易的程度而有所区别。根据行业利润的观点，最有吸引力的细分市场应该是进入的壁垒高、退出的壁垒低。在这样的细分市场里，新的公司很难打入，但经营不善的公司可以安然撤退。如果细分市场进入和退出的壁垒都高，那里的利润潜量就大，但也往往伴随较大的风险，因为经营不善的公司难以撤退，必须坚持到底。如果细分市场进入和退出的壁垒都较低，公司便可以进退自如，获得的报酬虽然稳定，但不高。最坏的情况是进入细分市场的壁垒较低，而退出的壁垒却很高。于是在经济良好时，大家蜂拥而入，但在经济萧条时，却很难退出。其结果是大家都生产能力过剩，收入下降。

（3）替代产品的威胁。如果某个细分市场存在着替代产品或者有潜在替代产品，那么该细分市场就失去吸引力。替代产品会限制细分市场内价格和利润的增长。公司应密切注意替代产品的价格趋向。如果在这些替代产品行业中技术有所发展，或者竞争日趋激烈，这个细分市场的价格和利润就可能会下降。

（4）购买者讨价还价能力加强的威胁。如果某个细分市场中购买者的讨价还价能力很强或正在加强，该细分市场就没有吸引力。购买者便会设法压低价格，对产品质量和服务提出更高的要求，并且使竞争者互相斗争，所有这些都会使销售商的利润受到损失。如果出现以下情况：购买者比较集中或有组织、该产品在购买者的成本中占较大比重、产品无法实行差别化、顾客的转换成本较低、由于购买者的利益较低而对价格敏感、顾客能够向后实行联合，购买者的讨价还价能力就会加强。销售商为了保护自己，可选择议价能力最弱或者转换销售商能力最弱的购买者。较好的防卫方法是提供顾客无法拒绝的优质产品供应市场。

（5）供应商讨价还价能力加强的威胁。如果公司的供应商——原材料和设备供应商、公用事业、银行、公司等，能够提价或者降低产品和服务的质量，或减少供应数量，那么该公司所在的细分市场就会没有吸引力。如果出现以下情况：供应商集中或有组织、替代产品少、供应的产品是重要的投入要素、转换成本高、供应商可以向前实行联合，那么供应商的讨价还价能力就会较强大。因此，与供应商建立良好关系和开拓多种供应渠道才是防御上策。

3. 符合企业目标和能力

某些细分市场虽然有较大的吸引力，但不能推动企业实现发展目标，甚至分散企业的精力，使之无法完成其主要目标，这样的市场应考虑放弃。另一方面，还应考虑企业的资源条件是否适合在某一细分市场经营。只有选择那些企业有条件进入、能充分发挥其资源优势的市场作为目标市场，企业才会立于不败之地。

现代市场经济条件下，制造商品牌和经销商品牌之间经常展开激烈的竞争，也就是所谓品牌战。一般来说，制造商品牌和经销商品牌之间的竞争，本质上是制造商与经销商之间实力的较量。在制造商具有良好的市场声誉，拥有较大市场份额的条件下，应多使用制造商品牌，无力经营自己品牌的经销商只能接受制造商品牌。相反，当经销商品牌在某一市场领域中拥有良好的品牌信誉及庞大的、完善的销售体系时，利用经销商品牌也是有利的。因此进行品牌使用者决策时，要结合具体情况，充分考虑制造商与经销商的实力对比，以求客观地作出决策。

## 三、目标市场策略

目标市场策略是指企业将产品的整个市场视为一个目标市场，用单一的营销策略开拓市场，即用一种产品和一套营销方案吸引尽可能多的购买者。无差异营销策略只考虑消费者或用户在需求上的共同点，而不关心他们在需求上的差异性。可口可乐公司在20世纪60年代以前曾以单一口味的品种、统一的价格和瓶装、同一广告主题将产品面向所有顾客，就是采取的这种策略。

1. 目标市场选择策略的模式

目标市场的选择策略，即关于企业为哪个或哪几个细分市场服务的决定。通常有五种模式供参考：

（1）市场集中化。企业选择一个细分市场，集中力量为之服务。较小的企业一般这样专门填补市场的某一部分。集中营销使企业深刻了解该细分市场的需求特点，采用针对的产品、价格、渠道和促销策略，从而获得强有力的市场地位和良好的声誉。但同时隐含较大的经营风险。

（2）产品专门化。企业集中生产一种产品，并向所有顾客销售这种产品。例如服装厂商向青年、中年和老年消费者销售高档服装，企业为不同的顾客提供不同种类的高档服装产品和服务，而不生产消费者需要的其他档次的服装。这样，企业在高档服装产品方面树立很高的声誉，但一旦出现其他品牌的替代品或消费者流行的偏好转移，企业将面临巨大的威胁。

（3）市场专门化。企业专门服务于某一特定顾客群，尽力满足他们的各种需求。例如企业专门为老年消费者提供各种档次的服装。企业专门为这个顾客群服务，能建立良好的声誉。但一旦这个顾客群的需求潜量和特点发生突然变化，企业要承担较大风险。

（4）有选择的专门化。企业选择几个细分市场，每一个对企业的目标和资源利用都有一定的吸引力。但各细分市场彼此之间很少或根本没有任何联系。这种策略能分散企业经营风险，即使其中某个细分市场失去了吸引力，企业还能在其他细分市场盈利。

（5）完全市场覆盖。企业力图用各种产品满足各种顾客群体的需求，即以所有的细分市场作为目标市场，例如上例中的服装厂商为不同年龄层次的顾客提供各种档次的服装。一般只有实力强大的大企业才能采用这种策略。例如 IBM 公司在计算机市场、可口可乐公司在饮料市场开发众多的产品，满足各种消费需求。

2. 目标市场选择策略

根据所选择的细分市场数目和范围，目标市场选择策略可以分为无差异目标市场策略、差异性目标市场策略和集中性目标市场策略三种方式。

（1）无差异市场营销策略。无差异目标市场策略是指不考虑各细分市场的差异性，将它们视为一个统一的整体市场，认为所有客户对基金投资有共同的需求。采用无差异目标市场策略无视各细分市场客户群体的特殊需求，在此情况下，营销人员可以设计单一营销组合直接面对整个市场，去迎合整个市场最大范围的客户的需求，凭借大规模的广告宣传和促销，吸引尽可能多的客户。无差异营销的理论基础是成本的经济性。生产单一产品，可以减少生产与储运成本；无差异的广告宣传和其他促销活动可以节省促销费用；不搞市场细分，可以减少企业在市场调研、产品开发、制定各种营销组合方案等方面的营销投入。这种策略对于需求广泛、市场同质性高且能大量生产、大量销售的产品比较合适。

（2）差异性市场营销策略。差异性市场营销策略是将整体市场划分为若干细分市场，针对每一细分市场制定一套独立的营销方案。比如，服装生产企业针对不同性别、不同收入水平的消费者推出不同品牌、不同价格的产品，并采用不同的广告主题来宣传这些产品，就是采用的差异性营销策略。

差异性营销策略的优点是：小批量、多品种，生产机动灵活、针对性强，使消费者需求更好地得到满足，由此促进产品销售。另外，由于企业是在多个细分市场上经营，一定程度上可以减少经营风险；一旦企业在几个细分市场上获得成功，有助于提高企业的形象及提高市场占有率。

差异性营销策略的不足之处主要体现在两个方面：一是增加营销成本。由于产品品种多，管理和存货成本将增加；由于公司必须针对不同的细分市场发展独立的营销计划，会增加企业在市场调研、促销和渠道管理等方面的营销成本。二是可能使企业的资源配置不能有效集中，顾此失彼，甚至在企业内部出现彼此争夺资源的现象，使拳头产品难以形成优势。

（3）集中性市场营销策略。实行差异性营销策略和无差异营销策略，企业均是以整体市场作为营销目标，试图满足所有消费者在某一方面的需要。集中性营销策略则是集中力量进入一个或少数几个细分市场，实行专业化生产和销售。实行这一策略，企业不是追求在一个大市场角逐，而是力求在一个或几个子市场占有较大份额。

集中性营销策略的指导思想是：与其四处出击收效甚微，不如突破一点取得成功。这一策略特别适合于资源力量有限的中小企业。中小企业由于受财力、技术等方面因素制约，在整体市场可能无力与大企业抗衡，但如果集中资源优势在大企业尚未顾及或尚未建立绝对优势的某个或某几个细分市场进行竞争，成功可能性更大。

集中性营销策略的局限性体现在两个方面：一是市场区域相对较小，企业发展受到限制。二是潜伏着较大的经营风险，一旦目标市场突然发生变化，如消费者趣味发生转移，或强大竞争对手的进入，或新的更有吸引力的替代品的出现，都可能使企业因没有回旋余地而陷入困境。

前述三种目标市场策略各有利弊，企业到底应采取哪一种策略，应综合考虑：①企业资源或实力；②产品同质性；③市场同质性；④产品所处生命周期的不同阶段；⑤竞争者的市场营销策略；⑥竞争者的数目等多方面因素予以决定。

【案例 3-2】　奇瑞 QQ——"年轻人的第一辆车"

"奇瑞 QQ 卖疯了！"在北京亚运村汽车交易市场 2003 年 9 月 8—14 日的单一品牌每周销售量排行榜上，奇瑞 QQ 以 227 辆的绝对优势荣登榜首！奇瑞 QQ 能在这么短的时间内拔得头筹，归结为一句话：这车太酷了，讨人喜欢。

在北京街头已经能时不时遭遇"奇瑞 QQ"的靓丽身影了，虽然只是 5 万元的小车，但是"奇瑞 QQ"那艳丽的颜色、玲珑的身段、俏皮的大眼睛、邻家小女孩般可人的笑脸，在滚滚车流中是那么显眼，仿佛街道就是她一个人表演的 T 形台。

奇瑞 QQ 的目标客户是收入并不高但有知识、有品位的年轻人，同时也兼顾有一定事业基础、心态年轻、追求时尚的中年人。一般大学毕业两三年的白领都是奇瑞 QQ 潜在的客户。人均月收入 2000 元即可轻松拥有这款轿车。

许多时尚男女都因为 QQ 的靓丽、高配置和优性价比就把这个可爱的小精灵领回家了，从此与 QQ 成了快乐的伙伴。

奇瑞公司有关负责人介绍说，为了吸引年轻人，奇瑞 QQ 除了轿车应有的配置以外，还装载了独有的"I-say"数码听系统，成为了"会说话的 QQ"，堪称目前小型车时尚配置之最。据介绍，"I-say"数码听是奇瑞公司为用户专门开发的一款车载数码装备，集文本朗读、MP3 播放、U 盘存储多种时尚数码功能于一身，让 QQ 与电脑和互联网紧密相连，完全迎合了年轻一代的需求。

# 任务三　电子产品的市场定位

## 一、市场定位的概念

1. 市场定位的定义

市场定位也被称作"营销定位"，是市场营销工作者用以在目标市场（此处目标市场指该市场上的客户和潜在客户）的心目中塑造产品、品牌或组织的形象或个性的营销技术。企业根据竞争者现有产品在市场上所处的位置，针对消费者或用户对该产品某种特征或属性的重视程度，强有力地塑造出本企业产品与众不同的、给人印象鲜明的个性或形象，并把这种形象生动地传递给顾客，从而使该产品在市场上确定适当的位置。

简而言之，就是在客户心目中树立独特的形象。

2. 市场定位的目的

市场定位并不是你对一件产品本身做些什么，而是你在潜在消费者的心目中做些什么。市场定位的实质是使本企业与其他企业严格区分开来，使顾客明显感觉和认识到这种差别，从而在顾客心目中占有特殊的位置。

市场定位的目的是使企业的产品和形象在目标顾客的心理上占据一个独特、有价值的位置。

3. 市场定位的分类

市场定位可分为对现有产品的再定位和对潜在产品的预定位。

对现有产品的再定位可能导致产品名称、价格和包装的改变，但是这些外表变化的目的是为了保证产品在潜在消费者的心目中留下值得购买的形象。

对潜在产品的预定位，要求营销者必须从零开始，使产品特色确实符合所选择的目标市场。

## 二、市场定位的步骤

市场定位的关键是企业要设法在自己的产品上找出比竞争者更具有竞争优势的特性。竞争优势一般有两种基本类型：一是价格竞争优势，就是在同样的条件下比竞争者定出更低的价格。这就要求企业采取一切努力来降低单位成本。二是偏好竞争优势，即能提供确定的特色来满足顾客的特定偏好。这就要求企业采取一切努力在产品特色上下工夫。因此，企业市场定位的全过程可以通过以下三大步骤来完成。

1. 识别潜在竞争优势

这一步骤的中心任务是要回答以下三个问题：

竞争对手产品定位如何？

目标市场上顾客欲望满足程度如何以及确实还需要什么？

针对竞争者的市场定位和潜在顾客的真正需要的利益要求企业应该及能够做什么？

要回答这三个问题，企业市场营销人员必须通过一切调研手段，系统地设计、搜索、分析并报告有关上述问题的资料和研究结果。

通过回答上述三个问题，企业就可以从中把握和确定自己的潜在竞争优势在哪里。

2. 核心竞争优势定位

竞争优势表明企业能够胜过竞争对手的能力。这种能力既可以是现有的，也可以是潜在的。选择竞争优势实际上就是一个企业与竞争者各方面实力相比较的过程。比较的指标应是一个完整的体系，只有这样，才能准确地选择相对竞争优势。通常的方法是分析、比较企业与竞争者在经营管理、技术开发、采购、生产、市场营销、财务和产品等七个方面究竟哪些是强项，哪些是弱项。借此选出最适合本企业的优势项目，以初步确定企业在目标市场上所处的位置。

3. 战略制定

这一步骤的主要任务是企业要通过一系列的宣传促销活动，将其独特的竞争优势准确传播给潜在顾客，并在顾客心目中留下深刻印象。

首先，应使目标顾客了解、知道、熟悉、认同、喜欢和偏爱本企业的市场定位，在顾客心目中建立与该定位相一致的形象。

其次，企业通过各种努力强化目标顾客形象，保持目标顾客的了解，稳定目标顾客的态度和加深目标顾客的感情来巩固与市场相一致的形象。

最后，企业应注意目标顾客对其市场定位理解出现的偏差或由于企业市场定位宣传上的失误而造成的目标顾客模糊、混乱和误会，及时纠正与市场定位不一致的形象。企业的产品在市场上定位即使很恰当，但在下列情况下，还应考虑重新定位：

（1）竞争者推出的新产品定位于本企业产品附近，侵占了本企业产品的部分市场，使本企业产品的市场占有率下降。

（2）消费者的需求或偏好发生了变化，使本企业产品销售量骤减。

重新定位是指企业为已在某市场销售的产品重新确定某种形象，以改变消费者原有的认识，争取有利的市场地位的活动。如某日化厂生产婴儿洗发剂，以强调该洗发剂不刺激眼睛来吸引有婴儿的家庭。但随着出生率的下降，销售量减少。为了增加销售，该企业将产品重新定位，强调使用该洗发剂能使头发松软有光泽，以吸引更多、更广泛的购买者。重新定位对于企业适应市场环境、调整市场营销战略是必不可少的，可以视为企业的战略转移。重新定位可能导致产品的名称、价格、包装和品牌的更改，也可能导致产品用途和功能上的变动，企业必须考虑定位转移的成本和新定位的收益问题。

## 三、市场定位策略

1. 避强定位策略

这种策略是企业避免与强有力的竞争对手发生直接竞争，而将自己的产品定位于另一市场的区域内，使自己的产品在某些特征或属性方面与强势对手有明显的区别。这种策略可使自己迅速在市场上站稳脚跟，并在消费者心中树立起一定形象。由于这种做法风险较小，成功率较高，常为多数企业所采用。

2. 迎头定位策略

这种策略是企业根据自身的实力，为占据较佳的市场位置，不惜与市场上占支配地位、实力最强或较强的竞争对手发生正面竞争，从而使自己的产品进入与对手相同的市场位置。由于竞争对手强大，这一竞争过程往往相当引人注目，企业及其产品能较快地为消费者了解，达到树立市场形象的目的。这种策略可能引发激烈的市场竞争，具有较大的风险。因此，企业必须知己知彼，了解市场容量，正确判定凭自己的资源和能力是不是能比竞争者做得更好，或者能不能平分秋色。

3. 重新定位策略

这种策略是企业对销路少、市场反应差的产品进行二次定位。初次定位后，如果由于顾客的需求偏好发生转移，市场对本企业产品的需求减少，或者由于新的竞争者进入市场，选择与本企业相近的市场位置，这时，企业就需要对其产品进行重新定位。一般来说，重新定位是企业摆脱经营困境，寻求新的活力的有效途径。此外，企业如果发现新的产品市场范围，也可以进行重新定位。

【案例 3－3】

前期的李宁公司在产品设计、赞助活动、形象及产品广告、开店风格乃至形象代言人的选择上都存在不统一、不连续的问题。在确立了"激发潜能，超越自我"的品牌新个性后，李宁公司统一了对外口径，除了确定"因为专业，一切皆有可能"为统一广告语，还通过专卖店、公关活动，甚至包装袋各种途径诠释"可能"的概念，强化品牌个性。李宁针对与其"激发潜能，超越自我"的品牌个性相符合的篮球、足球等体育项目不断推出新产品。2003 年，李宁公司与前国足运动员李铁签约，共同致力于专业足球产品的开发；2004 年，李宁推出专业篮球鞋 Free Jumper 系列，成为国内第一个进军专业篮球市场的品牌。2006 年的北京国际马拉松赛上，李宁的专业跑鞋又赢得赞誉。

【案例 3－4】

日本索尼公司的索尼随身听等一批新产品正是填补了当时市场上迷你电子产品的空缺，并进行不断地创新，使得索尼公司即使在第二次世界大战时期也能迅速的发展，一跃成为世界级的跨国公司。采用这种定位方式时，公司应明确创新定位所需的产品在技术上、经济上是否可行，有无足够的市场容量，能否为公司带来合理而持续的盈利。

## 四、市场定位原则

各个企业经营的产品不同，面对的顾客也不同，所处的竞争环境也不同，因而市场定位所依据的原则也不同。总的来讲，市场定位所依据的原则有以下四点：

（1）根据具体的产品特点定位。构成产品内在特色的许多因素都可以作为市场定位所依据的原则。比如所含成分、材料、质量、价格等。"七喜"汽水的定位是"非可乐"，强调它是不含咖啡因的饮料，与可乐类饮料不同。"泰宁诺"止痛药的定位是"非阿斯匹林的止痛药"，显示药物成分与以往的止痛药有本质的差异。一件仿皮皮衣与一件真正的水貂皮衣的市场定位自然不会一样，同样，不锈钢餐具若与纯银餐具定位相同，也是难以令人置信的。

（2）根据特定的使用场合及用途定位。为老产品找到一种新用途，是为该产品创造新的市场定位的好方法。小苏打曾一度被广泛地用作家庭的刷牙剂、除臭剂和烘焙配料，已有不少的新产品代替了小苏打的上述一些功能。小苏打还可以定位为冰箱除臭剂，另外还有一家公司把它当做了调味汁和肉卤的配料，更有一家公司发现它可以作为冬季流行性感冒患者的饮料。我国曾有一家生产"曲奇饼干"的厂家最初将其产品定位为家庭休闲食品，后来又发现不少顾客购买是为了馈赠，又将之定位为礼品。

（3）根据顾客得到的利益定位。产品提供给顾客的利益是顾客最能切实体验到的，也可以用作定位的依据。1975 年，美国米勒（Miller）推出了一种低热量的"Lite"牌啤酒，将其定位为喝了不会发胖的啤酒，迎合了那些经常饮用啤酒而又担心发胖的人的需要。

（4）根据使用者类型定位。企业常常试图将其产品指向某一类特定的使用者，以便根据这些顾客的看法塑造恰当的形象。美国米勒啤酒公司曾将其原来唯一的品牌"高生"啤酒定位于"啤酒中的香槟"，吸引了许多不常饮用啤酒的高收入妇女。后来发现，占 30% 的狂饮者大约消费了啤酒销量的 80%，于是，该公司在广告中展示石油工人钻井成功后狂欢的镜头，还有年轻人在沙滩上冲刺后开怀畅饮的镜头，塑造了一个"精力充沛的形象"。在广告中提出"有空就喝米勒"，从而成功占领啤酒狂饮者市场达 10 年之久。

事实上，许多企业进行市场定位的依据的原则往往不止一个，而是多个原则同时使用。因为要体现企业及其产品的形象，市场定位必须是多维度的、多侧面的。

**【训练任务】**

任务：某品牌手机产品市场机会选择分析

具体要求：

（1）各团队以选定的某品牌手机生产企业为背景，收集、整理该企业产品市场营销资源配置以及市场营销控制情况；

（2）各团队根据以上分析，提交该企业手机产品市场分析报告，介绍该企业如何进行市场细分，选择的目标市场有哪些？针对目标市场的产品定位是怎样的？

**【强化练习】**

**一、选择题**

1. 市场细分的作用在于（　　　）。

　A. 区分市场和产品　　　　　　　　B. 了解和发现市场机会

　C. 开发适销对路的产品　　　　　　D. 制定营销策略、集中有限资源

　E. 找到合适的顾客群

2. 根据消费者行为细分市场的依据主要有：（　　　）

　A. 购买时机　　　　　　　　　　　B. 寻求利益

　C. 使用状况与频率　　　　　　　　D. 忠诚度与产品态度

　E. 待购阶段

3. 产业市场细分的依据应考虑的变量有（　　　）。

　A. 顾客规模　　　　　　　　　　　B. 最终用户

　C. 顾客的经营状况　　　　　　　　D. 采购方式

　E. 影响订货因素

4. 作为目标市场应具备的条件是（　　　）。

  A. 有适当是规模和需求    B. 有一定的购买力

  C. 竞争者未完全控制市场   D. 企业有能力经营

  E. 与企业提供的产品或服务方向一致

5. 市场定位依据一般包括（　　　）。

  A. 以产品质量、价格或服务定位  B. 以使用者类型定位

  C. 以使用场合或特殊功能定位  D. 以企业生产特定定位

  E. 以区别于竞争者的不同属性定位

## 二、简答题

1. 市场细分有什么用（或企业为什么要进行市场细分）？

2. 企业选择目标市场营销策略需要考虑哪些因素？

3. 企业确定市场定位的依据应该是哪些？

## 三、案例分析

### 抓 住 空 白 点

  日本电视机生产企业从 1961 年开始，向美国出口电视机。当时美国不只是世界头号电视机生产强国，而且美国消费者还普遍存有东洋货是劣质货的观念。但日本企业经过认真的市场分析发现，在美国市场上，12 英寸以下的小型电视机是一个产品市场空白点。当时美国电视机生产企业都嫌小型机利润少而不愿经营，并且错误地认为小型机消费时代已经结束。但事实上仍有不少消费者需要它，日本企业借机将小型机打入美国市场。正由于日本企业从美国产品市场空白点入手"钻"入美国，因此，未受到强大的美国企业的反击。待之羽翼丰满，占领大型电视机市场时，美国电视机厂家再反击已为时过晚。

  **案例问题：**结合此例谈谈企业进行市场细分的重要性。

# 项目四　制定电子产品市场营销组合
## ——产品策略

| 项目情境创设 | | 　　产品是市场营销组合中最重要也是最基本的因素。本项目以某品牌手机为典型产品，要求同学们在前期市场分析的基础上，制定某品牌手机的整体产品及产品组合策略，进行品牌策划及包装策略选择，并据此提炼出手机产品的卖点（性能、优势等），设计该品牌手机的服务策略 |
|---|---|---|
| 项目学习目标 | 知识目标 | 理解并掌握电子产品整体概念和产品组合策略、产品生命周期理论以及品牌策略、包装策略和服务策略 |
| | 能力目标 | 运用所学知识制定电子产品组合策略；能进行电子产品品牌策划和包装策略分析、选择，并进行电子产品服务策略策划；能熟练演示电子产品的使用方法，找出产品的卖点，并能准确向客户介绍电子产品特点、性能 |

## 【案例导入】

### 奔驰汽车的"全面"产品观点

　　德国奔驰汽车在国内外的买主中一直享有良好的声誉，奔驰汽车是世界许多国家领导人和知名人士的重要交通工具及接待用的专车。即使在经济危机的年代，奔驰汽车仍能"吉星高照"，在激烈的国际竞争中求得生存和发展，成为世界汽车工业中的佼佼者。在大量日本车冲击西欧市场的情况下，奔驰车不仅顶住了日本车的压力，还增加了对日本的出口。尽管一辆奔驰车的价钱可以买两辆日本车，但奔驰车却始终能在日本市场保住一块地盘。

　　奔驰公司之所以能取得这样的成就，重要的一点在它充分认识到公司提供给顾客的产品，不只是一个交通工具——汽车本身，还应包括汽车的质量、造型、维修服务等，即要以自己的产品整体来满足顾客的全面要求。于是，公司千方百计地使产品质量首屈一指，并以此作为取胜的首要目标，为此建立了一支技术熟练的员工队伍及对产品和部件进行严格的质量检查制度。以产品的构想、设计、研制、试验、生产直至维修都突出质量标准。

　　奔驰汽车公司还能大胆而科学地创新。车型不断变换，新的工艺技术不断应用到生产上。现在该公司的车辆从一般小轿车到大型载重汽车共 160 种，计 3700 个型号，以创新求发展已成为公司上下的一句流行口号。

　　奔驰汽车还有一个完整而方便的服务网。这个服务网包括两个系统：一是推销服务网，分布在各国各大、中城市。在推销处，人们可以看到各种车辆的图样，了解到汽车的性能特点。在订购时，顾客还可以提出自己的要求，如车辆颜色、空调设备、音响设备、乃至保险式车门钥匙等。第二个系统是维修站。奔驰公司非常重视这方面的服务工作。这个公司在德国有 1244 个维修站，工作人员 5.6 万人。在公路上平均不到 25km 就可以找到一家奔驰车维修站。在国外 171 个国家和地区奔驰公司设有 3800 个服务站。维修人员技术熟练、态度热情、车辆检修速度快。奔驰车一般每行驶 7500km 需换机油一次，每行驶 1.5 万 km 需检修一次。这些服务项目都能在当天办妥。在换机油时，如发现某个零件有损耗，维修站还会主动打电话通知车主征求是否更换的意见。如果车子意外地在途中发生故障，开车人只要向就近的维修站打个电话，维修站就会派人来修理或把车拉回去修理。

奔驰的销售人员都经过良好的训练，接待顾客时，穿着整齐，落落大方；对顾客态度客气、服务愉快迅速；同时在销售活动中，尊重顾客的风俗习惯，努力造成一种满足顾客的印象。

质量、创新、服务等虽然并不是什么秘密，但在生产经营的产品与质量、创新、服务等有机结合上，各企业却有所差异。奔驰公司正是杰出地贯彻了整体的观念，使自己成为世界汽车工业中的一颗明星。

产品是市场营销组合中最重要也是最基本的因素。企业在制定营销组合策略时，首先必须决定发展什么样的产品来满足目标市场需要。同时，产品策略还直接或间接地影响到其他营销组合因素的管理。从这个意义上说，产品策略是整个营销组合策略的基石。

# 任务一　认识电子产品的整体概念

## 一、产品

### （一）产品的概念

在现代市场营销学中，产品概念具有极其宽广的外延和深刻的内涵。产品是指能提供给市场，用于满足消费者某种需要或欲望的任何事物。包括实体产品、服务、场所、组织、思想、主意、策划、计谋等。

### （二）产品的类型

在现代营销观念下，产品分类方法通常有以下几种。

1. 按产品的有形性和消费上的耐久性划分

（1）非耐用品。指消费周期很短、容易消耗的有形物品，如盐、食品和洗衣粉等。由于这类产品具有消费时间短、购买频繁的特点，所以，适应的营销战略应该是：尽量增加销售产品的地点、场所，分散经营，接近消费者；销售价格中不宜包含过多的盈利；并且应大量采用广告宣传，吸引顾客做尝试性购买，促使形成对该产品的偏好。

（2）耐用品。指能够长期使用的、价值较高的有形物品，如冰箱、电视机、家具等。这类产品一般倾向于较多的人员推销和服务，利润率可较高。

（3）服务。指供出售的活动、利益或享受，如理发、修理等。服务是无形的非耐用品，一般就地销售和就地消费，因此要特别强调质量管理，注重信誉。

2. 按消费者购买习惯不同划分

（1）便利品。指顾客经常或随时需要、通常不花费很多时间和精力去购买的物品。便利品可以进一步分成日用品、冲动品以及急救品。日用品是顾客有规律性地购买的商品，如牙膏、香烟、报纸等。冲动品是顾客没有经过计划搜寻而顺便购买的产品。这类商品通常被放置在结账台旁边，就是为了使那些原来可能没有购买欲望的顾客作出冲动性购买行为。急救品是消费者有紧迫需求时购买的产品，如下暴雨时购买雨伞等。这类急救品的地点效用很重要，一旦顾客需要能够迅速实现购买。

（2）选购品。指品种规格复杂、挑选性强，在质量、价格、花色、款式等方面需要反复挑选和比较才能决定购买的物品。选购品可分为同质品和异质品。同质品是顾客认为质量类似但品牌和价格不同的物品，如电视机、电冰箱、汽车等，顾客购买时主要是通过比较价格、品牌知名度和售后服务来选择；而异质品诸如服装、鞋帽、家具等，消费者更重视其产品特色，价格和品牌次之，如顾客在购买一套高档服装时，主要是选择自己称心的款式、面料、花色等，而不只是选择品牌。因此经营者必须备有大量的品种花色，以满足不同的爱好，还必须有受过良好训练的推销人员，为顾客提供信息和咨询。

（3）特殊品。指特定品牌或具有特色的、为特定顾客群专门购买的物品，如摄影器材、名牌钟表、驰名风味食品等，消费者愿意花费较多时间和精力去购买的某种特定产品，这些产品一般是不能替代的。

（4）非渴求品。指消费者不知道的，或虽然知道但一般情况下不想购买的物品，如上市不久的新产品、人寿保险、百科全书等。对非渴求品需付出诸如广告和人员推销等大量营销努力。

## 二、电子产品的整体概念

电子产品整体概念分为三个层次。

### 1. 核心产品

核心产品指产品能为消费者带来的基本利益和效用，是消费者购买的核心所在。

消费者购买产品，并不是为了获得产品本身，而是为了获得满足自身某种需要的效用和利益。核心利益能够满足购买者对提供物的基本要求，但不是全部。

例如：消费者购买电冰箱，首先要求的就是能制冷，只有在这个需求满足的前提下，他才会去挑选冰箱外观、式样、牌号等；女孩购买口红不是为了一根红棒棒，而是购买美丽。露华浓公司董事长说：在工厂，我们生产化妆品，在商店，我们销售欲望。

营销者如果不了解顾客需要的核心所在，盲目生产经营，就难免产品滞销积压。如：人们对服装鞋帽的需要，有些以保暖为主；有些则以美观为主，强调装饰和美化人体的功能。

"没有疲软的市场，只有疲软的产品。"这句话在一定意义上是正确的，即对某个企业的产品或某个品牌来说，只要它是根据顾客需要开发的，再加上适当的营销，那么它的市场永远不会疲软，只有那些不符合需要的产品市场才会疲软。

### 2. 形式产品

形式产品是消费者所需要的产品实体的具体外观。而外观是指产品出现于市场时，可以为消费者识别的面貌，它一般由产品的质量、特色、品牌、商标、包装等有形因素构成。

正是这部分内容把产品的功能和效用通过具体的形式充分显示出来，而消费者对产品形体部分的综合感觉的好坏，在很大程度上决定了该种产品的销售。因而，现在越来越多的企业开始重视其产品给消费者带来的第一印象，就好像一个人，他的服装、修饰、长相、举止、谈吐决定了他给人的总体印象。例如，冰箱的基本效用是保鲜制冷，但是要获取竞争优势，必须在产品的形式上动脑筋，通过提高质量、改良外观、创立品牌来满足其经济性的需要、审美观念的需要和炫耀性的需要。

3. 附加产品

附加产品指消费者因购买产品所得到的附加服务和附加利益的总和。它包括提供信贷、免费送货、安装调试、保养、包换、售后服务等。

附加产品是产品整体概念中的一部分，是因为消费者购买产品就是为了需要得到满足，即希望得到满足其需求的一切东西。

例如，IBM公司的成功部分原因是公司在提供有形产品同时还提供附加产品，他们认为顾客的兴趣是在于解决问题的服务，所以，IBM提供整个计算服务系统。例如，购买微波炉时商家赠送给消费者专用微波炉用具。

美国市场营销专家莱维特指出："现代竞争的关键，并不在于各家公司在其工厂中生产什么，而在于它们能为其产品增加些什么内容——诸如包装、服务、广告、用户咨询、融资信贷、及时送货、仓储以及人们所重视的其他价值。每一个公司应寻求有效的途径，为其产品提供附加价值。"

**【案例 4-1】** 小天鹅洗衣机的产品整体概念

1992年10月，小天鹅全自动洗衣机实现了"无故障运行5000次"的目标；1995年，小天鹅一次性通过ISO9001国际质量体系认证。1998年，全自动洗衣机15个品种通过了CE（欧洲认证体系）的国家安全认证。1999年，通过了ISO14000环境管理体系认证，标志着小天鹅获得了进入世界全自动洗衣机市场的通行证。2000年，小天鹅的品牌价值被评估达56.82亿元。

经过十多年的拼搏，小天鹅取得了辉煌的成绩。2000年，产量达286万台，实现盈利2.3亿元，国有资产增加到34亿元，在国内市场的人均占有率达到23%，拥有世界洗衣机市场5%的占有率，人均销售额200万元，人均创利20万元，人均上缴税收10万元。小天鹅的成功，得益于产品观念的强化，具体分析有以下几点：

（1）调整产品结构，实现顾客让渡价值。为了满足三口之家的洗涤所需，小天鹅一改传统洗衣机体积大、用水多、耗电快等功能性缺陷，全新推出了"小宰相"洗衣机——它精巧心思的紧凑设计，机身更轻巧，洗涤容量高达3kg，体积却比普通洗衣机缩小17%。

（2）强化全程服务理念，以优质服务创名牌、小天鹅创建了"全程服务理念"——将服务的范围扩大到售前、售中、售后，将消费者的需求落实到生产与销售的每一个环节。"全心全意小天鹅""仔细倾听消费者的声音，并把它视做努力的方向"，体现着"顾客的需要就是我们的全部"的现代工业经营理念。小天鹅在全国建立了20多个服务部，推出了"1，2，3，4，5"的服务承诺，即上门服务自带一双鞋，进门要说两句话（服务前说："我是小天鹅公司的服务员，前来为您服务"；服务后说："今后有什么问题随时听候您的召唤"），随身携带三块布（一块垫机布，一块擦灰布，一块擦干布），必须做到四不准（不准顶撞顾客，不准呼喝顾客，不准拿顾客礼品，不准乱收费），整机3年保修。通过建立健全服务体系，实现由售后服务延伸到售中、售前服务，由"简单服务"到"全方位服务"，由"物质服务"到"情感服务"的质的飞跃，使其服务水平上升到一个新台阶。

（3）富有特色的"后营销管理"和"末日管理"，使小天鹅始终充满了生机和活力。"后营销管理"是企业在销售产品后以维持现有客户为目的的同时扩展市场的经营行为。其特征为：以维持现有市场为出发点，把营销重点放在现有顾客身上，满足现有顾客需求，培养忠实的消费者群，从而达到低成本、高效率扩大市场的目的。小天鹅营销利润85％来自产品的升级换代、维修服务、品牌信誉等"后营销管理"。"末日管理"是指企业的经营者和员工对着激烈的市场竞争，都要充满危机感，都要树立企业有盛衰、产品有末日的观念。为此，小天鹅要求员工都要学会运用四面镜子，即放大镜（看同行优点）、显微镜（找自己缺点）、望远镜（展望市场趋势）和反光镜（聚集自己的产品）。时刻充满忧患意识，确保小天鹅良好的市场信誉和较高的市场占有率。

根据以上资料，小天鹅洗衣机的产品整体概念为：

核心产品：实现洗衣或洁净衣服，节水节电。

形式产品：以"小宰相"洗衣机为例，其紧凑的机身设计、产品的包装、具备洗涤容量大的特点，以及可信赖的"小天鹅"品牌。

附加产品："1，2，3，4，5"的服务承诺。

# 任务二　制定电子产品组合策略

企业的产品都有其产生导入、成长、成熟至衰退的发展过程。因此，一个企业不可能只生产经营单一产品，需要同时经营多种产品，以减少风险，保证企业盈利。比如美国通用电气公司经营的产品多达 25 万种。当然，并不是经营的产品越多越好，企业应该生产和经营哪些产品才是有利的？这些产品之间应该有些什么配合关系？这就是产品组合问题。

## 一、电子产品组合的概念

产品组合又称产品结构或产品搭配，是指一个企业向市场提供的全部产品的构成。

通常，产品组合由若干产品线组成，每条产品线包含若干产品项目，每一产品项目又有若干品牌、包装和服务。

1. 产品线

产品线指同一产品种类中具有密切关系的一组产品，也叫产品大类。一条产品线上的产品在功能上具有相似性、替代性。例如，海尔公司拥有电视、空调、洗衣机、冰箱、手机等多条产品线。

2. 产品项目

产品项目指一类产品中品牌、规格、式样、价格所不同的每一个具体产品。即企业产品目录上的每一个产品。

3. 产品组合的四个要素

（1）宽度：是指产品组合所包含产品大类的多少，即产品线的数量。例如，某企业拥有彩电、冰箱、空调、手机、电脑等5类产品，则该企业的产品组合宽度为5。

（2）长度：指产品组合中所有产品线的产品项目的总和。例如，某企业生产的空调产品线下有8个产品项目，冰箱产品线下有6个产品项目，手机产品线下有10个产品项目，那么该企业产品组合长度为24（8+6+10）。

（3）深度：企业产品线中每种产品所提供的花色、式样、口味和规格的多少。例如，某企业空调产品线上有单冷空调、冷暖空调、柜式空调、壁挂式空调4种不同用途和不同形式的产品，而每种产品又有1.5匹、2匹、3匹等不同规格的产品，那么空调产品线的深度就是12（4×3）。

（4）关联度：指一个企业的各个产品线在最终使用、生产条件、分销渠道和其他方面相互关联的程度。例如，某企业拥有电视机、影碟机等多条产品线，这一产品组合就有较强的关联度。相反，实行多元化经营的企业，其产品组合关联度就低。

## 二、电子产品组合策略

产品组合策略指企业根据市场需要，考虑企业经营目标和企业实力，对产品组合的深度、宽度、长度、关联度等做出的最佳决策。具体可采用以下几种产品组合策略。

1. 扩大电子产品组合

扩大产品组合的方法有两种：一是在原产品组合中增加产品线，扩大企业经营范围；二是加强产品组合的深度，即在原有产品线内增加新的产品项目。

实行这一策略其主要特点是降低企业的市场风险或平衡风险，但企业的投入将增加，成本提高，利润可能减少。

例如，格兰仕继微波炉成功后为了扩大经营范围，又投资20亿元进军空调业、冰箱制冷业；海尔洗衣机在2001年一次性推出18款最新型的洗衣机产品，在原有的产品项目基础上增加了新的产品项目。

2. 缩减电子产品组合

减小产品组合的深度、广度，实行集中营销。

当市场环境不景气或原材料、能源供应较为紧张时，企业可考虑缩减产品组合，剔除那些获利很小甚至无利可图的产品线或产品项目，使企业集中资源生产获利较高的产品，反而会使总利润上升。

【案例 4-2】

某水泥厂在前几年水泥市场疲软时，将产量由年产120万t减至80万t，将品种由14个减至8个，并发展了两个市场需要的特种水泥新品种，适应了市场的变化和需要，使企业顺利渡过难关。

3. 电子产品线的延伸

增加经营品种的档次和经营范围。产品线延伸是指突破原有经营档次的范围，改变企业原有产品市场定位的方法。

产品线延伸的策略有三种：向下延伸、向上延伸和双向延伸。

向下延伸是指原来定位于高档市场的企业逐渐增加一些中、低档次的产品。向下延伸适用于以下情形：高档次产品发展缓慢，或是销售增长率低；企业高档产品在市场上受挫，不得不生产低档产品；企业先生产高档产品，待建立其产品形象后在生产低档产品；以低档产品来弥补产品线空缺。

向上延伸是指原来定位于中、低档市场的企业，增加高档产品的生产。向上延伸的原因可能有：市场对高档产品需求量增加，销路广，利润高；企业欲使自己经营的产品规格、档次齐全；企业想通过增加高档产品来提高整个产品线的市场形象。

双向延伸是指原来定位于中档市场的企业，在具备一定实力后，将产品线逐渐向高档和低档两个方向同时延伸。

### 【案例 4－3】

某服装公司，先生产 800 多元一套的中档西装，迅速占领市场，待市场稳定后，又生产 1500 元以上甚至 3000 元以上的西装，同时还生产了 800 元以下的低档西装。这样，由于产品规格、品种、档次齐全，就适应了市场的不同需求。

### 【案例 4－4】

五粮液集团"五粮液"品牌在高档白酒市场站稳脚跟后，便采取"双向延伸"策略，生产"五粮春""五粮醇""尖庄"等品牌，分别进入中高档白酒市场、中档白酒市场和低档白酒市场。五粮液集团借延伸策略，有效实施了低成本扩张，使其市场份额不断扩大。

## 任务三 分析电子产品生命周期

一切产品，从新产品商业化开始，到最后被市场淘汰推出市场为止，大体都经历一个类似人类生命的模式，产品的生命也是有限的。例如双缸洗衣机在市场中被全自动套桶、滚筒洗衣机所取代的时间不过是二十年。不仅产品是有生命的，品牌也是有生命的，有的只有几年时间，而有的已存在了上百年。产品的生命周期是怎样交替的？企业又该如何延长产品的生命周期呢？

### 一、电子产品生命周期的概念

所谓产品生命周期，就是产品从开始进入市场到被市场淘汰为止的全部时期。理解这个概念应注意以下几点：

（1）产品的生命周期不同于产品的使用寿命。产品的生命周期是指产品在市场上存在的时间，是产品的经济寿命，其长短受到社会生产力发展水平、产品更新换代速度、消费者需求变化和企业间竞争状况等因素的影响。而产品的使用寿命是指产品从投入使用到损坏或消失所经历的时间，它与产品的自然属性和使用强度有关。

（2）产品的生命周期只是一种理论上的描述。一般认为，典型的产品生命

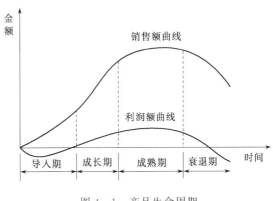

图 4－1　产品生命周期

周期可划分为四个阶段（图 4-1）：导入期、成长期、成熟期和衰退期。根据实践经验，销售增长率不足 10% 时为导入期；在 10% 以上时为成长期；成熟期在 0~10%；衰退期的销售增长率则为负数。但并非所有产品生命周期都要依次经过导入期、成长期、成熟期和衰退期这四个阶段，有些产品一上市就很快进入成长期，没有经过导入期的缓慢增长过程；有些产品则没有成长期，从导入期直接进入成熟期；有些流行产品昙花一现，很快就退出市场。

研究产品生命周期理论有着特别重要的意义。它可以帮助企业正确判断不同产品的销售趋势，有助于企业制定正确的产品策略以及各种市场营销策略，想方设法延长产品的生命，从而提高企业的经济效益。

## 二、电子产品生命周期各阶段的特点及相应的营销策略

### （一）导入期的特点与营销策略

一种新产品开始投入市场进行试销的时候，称作导入期。

1. 特点

产品刚进入市场，消费者对产品不了解，销量小，单位产品成本高；广告费用和其他营销费用开支较大；产品技术性能不够完善；通常出现亏损现象。因此，在这个阶段企业的市场风险较大。

2. 策略

导入期企业的营销重点，是把握一个"快"字。一般有四种可供选择的策略。

（1）双高策略。这一策略的特点是以高价格和高促销费用推出新产品，以期尽快收回投资。这种策略的适用条件是：产品确有特点，有吸引力，但知名度还不高；市场潜量很大，并且目标顾客有较高的支付能力；面对潜在竞争者的威胁，急需先声夺人，尽快树立名牌威望。

（2）高价低促销策略。这一策略的特点是以高价格低促销费用推出新产品，目的是以尽可能低的费用开支，取得最大的收益。此策略的适用条件是：市场规模有限；产品有一定的知名度；目标顾客愿支付高价；潜在的竞争并不紧迫。

（3）低价高促销策略。即企业以低价格高促销费用推出新产品，以争取迅速占领市场，然后再随销量和产量的扩大将产品成本降低，取得规模效益。这种策略的适用条件是：市场容量大，但消费者对该产品还不了解；消费者对产品价格特别敏感；潜在竞争的威胁严重；新产品成本能因生产规模的扩大和生产经验的增加而降低。

（4）双低策略。即企业以低价格低促销费用推出新产品。低价格可扩大销量，低促销费用可降低营销成本，增加利润。这种策略的适用条件是：市场容量较大，潜在消费者熟悉该产品；消费者对价格十分敏感；存在某些潜在竞争者，但威胁不大。

### （二）成长期的特点与营销策略

当产品经过试销逐渐为市场所接受，上市量增加，销售越来越好的时候，产品就进入成长期。

1. 特点

产品基本定型、技术工艺及设备趋于成熟配套，产量激增，成本下降，利润额迅速提

高。这一时期该产品已具有相当的市场占有率。但是在高额利润的吸引下，生产和经营这种产品的厂家逐渐增多，市场竞争渐趋激烈。原来的生产厂家的地位受到严峻挑战。

2. 策略

在产品的成长期，企业营销的核心是把握一个"长"字。应体现"人无我有，人有我优，人优我快"的思想，具体说来，可以采取以下营销策略：

（1）提高产品质量，增加新的功能、特色和款式。

（2）适时降价，提高市场占有率。如前期采用高价策略，随着生产成本的下降，同时为迅速增加销售，扩大市场占有率，应付竞争对手，企业可采取适当降低价格的措施；若前一阶段采用低价策略，企业在提高产品质量、增加花色品种、改进包装、创出名牌产品的基础上，也可适当提高价格。

【案例 4-5】

20 世纪 80 年代法国微波炉市场在初始阶段其微波炉价格很贵，为 1200～1600 美元，其市场定位是推销给偏好创新产品的顾客。1974 年法国零售商推出了售价为 239 美元的特价微波炉，市场反应极为热烈，产品大获成功。消费者们接受了这种引起"烹调革命"的新产品。此时，韩国和日本的厂商也进入了市场，微波炉的价格降到 400 美元以下，到 1977 年时，微波炉的销量达到了顶峰。

（3）加强品牌宣传。广告宣传要从介绍产品转向树立产品形象，争取创立品牌。

**（三）成熟期的特点与营销策略**

当产品已经基本普及并开始在市场上呈现饱和状态时，表明产品进入成熟期。

1. 特点

产品的销售量、利润额达到最高峰，销售增长速度缓慢或呈稳定状态；企业内部生产管理趋于完善，机器、劳动力得到最佳利用，产品成本降到最低程度，产品供需达到平衡，甚至供过于求，市场进入饱和状态，竞争最为激烈，为了进行竞争，企业又投入大量的推销费用；在这个阶段后期，销售量和利润额开始下降。

2. 策略

（1）产品改革策略。即对产品进行某些改进，使之在功能、规格、包装、式样、用途等方面有所变化，以吸引新的消费者，或使现有顾客增加使用量，达到延长产品成熟期的目的。

【案例 4-6】

英特尔公司不断推出更快的奔腾芯片，从 376 到 576。过去英特尔公司每间隔 4 年开发一款微处理器，现在缩短为 2 年。微软的视窗也不断改进。

【案例 4-7】

第二次世界大战以前，美国杜邦公司的尼龙产品主要是作为降落伞及各种军用产品的原料。第二次世界大战结束以后，由于军工企业的急剧萎缩，使各种军工产品的生产大幅度下降，从而导致对尼龙的需求下降，为此，该公司积极发掘产品的新的用途，以尼龙制成各种民用针织品（如尼龙袜子、服装等）投放市场，从而使尼龙产品的需求量立即回升。

【案例 4-8】

美国有家生产牙膏的公司，其产品优良，包装精美，深受广大消费者的喜爱，每年营业额蒸蒸日上，营业增长率为 10%～20%。然而，最近几年则停滞下来，每个月维持几乎同样的营业额。董事会对最近几年的业绩表现感到不满，便召开全国经理级高层会议，以商讨对策。会议中，有名年轻经理站起来，对总裁说："我手中有张纸，纸里有个建议，若您要使用我的建议，必须另付我 5 万元！"总裁听了很生气说："我每个月都支付你薪水，另有分红、奖励，现在叫你来开会讨论，你还要另外要求 5 万元，是不是太过分了？""总裁先生，请别误会。若我的建议行不通，您可以将它丢弃，一分钱也不必付。"年轻的经理解释说。"好！"总裁阅毕，马上签了一张 5 万元支票给那年轻经理。那张纸上只写了一句话：将现有的牙膏开口扩大 1mm。总裁马上下令更换新的包装。

（2）市场改革策略。即开发新市场、寻求新用户。通常有三种方式：一是开发产品的新用途，寻求新用户；二是刺激老用户，增加重复购买；三是重新为产品定位，寻求新的买主。

（3）营销组合改革策略。这是指运用定价、渠道、促销组合方式等延长产品的成熟期。

产品经理可通过改变营销组合的一个或几个因素来扩大产品的销售，如，以降价来吸引竞争者的顾客和买主；采用更有效的广告形式，开展多样化的营业推广活动，如有奖销售、销售竞赛等；还可采取改变分销渠道、扩大附加利益和增加服务项目等策略。如英特尔在 1995 年把奔腾价格降了 40%，同时掀起 1.5 亿美元的广告大战。

营销组合之所以必须不断调整，是因为它们很容易被竞争者效仿（特别是在降价和提供附加服务方面），以致使企业失去竞争优势。

**（四）衰退期的特点与营销策略**

由于同类新产品不可遏制地占领了市场，本企业产品竞争力不断下降，使产品的生命周期进入衰退期。

1. 特点

该产品已经陈旧和老化，产品已不再适应市场需求，销售量急剧下降，产品积压，价格下跌，效益不佳。而那些新型的优质产品已全面占领了市场。

随着社会经济的发展、技术的进步、市场需求和偏好的变化，大部分产品形式和品牌或迟或早、或缓或速，总要进入衰退期。例如，在美国，麦片的销售下降缓慢，而游戏机却很快进入衰退期。有些产品进入衰退期后销售额可能突然下降为零，但多数情况是销售在很低的水平上持续多年。

2. 策略

（1）继续生产和经营该产品。

1）持续策略：即保持原有的细分市场，沿用以往的营销策略，以低价策略将销售维持在一个低水平上，待到适当时机，再退出市场。

2）集中策略：即企业淘汰一些小的细分市场，把人力、物力、财力集中到最有利的产品上去，从最好的目标市场和销售渠道上获得较多的利润。集中企业的资源以满足有较大销售潜力的细分市场，这样既可以适当削减促销费用，又可能在潜力较大的细分市场上再次扩大产品的销售，以取得更好的经济效益。

3）榨取策略：即企业大幅度减少产品促销费用，减少推销人员。从而减少销售费用，使企业在短期内能取得较多的利润。采用赚一点算一点的方式，在产品的淘汰过程中获取一定效益。

（2）放弃该产品。停止生产和经营处于衰退期的产品的办法包括：

1）立即停产，将产品的生产技术、设备等出售、转让给其他企业，或对原有设备进行调整、改进以适应新产品的生产需要；

2）采用逐步减产、逐步淘汰的方法，使企业的资源有次序地转向新的生产项目。

产品生命周期理论指出，任何产品都有自身的市场生命周期，而且随着科学技术发展的日新月异和企业间竞争的愈演愈烈，产品生命周期将变得越来越短。企业要在竞争中求得生存和发展，根本的出路在于开发新产品，以满足消费者变化的需求。

在产品生命周期的不同阶段中，销售量、成本、利润、顾客、市场竞争等都有不同的特征，其营销目标和营销策略都各有区别，这些特征和区别可用表 4-1 概括。

表 4-1　　　　　　　　　　　　产品生命周期各阶段的归纳

| 阶 段 | | 导入期 | 成长期 | 成熟期 | 衰退期 |
|---|---|---|---|---|---|
| 特征 | 销售 | 销售量低 | 销售量剧增 | 销售量最大 | 销售衰退 |
| | 成本 | 单位顾客成本高 | 单位顾客成本一般 | 单位顾客成本低 | 单位顾客成本低 |
| | 利润 | 亏本 | 利润增长 | 利润高 | 利润下降 |
| | 顾客 | 创新者 | 早期使用者 | 中期大众 | 落后者 |
| | 竞争者 | 很少 | 增多 | 人数稳中有降 | 下降 |
| 营销目标 | | 创造产品知名度，提高试用率 | 市场份额最大化 | 保护市场份额，争取最大利润 | 压缩开支榨取品牌价值 |
| 策略 | 产品 | 提供基本产品 | 扩大服务保证 | 品牌和型号多样化 | 逐步撤出衰退产品 |
| | 价格 | 用成本加成法 | 渗透市场市价法 | 定价与竞争者抗衡或战胜他们 | 降价 |
| | 分销 | 建立选择性分销 | 密集分销 | 建立更密集分销 | 有选择地减少无利润渠道出口 |
| | 广告 | 在早期使用者和经销商中建立知名度 | 在大众市场建立知名度激发兴趣 | 强调品牌差异和利益 | 降低至维持绝对忠诚者的水平 |
| | 促销 | 加强促销，引诱试用 | 减少促销，利用大量消费者的要求 | 加强促销，鼓励转换品牌 | 降低到最低标准 |

【知识拓展】

## 新 产 品 开 发

凡是企业向市场提供的过去没有生产过或经营过的、能满足顾客某种新需求的产品就叫新产品。新产品一般是指同老产品相比较，具有新功能、新特色、新结构或新用途的产品。

不断开发新产品是产品生命周期理论对企业的要求；是企业主动适应消费者需求变化的需要；是科学技术飞速发展的客观需要；是企业在激烈的市场竞争中增强企业活力的需要。

新产品开发的程序为：

（1）新产品构思。新产品构思就是开发新产品的设想或创意。新产品构思的主要来源有消费者、销售人员、科技情报资料、竞争产品、中间商、科学家、企业职工等。据统计，新产品构思来自企业外部的约占 60%，出自企业内部的约占 40%。为了集思广益，广开思路，应鼓励人们把各种设想、联想，乃至空想、幻想都及时地、无保留地发表出来，以便从中发现闪光之处。

（2）筛选。企业先广泛收集新产品构思，接着就是对大量的新产品构思进行分类、整理、归纳、总结，以选择有价值构思的筛选过程。在筛选阶段，既要防止误舍，即删减了有价值的产品构思，由于草率剔除，使企业失去发展机会；也要防止误用，即错误评估某一不良的构思方案并付诸实施。这两种情况都会给企业造成重大损失。

（3）新产品概念的形成。所谓新产品概念，就是指已经成型的产品构思。即将产品构思以文字、图案或模型描绘出来，形成一个比较具体、清晰、明确的产品概念。

（4）经济分析。所谓经济分析，就是指从财务方面对新产品的开发进行分析，看其能否给企业带来经济效益。主要从预计销售量、成本、利润、投资收益率等方面展开分析。

（5）新产品的研制与鉴定。在经济分析的基础上，如果认为可行，这时就须将新产品概念转化成实体产品，也就是说要进行新产品的研制。研制出的新产品样品，还必须经过一系列的功能测试和专家鉴定，当这些测试和鉴定都通过时，经过有关部门的批准，新产品才可进行试销。

（6）试销。所谓试销，就是将产品投放到有代表性的市场进行销售，以了解消费者对新产品的反应和意见，如新产品的目标市场情况、新产品在设计、包装方面给消费者的感觉、新产品的营销方案是否合理、新产品的销售趋势如何等，当发现新产品具有严重缺陷时可及时中止开发，避免企业可能遭受的更大损失。

（7）批量上市。如果新产品试销成功，即可进行批量生产，投入市场。这时，需着重考虑以下四个问题：何时推出新产品，何地推出新产品，向谁推出新产品，如何推出新产品。

三星电子成立于 1969 年，初期业务主要以生产廉价产品为主，20 世纪 80 年代开始发展半导体业务，其后逐渐向高端产品业务发展。至 21 世纪，其主要业务范围包括半导体、数字媒体、通信网络及数字应用业务。

形容三星为市场的迟来者绝不为过。三星电子进入每一项业务都比其主要竞争者迟，家电业务比松下迟了 51 年，半导体业务比英特尔迟了 10 年，而在以手机为主的通信业务上，三星比诺基亚迟了足足 122 年。

三星在研发技术中采取了一种与别人不同的研发方向——"反向工程"。通过支付专利金引入技术，然后以模仿的方式学习他人的技术，再改造成适合三星使用的研发方向，正是"反向工程"的要点所在。三星就是以购入专利及模仿技术去取代所需成本及研发时间，以最短的时间缩短与技术领先者的距离。

# 任务四　选择电子产品品牌策略

品牌策略是产品策略的一个重要方面，随着市场竞争越演越烈，当今企业争夺消费者已不能仅仅停留在产品品质和价格的层次，还要从心理与情感上赢得顾客。因此企业需要树立自己的品牌形象，并将此作为巩固和增强持久竞争优势的战略行为。

## 一、品牌

### （一）概念

品牌是由文字、图形、符号或其组合所构成的，用以区别不同生产企业或经营者的产品或劳务的标记。

它包括品牌名称、品牌标志和特定的外形三个要素。

（1）品牌名称：品牌中可以用言语表达的部分。

（2）品牌标志：品牌中可被识别但不能用言语表达的部分，包括符号、图案或专门设计的颜色、字体等。

（3）品牌的特定外形：品牌的一种物质表达形态。它代表了产品品牌在市场上的物质形象，对消费者的购买心理具有十分重要的意义。

【案例4-9】

香港"领带大王"曾宪梓谈到，金利来原来叫金狮。一天，他送两条金狮领带给他的一位亲戚，谁知这位亲戚蛮不高兴，说："我才不用你的领带呢！金输金输，什么都输掉了。"原来香港话"狮"与"输"读音相近，而这个亲戚又是个爱赌马的人，香港爱赌马的人很多，显然很忌讳"输"字，当天晚上他一夜未睡，为了金狮这个名字，绞尽脑汁，终于想出了将GOLDLION改为意译与音译相结合这个点子，即GOLD意为金，LION音读为利来，这个名字很快就为大家所喜爱。

分析：

第一，一个商品名称的好坏，给消费者心理上的影响是截然不同的。从商业心理学的角度来说，任何商品的命名都不是随心所欲的，必须符合顾客心理。

第二，金利来的命名显然它迎合了人们图吉利、讨口彩的心理。因为带领带是各阶层的，生意人又多，谁不希望"金利来"呢？

第三，这个案例给我们的启示是，给商品取个好名称，是关系商品促销的一件重要事情，切不可等闲视之。企业在商品取名上一定要舍得下工夫，经过深思熟虑，反复比较，慎重挑选，才能做到念起来上口，听起来悦耳，想起来有新意；才能提高商品的知名度和诱惑力。

### （二）品牌与商标的区别

商标是一个专门的法律术语，品牌或品牌的一部分在政府有关部门依法注册登记后，获得专用权，受到法律保护的，称为商标。经注册登记的商标有"R"标记，或"注册商标"的字样。

因此，商标指经过注册登记后受法律保护的品牌，凡是取得了商标身份的那部分品牌都具有专用权。如果品牌的全部文字、图形、符号等都进行商标注册登记并获得许可，那么品牌即是商标；如果只将品牌的一部分进行商标注册登记，则商标只是品牌的一部分。

品牌和商标既有联系又有区别，品牌与商标是总体与部分的关系，所有商标都是品牌，但品牌不一定都是商标。一个企业可以使用多种品牌，也可以使用多种商标，用以展示商品的特性，区别同类产品。不同的是，品牌是一个商业名称，其主要作用是宣传商品；商标也可以宣传商品，但它是一个法律名称，受法律保护。可以说，商标是品牌的法律用语。即商标是受法律保护的品牌。品牌的全部或部分作为商标经注册后，这一品牌便具有法律效力。

总之，品牌是一个复杂的符号，它实质上代表卖者对交付给消费者的产品特性、利益和服务的一贯性的承诺。

**【案例 4 - 10】**

"金华火腿"的原产地是浙江金华，始于唐，盛于宋，已有1200多年的历史，清光绪十二年（1837年）开始销往外国，是驰名中外的地方名特产品。其独特的加工工艺，是金华人的祖先留下的一笔宝贵财富。可是今天，金华人却不得不面对现实，作为"金华火腿"创始人的子孙，再也不能使用"金华火腿"商标。"金华火腿"的商标已被地处杭州的浙江省食品公司独家享有。

**【案例 4 - 11】**

天津汽车工业公司与日本大发工业株式会社合作制造的"大发"车，是天津市的拳头产品。日本大发工业株式会社于1986年2月在我国抢先注册"大发"商标，是天津汽车工业公司在1991年合作期满后，无资格延用"天津大发"的商标。天津汽车工业公司耗巨资做"大发"广告宣传，等于为他人做了嫁衣。

**（三）品牌的功能**

品牌是形式产品中的一个重要组成部分，在市场营销中具有特殊的作用。

1. 品牌对生产者的作用

（1）有助于企业促进产品销售，树立企业形象。消费者把消费感受与简洁、明快、易读易记的品牌联系起来，使品牌成为记忆产品质量、产品特征的标志，因而使得品牌达到促销的目的。随着这种良好的消费感受和联系的积累与加强，消费者对品牌产生某种情感，并把这种情感与品牌有关的一切事物联系起来，使企业形象得到提升。

（2）注册的品牌可以保护企业合法权益。品牌注册后获得商标专用权，其他任何未经许可的企业和个人都不得使用和仿制，从而为保护品牌所有者的合法权益奠定了客观基础。

（3）有利于约束企业的不良行为。品牌是企业与消费者的一种"心理契约"。企业遵守契约或违背契约，消费者必然会作出相应反应。所以，从长期观点出发，企业只有自觉约束自己的行为，尊重消费者的利益，才有可能真正塑造成功的品牌。

（4）有助于扩大产品组合。市场竞争需要企业不断地开发新产品、增加产品的特色以适应市场需求，成功的品牌就是企业在市场上的竞争利器，由于消费者对成功的品牌有高度的认同感，并会转移这种认同感，因此企业利用成功的品牌扩大产品组合，进行品牌延伸，容易被消费者接受。

（5）有助于塑造和宣传企业文化。品牌体现了一种企业文化，通过品牌个性可以宣传企业的精神，起到扩散企业文化的作用。

2. 品牌对消费者的作用

（1）有利于消费者识别产品的来源或产品的生产者，保护消费者利益。随着科技技术的发展，商品的科技含量日益提高，对消费者来说，同种类商品间的物质差别越来越难以辨别，而有了品牌，消费者在选购商品时只要认清品牌，就能够获得性能相当的商品。如果性能低于应有的标准，消费者就可以与企业进行交涉，保护自己利益。

（2）有助于消费者选购商品，降低消费者购买成本。消费者经过长时间的积累，对品牌有一定的知识，他们很容易辨别哪类品牌适合自己，对品牌的了解大大缩短了消费者识别产品的过程和购买时间，从而降低了购买成本。

（3）有利于消费者形成品牌偏好。消费者一旦形成品牌偏好，就可以增加消费者的认同和满足感，再继续购买该品牌时，就会认为他们购买了同类较好的商品，从而获得一种满足。

## 二、品牌策略

品牌在市场中极为重要，对企业来说开发一个有品牌的产品需要大量的长期的投资。品牌策略是一系列能够产生品牌积累的企业管理与市场营销的方法，主要有如下几种。

1. 有品牌和无品牌策略

采用品牌对大部分产品来说可以起积极作用，但是并不是所有产品都必须采用品牌，由于采用品牌要发生一定的费用，可能会使使用品牌对促进销售的作用很小。

无品牌商品是指有些产品不使用品牌。一般来说，农、牧、矿业属初级产品，如粮食、牲畜、矿砂等，无须使用品牌。一些技术标准较低、品种繁多的日用小商品，也可不使用品牌名称。企业采用无品牌策略，可以节省包装、广告宣传等费用，降低产品成本和价格，达到扩大销售的目的。

2. 制造商品牌、中间商品牌和贴牌策略

制造商品牌是指生产企业决定使用自己的品牌。国内外市场上的绝大多数商品使用制造商品牌。制造商使用自己的品牌，好处是可以建立自己的信誉，还可以与购买者建立密切的联系。

中间商品牌策略是指制造商使用中间商的品牌。即企业将其产品大批量地卖给中间商，中间商再用自己的品牌将货物转卖出去。许多市场信誉较好的中间商（包括百货公司、超级市场，服装商店等）都争相设计并使用自己的品牌。中间商使用自己的品牌有它的好处：第一，可以更好地控制价格，并且可以在某种程度上控制供应商；第二，进货成本较低，因而销售价格较低，竞争力较强，可以得到较高利润。因此，越来越多的中间商特别是大批发商、大零售商都使用自己的品牌。

贴牌策略即某企业生产的产品冠之以其他企业的产品品牌。贴牌策略本质上是一种资源整合，优势互补。如体育用品业第一品牌耐克，所有产品均为贴牌产品，耐克公司只负责营销。全国家电连锁国美电器也贴牌"国美"小家电。

贴牌策略的最大优势是贴牌企业（采购方）省去了生产、制造和技术研发的成本，对被贴牌企业（被采购方）则省去了营销、传播、运输、仓储成本，应是双赢的结果。此策略的劣势是贴牌的双方一般是竞争对手，如果同一产品在同一渠道出现，双方不可避免的产生竞争。因此，实施贴牌策略的双方，最好避免在同一渠道出现，同时，双方的品牌定位应避免是同一消费层级，这样，双方或可减轻直接冲突的可能。

3. 统一品牌、多品牌策略和系列品牌策略

统一品牌策略是指企业对其全部产品使用同一个品牌。这种策略的好处是节省品牌的设计费用，有利于消除消费者的不信任感，壮大企业的声誉。例如，飞利浦公司的所有产品（包括音像、灯管、电视、显示器等）都用"PHILIPS"这个品牌，佳能公司生产的照相机、传真机、复印机等所有产品都统一使用"Canon"品牌。当然，统一品牌策略也存在着易相互混淆，难以区分产品质量档次等令消费者不便的缺憾。

多品牌策略是指企业对不同的产品分别使用不同的品牌。如上海牙膏厂有"美加净""黑白""玉叶""庆丰"等品牌。多品牌策略能严格区分高、中、低档产品，使用户易于识别并选购自己满意的产品，而且不会因个别产品声誉不佳影响到其他产品及整个企业的声誉；还能使企业为每个新产品寻求建立最适当的品牌名称以吸引顾客。缺点在于品牌较多，可能会影响广告效果，易被遗忘，同时促销费用较高也不容忽视。

例如，广州宝洁公司拥有海飞丝、潘婷、飘柔、沙宣等品牌，"海飞丝"的个性在于去头屑，"潘婷"的个性在于对头发的营养保健，而"飘柔"的个性则是使头发光滑柔顺。宝洁公司的多品牌策略追求每个品牌的鲜明个性，使每个品牌都有自己的发展空间。但此策略对企业实力、管理能力要求较高，市场规模也要求较大，因此，企业应慎重。

系列品牌策略是指企业为几大类产品各规定不同的统一名称。如日本松下公司，其音像制品的品牌是"panasonic"；家用电器的品牌是"national"；立体音响的品牌则是"technics"。系列品牌策略的优势是避免了产品线过宽使用统一品牌而带来的品牌属性及概念的模糊，且避免了一品一牌策略带来的品牌过多，营销及传播费用无法整合的缺点。

## 三、包装

1. 包装的概念

包装是指产品的容器或外部包扎物，是产品策略的重要内容，有着识别、便利、美化、增值和促销等功能。包装是产品整体概念的重要组成部分。

产品包装是一项技术性和艺术性很强的工作，通过对产品的包装可以达到多种效果；包装设计应适应消费者心理，显示产品的特色和风格，包装形状和大小应为运输、携带、保管和使用提供方便。

人们把包装比喻为"沉默的推销员"就充分说明了包装在现代市场营销活动中的重要作用，它已成为企业开展市场营销时，刺激消费需要，开展市场竞争的重要手段。

产品包装有两层含义：一是指用不同的容器或物件对产品进行捆扎；二是指包装用的容器或一切物件。包装通常有三个层次：第一层次是内包装，它是直接接触产品的包裹

物，如酒瓶、香水瓶、牙膏皮等；第二层次是中包装，它是保护内包装物的包裹物，当产品被使用时，它就被丢弃，如香水瓶、牙膏等外面的盒子等，中包装同时也可以起到促销的作用；第三层是外包装，即供产品储存、辨认所需的包裹物，如装一打香水的硬纸盒等。

此外，标签也是包装的一部分，它可能单独附在包装物上，也可能与包装物融为一体，用于标记产品的制造日期、产品说明、有效期、等级分类等信息，促进产品的销售。

2. 包装策略

（1）类似包装策略。类似包装策略即指企业所生产的各种不同产品，在包装上采用共同或相似的图案、形状或其他共同的特征，使消费者容易发现是同一家企业的产品。

类似包装具有和采用统一品牌策略的好处，可以节省包装设计的成本，有利于提高企业的整体声誉，壮大企业声誉，特别新产品进入市场时，容易进入市场。但如果企业产品品质相差太大，不宜采用这种策略。

（2）等级包装策略。等级包装策略即按照产品的价值和品质，分成若干等级，并实行不同的包装，使包装与产品的价值相称。比如优质包装与普通包装，豪华包装与简易包装等，有利于消费者辨别产品的档次差别和品质的优劣。它适用于产品相关性不大、产品档次、品质比较悬殊的企业，其优点是能实现产品的特点，并与产品质量协调一致；缺点是增加包装设计成本。

（3）组合包装策略。组合包装策略指把使用时相互关联的多种商品纳入一个包装容器中，同时出售。这种策略不仅有利于充分利用包装容器的空间，而且有利于同时满足同一消费者的多种需要，扩大销售。如工具配套箱、家用药箱、百宝箱、化妆盒等都是组合包装。

（4）再使用包装策略。再使用包装策略指在原包装的产品使用完后，其包装物还可以作其他用途。这样可以利用消费者一物多用的心理，使他们得到额外的使用价值；同时，包装物在使用过程中，也可起到广告宣传的作用，诱发消费者购买或引起重复购买。如各种形状的香水瓶可作装饰物，精美的食品盒也可被再利用等。

（5）附赠品包装策略。附赠品包装策略指在商品包装物内附赠给购买者一定的物品或奖券。这种策略目的是刺激消费者的购买或重复购买，从而扩大销售。如儿童玩具、糖果中的连环画、识字卡片、食品附带的小玩具等。

（6）更换包装策略。更换包装策略指对原商品包装进行改进或更换，重新投入市场以吸引消费者；或者原商品声誉不是太好，销售量下降时，通过更换包装，重塑形象，保持市场占有率，采取该策略，可以重塑产品在消费者心中的形象，改变一些不良影响，但对于优质名牌产品，不宜采用这种策略。如美国一种干邑白兰地酒，原来销量居世界第七位，改变产品包装后，在广为宣传的基础上，销量跃居世界第一。

3. 包装的设计内容

（1）包装材料的选择。一是要考虑方便用户使用；二是要考虑节省包装费用；三是外观装饰要考虑符合人们的审美情趣；四是包装材料的选用要考虑有利于环保。

（2）包装标签的设计。包装标签是指附着或系挂在商品销售包装上的文字、图形、雕刻及印制的说明。一般应包括：制造者或销售者的名称和地址、商品名称、商标、成分、品质特点、包装内商品数量、使用方法及用量、编号、储藏应注意的事项、质检号、生产日期和有效期等内容。

（3）包装标志的设计。包装标志是在运输包装的外部印制的图形、文字和数字以及它们的组合。一般主要有运输标志、指示性标志、警告性标志三种。

**【案例 4-12】 珠宝和香水**

利用商品的包装来宣传商店、扩大影响、增加企业和商品的知名度，这是企业常用的一种促销方法。然而，能用珠宝玉雕这种昂贵的东西来做商品的包装材料，这种做法是一般企业难以想象出来的绝招。

法国有一家企业集团公司的总经理，同时接到下属两家企业的报告：一家生产香水的企业研制成功一种高级香水，请示如何能让这种香水成为顶级的名牌，在国际市场上成为法国香水之冠。另一家珠宝工艺品厂从巴西购进了一批优质天然水晶原料，原打算雕制精美的鼻烟壶出售。后经市场调查人员研究，世界上鼻烟壶的爱好者和收藏家的数量是有限的，大批量生产收藏型鼻烟壶艺术品势必会造成积压，为此事特向经理请示。总经理接到报告后，及时地进行了周密的调查和研究，决定让珠宝工艺品厂用天然水晶精工细雕一批香水瓶，瓶盖用有色宝石配制，并在瓶底刻制出编号。

第一批香水瓶制成后，在清澈透明雕制精美的天然水晶香水瓶内，装上金色的 30mL 特制的高级香水。这种叫"克莉丝汀·迪奥"的法国香水，首先在欧洲限量 2000 瓶，以当时最高香水价格的十倍出售。由于这金光灿灿的黄色香水幽香宜人，欢柔甜悦的混合型香气纯洁可人，再加上这天然精美的水晶瓶本身就是一件价值不菲的艺术精品，使消费者爱之如狂。它把高级香水和珠宝工艺精品相结合，把实用和艺术欣赏巧妙地柔合在一起，更增加了两者的销售价值。

据悉，这种用珠宝做包装的"克莉丝汀·迪奥"香水，在世界各地经济发达的地区均举办过限量销售，其效果都十分理想。这种香水也曾在中国台湾限量销售 200 瓶，每瓶以 15 万元新台币的"天价"出售，而被抢购一空。

当今世界，人们对高档工艺品的爱好，已经从纯观赏型转移到实用型，从仿古型转移到自然型。然而，我国的某些玉雕企业仍然只以传统工艺品为主流，此例不值得借鉴吗？

**【案例 4-13】 陕西白水苹果包装换新衣增值超亿元**

秋季硕果累累摇枝头，陕西白水苹果又迎来丰收季。随着两条投资 3000 万元的防伪苹果包装纸箱生产线在白水县建成和投入运营，2006 年上市的白水苹果改变了以往市场上使用的"白水苹果"包装纸箱的散乱状况，取而代之的是加有防伪标志、以绿色为底色、清逸高雅的包装纸箱和包装礼盒。而由此带来的收获、更让果农喜上眉梢。

白水县是陕西省重要的苹果生产基地，也是国内外专家公认的苹果最佳产区之一，以具有得天独厚的地理优势和清脆、甜爽、口感极佳的产品内在品质，享有"中国苹果之乡"的美誉。其"白水"牌苹果也是全国唯一以地名命名的农产品商标，获陕西省著名商标称号。但由于新技术投入不够、品牌保护不够、包装不规范、品位低等诸多原因，使市场上鱼龙混杂、以假充真的现象时有发生，致使这一知名品牌在进军全国市场的道路上走不远。

2005 年年底，陕西省省长贾治邦率陕西省代表团在长江三角洲招商时，与上海扬盛印务有限公司所属陕西昌盛实业有限公司签订了一项西部高科技果业包装优生基地建设项目，内容包括高技术果品包装、果品储藏、加工及营销。2006年4月初，陕西昌盛公司在白水县城开工建设，投资3亿元，建设年产10亿 m² 高档苹果纸箱生产线，立足于打造中国苹果第一品牌。一期工程预计投资1.8亿元，目前已建成2条生产线，包装产品于7月投入市场。

陕西昌盛公司在产品开发定位上提出"规范标准、精美包装、打造品牌"的策略，坚持走"选优果、精包装、高附加"的路子。同时，该公司独家买断"白水"苹果的商标经营权。这样，白水的苹果只有在使用陕西昌盛公司的防伪包装后，才能真正以"白水"苹果的名义面市。否则，无论是白水县当地产，还是外地产的苹果，如果没有使用这种防伪包装，而以"白水"苹果的标识在市场上销售，都将被认为非法。公司董事长杨林说："'白水'苹果这个牌子是从我们这里挂出的，我们就要规范果品质量，统一果品分类等级和规格，促进原产地果品包装的标准化。同时培养果农及果商的品牌意识和标准化意识，增加果业附加值。"

对"白水"苹果实施规范"着装"进市场，以全新品牌包装和实施分类标准化以后，将大大增加其附加值。今年白水县把优化苹果主导产业、提高果品质量、提升特色品牌优势作为一项主要工作和重大举措来抓。全县大面积推行苹果套袋技术，苹果套袋超过20亿只。经过论证，每公斤苹果市场增值为0.2～0.4元，白水全县生产的3亿 kg 优质果，增值在1亿元以上。加上苹果产量大，座果率高，实行科学管理，果农人均纯收入可增加400元以上，品牌效益相当明显。专家认为，将商标使用权交由企业掌握运作，是尊重市场规律的表现。它是规范苹果市场、经营苹果品牌的创新举措，也是区域品牌走向广阔市场的有效途径，必将对规范白水苹果的销售市场、提升品牌形象、有效防范假冒伪劣产生积极的推动作用。

# 任务五　制定电子产品的服务策略

随着科学技术的不断向前发展，电子产品的科技含量越来越高，技术性能日益复杂化，电子产品在其销售前后，或被消费者使用的过程，需要厂商提供相应的服务。因此，服务是消费者购买决策中考虑的一个重要因素，为此，众多企业都纷纷打出服务品牌以取悦顾客，把服务视作实施差别化战略提高企业竞争力的武器。

## 一、电子产品服务的概念

所谓电子产品的服务是指企业为使消费者感到满意并最终成为忠诚顾客而向他们提供与本企业产品销售、使用、保养、处置有关的一切服务活动。

它是一种特殊的无形活动，向顾客和用户提供所需的满足感。随着服务经济的兴起和市场环境的剧变，服务的内涵和外延也在不断扩大，既包括纯粹有形的商品，如家用电器出售时附送的产品说明书、保修单等；又包括伴随有形商品出售的小物品，如微波炉销售时附送的微波炉菜谱、微波炉专用器皿等；还包括纯粹的服务，如产品售出后的安装、调试及维修服务等。

## 二、电子产品服务特征

根据现代市场营销对服务的研究，服务具有四个最基本的特征。

（1）无形性。服务在很大程度上是无形的和抽象的，特别是产品延伸服务，它是依附于产品实体的，顾客（客户）在享受服务之前是无法看见、听见或触摸到它的。顾客只有依据他们看到的服务人员、服务设备、资料、价格等来判断服务的质量。

（2）不可分离性。服务活动的过程与被服务者的接受同时进行，服务产生的同时，也是被服务者消费的开始，服务结束，消费亦即结束，两者无法分离。

（3）可变性。服务的构成及其质量水平经常变化，差异性很大，很难有统一的固定标准。服务取决于由谁来提供，在何时何地提供，服务人员的工作技能、技巧、态度、服务设备的差别都会给消费者带来不同的服务感受。

（4）不可储存性。服务不可能被储存留作下次再使用。

## 三、电子产品服务的类型

电子产品服务是一种全方位、全过程、使消费者满意的服务活动。根据提供服务的时间来分类，电子产品服务可分为以下三种。

（1）售前服务。售前服务指产品销售之前向顾客提供的各种服务，其目的是吸引顾客注意，诱发顾客的兴趣。主要包括为顾客提供产品信息及产品说明书、咨询服务、产品介绍、试用及技术培训等。

其中，咨询服务是指生产企业运用各种专业知识为用户提供智力服务，包括提供业务咨询服务和技术咨询服务。业务咨询服务是根据顾客选购产品时的各种要求向顾客介绍企业的业务情况，解答顾客提出的问题，帮助选型订购等。技术咨询服务是指详细介绍产品质量、性能情况、主要技术参数，向顾客提供样本、目录、使用说明书，介绍生产过程、检测手段以及能耗等技术经济指标。

（2）售中服务。售中服务指产品销售过程中提供的服务，其目的是在产需之间创造出一种相互信任的融洽气氛，促成买卖成交。主要包括顾客接待、帮助顾客挑选产品、产品操作使用的示范表演、代为顾客办理各种购买和运输手续、产品出库时认真检查产品质量等。

（3）售后服务。售后服务指产品售出后向顾客提供的服务，其重点是使顾客获得最佳的满意度，并争取更多的新顾客。主要包括严格执行合同，保证产品按时、按质、按量交货；向顾客介绍商品保养知识、维护技艺；送货上门、安装、调试；开展售后维修服务和定期访问用户；实行商品退换制度，搞好索赔处理等。

## 四、电子产品服务的作用

随着科学技术的不断向前发展，服务功能在现代营销中的地位和作用日趋重要。企业在市场营销活动中注重服务功能的研究和决策服务策略的理由就在此。服务功能的具体作用表现如下。

（1）适应产品技术性能复杂化的要求。科学技术的不断进步，使得产品技术含量不断提高，对产品的服务功能提出了更高的要求。高科技产品的使用日趋复杂化，需要厂商对目标顾客提供相关安装、调试，及时培训，指导消费等现代服务。产品的安装、维护也需要能够掌握专门的知识和使用专门的工具，实施现代服务。

（2）维护消费者利益，争取重复购买。企业为了赢得顾客忠诚，为了争取重复购买也竞相推出各项服务。比如顾客购买某种化妆品后，企业指派专人向顾客详细介绍产品的使用方法，并立即为顾客提供免费美容服务，这就不仅对顾客提供了利益保证，而且进行了利益追加，取悦于顾客，诱导顾客下次光顾。

（3）提高企业竞争能力。在产品品种、规格、性能、价格等方面越来越接近的情势下，服务作为一种非价格竞争手段。在增强企业竞争力方面发挥着日益重要的作用。在当代社会，服务深入到每一个角落，哪个厂商提供的服务与同行相比略有领先，就能赢得消费者的心。

## 五、电子产品服务策略

### 1. 服务的有形展示策略

所谓服务的有形化，就是指服务机构有策略地提供服务的有形线索，以帮助顾客识别和了解服务，并由此促进服务营销的一种方法。

简单地说服务有形化就是指服务的包装化、品牌化和承诺化。主要有：服务环境，包括服务地点、建筑、场地、设施、工具、用品、信息资料、人员、顾客、气氛等；服务品牌，包括服务机构的名称和标识符号等。

一般来说，服务企业可以利用的有形展示因素包括三种：

（1）环境要素。空气的质量、噪声、气氛、整洁度等都属于环境要素。这类要素通常不会引起顾客立即注意，也不会使顾客感到格外的兴奋和惊喜，但如果在服务营销过程中忽视这些因素，使环境达不到顾客的期望和要求，就会引起顾客的失望，降低顾客对服务质量的满意度。

（2）设计要素。主要包括美学因素（建筑物风格、色彩等）和功能因素（陈设、舒适、标识等），在服务营销过程中，通过改善这些设计要素，使服务的功能和效用更为明显和突出，以建立有形的赏心悦目的服务产品形象，达到吸引顾客的目的。

（3）社交要素。所谓社交要素是指参与服务过程的所有人员，包括服务人员和顾客，他们的态度和行为都会影响顾客对服务质量的期望和评价。企业在开展服务营销过程中，通过对环境、设计、社交三类有形展示要素的组合运用，有助于实现其服务产品的有形化、具体化，从而帮助顾客感知服务产品的利益，增强顾客从服务中得到的满足感。

### 2. 服务的技巧化策略

所谓服务的技巧化，就是指培养和增强服务技巧，利用服务技巧来吸引和满足顾客，充分发挥技巧在服务营销中的作用。服务的技巧化，主要包括服务的技能化、知识化和专业化等。

所谓服务技能，就是指服务人员服务的熟巧程度、技艺、能力等。服务技能化，就是培养和增强服务人员的技能，利用服务技能来吸引和满足顾客，充分发挥技能在服务营销中的作用。

所谓服务知识，就是指服务人员掌握的与服务有关的自然知识和社会知识。服务知识化，就是提高服务人员的知识素养，利用服务知识来吸引和满足顾客，充分发挥知识在服务营销中的作用。

所谓服务的专业化，就是指服务人员经过专业培训后其服务技能和服务知识及职业道德等达到社会公认的水平，通常以获得专业或从业资格证书为标志。服务的专业化，是服务技能化和知识化的综合体现，它不仅有社会评估尺度，而且比技能化和知识化更具有可操作性和目的性，因此，可以作为整个服务技巧化营销策略实施的目标。

**【训练任务】**

任务：某品牌手机产品策略分析

具体要求：

（1）各团队以选定的某品牌手机生产企业为背景，收集、整理该企业产品组合情况、品牌及包装策略；选定该企业某款手机产品，分析其整体产品策略以及服务项目内容。

（2）各团队根据以上分析，提交手机产品策略分析报告，并对手机产品的服务项目内容提出完善方案。

（3）各团队进行课堂现场模拟手机产品介绍，演示该手机产品的使用，完整介绍手机产品的性能，并列举该产品的卖点。

**【强化练习】**

**一、选择题**

1. 电视机的核心产品是（　　）。

　　A. 荧光屏　　　　　B. 显像管　　　　　C. 娱乐　　　　　D. 质量

2. 在产品整体概念中最基本最主要的部分是（　　）。

　　A. 核心产品　　　　B. 形式产品　　　　C. 延伸产品　　　　D. 潜在产品

3. 产品组合的长度是指（　　）的总数。

　　A. 产品项目　　　　B. 产品品种　　　　C. 产品规格　　　　D. 产品品牌

4. 下列各项中，（　　）不属于产品整体范畴。

　　A. 品牌　　　　　　B. 包装　　　　　　C. 价格　　　　　　D. 运送

5. 成长期营销人员的促销策略主要目标是在消费者心目中建立（　　）争取新的顾客。

　　A. 产品外观　　　　B. 产品质量　　　　C. 产品信誉　　　　D. 品牌偏好

**二、简答题**

1. 简述成熟期的市场特点及营销策略。

2. 简述品牌策略有哪几种类型。

3. 简述电子产品的整体产品概念。

**三、案例分析**

1. 请根据表 4 - 2 分析海尔公司产品组合的宽度、长度、深度和关联度。

| 表 4 - 2 | | 海尔公司产品组合 | |
|---|---|---|---|
| 电冰箱 | 洗衣机 | 空调器 | 彩电 |
| 冰王子 | 神通王 | 小元帅 | 纯平 |
| 大王子 | 丽达 | 金元帅 | 液晶 |
| 双王子 | 小神功 | 小超人 | 等离子 |
| 帅王子 | 小丽人 | 小状元 | |
| | 小神童 | | |

2. 摩托罗拉的两款手机 V998 和 V8088 是 "V" 系列手机的代表，这一系列手机进入市场的四年多历程表明了公司针对 V998/V8088 系列的产品策略特点。

公司推出 V998 手机的市场背景是：摩托罗拉、诺基亚和爱立信三家公司雄踞手机市场的前三位，西门子、三星等品牌还没有引人注意，而国产手机更是悄无声息。

V998 款手机是公司在 1999 年春天推向中国市场的，其特点是：双频、体积小、大显示屏和大键盘。这些特点在市场上是绝无仅有的，再加上摩托罗拉先进的市场推广手段，很快便凭借功能和品牌，受到市场青睐。当时的市场定价是 13000 元左右。

伴随着新产品的推出，也产生了一系列的问题，比如手机生产工艺不成熟、原材料供应不足等。公司通过努力，使新产品的各方面情况渐趋稳定，并且新增加了 "中文输入" 和 "录音" 的功能，尤其是 "中文输入" 功能，深受短信息业务使用者的欢迎。此时，其市场价位也降到了 7000~8000 元。

与此同时，摩托罗拉也在发展另一款手机——V8088。它完全是基于 V998 设计出来的，除了具有 V998 的一切功能之外，还有 WAP 上网、自编铃声、闹钟提示和来电彩灯提示等功能，从外观的曲线设计上也独具特色。与在美国设计的 V998 不同，V8088 是在新加坡设计出来的，更符合亚洲人的审美观点，公司的策略也是只将这款手机投放在亚洲市场。

1999 年伴随着新千年钟声的敲响，中国的手机市场刮起了 "手机上网" 的旋风。而号称 "摩托罗拉网上通" 的 V8088 恰选择在此时推向市场，风靡一时，售价达到 8000 元以上，比同期的 V998 高出了 2000 元。以 V998/V8088 为代表的 "V" 系列手机属于公司四类产品特色中的 "时尚型"，其市场目标是成功人士和一些追求时尚的人们。

风光了近半年以后，随着摩托罗拉以及其他公司的一些新产品的推出，V998/V8088 系列手机开始逐渐离开高端市场的位置，其市场价格都降到了 4000 元以下。同时，WAP 上网的狂热逐渐冷却，V8088 的价格也只比同期的 V998 高出不到 1000 元。价格的降低非常有效地刺激了市场，这两款手机的市场需求量大大提高。从 2000 年第三季度起，V998/V8088 系列手机成为摩托罗拉的主打产品，其需求量在公司手机产品中名列第一。

然而，伴随着 V998/V8088 需求的大幅上升，又产生了一系列质量问题。在全国的很多地方，消费者手中的产品发现有倒屏、显示不全或黑屏的现象。由于问题的突发性和数量较大、地域较广，而公司的售后服务没有跟进，致使福建、浙江、四川和贵州等地出现了消费者拒绝购买 V998/V8088 手机的情况，这两款手机遭受了沉重打击，并可能会影响到后续的 V60、V66 等还在试制阶段的系列手机。因此，公司采取了断然措施，紧急召回有问题的手机，妥善处理，向消费者真诚道歉。接下来，公司经过努力，发现了产品本身缆线上的设计缺陷，及时予以纠正，终于挽回了市场，V998/V8088 系列手机市场第一的位置又失而复得。此时的产品价位已经降至 2000～2700 元，这个大众化的价位再度刺激了消费需求，使得产品的市场需求旺盛，同时也为后续产品的研发和成长提供了有利的条件。

接下来，伴随着市场的激烈竞争，这一系列的手机已定位于中低档，价位稳定在 1500～1700 元。这款手机轻巧且功能齐全，依然深受消费者的喜爱。此外，这一系列手机的工艺已经发展成熟、质量和服务稳定。因此，功能、价位和质量等多方面的特点使得这一系列的手机仍然在市场上有比较重要的地位。

值得关注的是，现在的手机市场竞争异常激烈，该系列的手机不断降价，2002 年 2 月，在天津 V998 的市场定价约为 1700 元，但是到了 10 月，就已经降至 1300 元了。同时，手机市场已开始向 2.5G 和 3G 发展，新的 GPRS 和 CDMA 取代 GSM 是一种发展趋势。因此，尚处在 GSM 时代的 V998/V8088 系列手机相对来说也进入了产品的衰退阶段。按照公司的产品策略，这一系列手机将在一年左右的时间淡出市场。

**案例问题：**

（1）V998/V8088 系列手机的市场寿命达到四年多的时间，试指出该系列手机主要的产品生命周期阶段分别是案例中所描述的哪一时期？

（2）公司针对 V998 手机在产品生命周期的导入期、成长期、成熟期、衰退期分别采取了哪些不同的营销策略？试分析评价这些策略。

# 项目五  制定电子产品市场营销组合
## ——价格策略

| 项目情境 创设 | 电子产品价格是电子企业市场营销组合的重要因素之一，它直接关系到电子产品为顾客所接受的程度、市场占有率的高低、需求量的变化和利润的多少。传统观念视价格为市场竞争最重要的手段。本项目以某品牌手机产品为例，要求学生充分了解价格策略在手机营销组合中的地位和作用，更要深刻认识影响手机定价的各种因素，合理制定企业的定价目标，灵活运用价格策略。 | |
|---|---|---|
| 项目学习 目标 | 知识目标 | 了解影响产品定价的主要因素；熟练掌握和应用常用的定价方法和定价策略。 |
| | 能力目标 | 能根据企业的实际情况选择定价方法，给不同的产品制定合理的价格；能应用价格策略配合其他市场营销组合策略。 |

**【案例导入】**

1990 年，当索尼在日本市场首先引入高清晰度彩电（HDTV）时，这个高科技产品价值 43000 美元，这种电视机定位于那些可以为高科技负担高价格的顾客。其后的三年，索尼不断降低价格以吸引更多的顾客，到 1993 年，日本顾客只要花费 6000 美元就可以购得一台 28 英寸的高清晰度彩电。2001 年，日本顾客仅需 2000 美元就可以买到 40 英寸的高清晰度彩电，而这个价格是大多数人都可以接受的。索尼以此种方式从不同的顾客群中获得了最大限度的利润。

价格，是商品价值的货币表现。产品定价是一门科学，也是一门艺术，为自己的产品制定一个合适的价格，是当今每一个企业都面对的问题。虽然随着经济的发展和人民生活水品的提高，价格已不是市场接受程度的主要因素。但是，它仍然是关系企业产品和企业命运的一个重要筹码，在营销组合中，价格是唯一能创造利润的变数。价格策略的成功与否，关系着企业产品的销量、企业的盈利，关系着企业和产品的形象。因此，企业经营者必须掌握定价的原理、方法和技巧。

## 任务一  认识影响电子产品定价的主要因素

价格是市场营销组合中最活跃和最难控制的因素。任何企业都不能随心所欲地制定价格。一般来讲产品的最低价格不能低于成本，最高价格不能高于市场需求，在最低价格和最高价格之间，企业产品价格如何浮动，取决于竞争者同种产品价格水平、原材料、企业资金状况和国际市场价格水平等因素，因此影响企业定价的主要因素是产品成本、市场需求、竞争者产品价格，其次还有企业定价目标、国家政策、法律法规、自然条件等诸多因素。

### 一、成本因素

产品成本是企业进行生产经营的各种支出。它决定着产品价格底线，是产品定价的基础，也是企业进行经济核算的盈亏临界点。从企业发展的长远角度考察，任何产品的销售价格都必须高于成本费用，才能以销售收入抵偿生产成本和经营费用，否则企业则无法维持正常的生产和经营，因此企业制定价格必须估算成本。一般来讲，成本有以下几种类型：

（1）固定成本。固定成本是指企业在短期内必须支付的不能调整的生产要素费用。它不随产品的变动而变动，是固定不变的。如固定资产折旧、管理人员工资、租金等。

（2）可变成本。可变成本是指企业在短期内必须支付的可以调整的生产要素费用。它随产量的变动而变动，是可变的。如原材料、燃料、运输费用、生产工人的工资、销售租金等。

（3）总成本。总成本是固定成本与可变成本之和。由于固定成本不等于零，所以总成本大于零。它的变动规律与可变成本相同。

（4）平均固定成本。平均固定成本是平均每单位产品所耗费的固定成本。它随产量的增加而减少。

（5）平均可变成本。平均可变成本是平均每单位产品所耗费的可变成本。在某一产值区间内，产量增加，平均成本会降低，超出这一产值区间，产量增加将导致平均可变成本呈递增趋势。任何低于平均可变成本的价格都会导致亏损，因此企业制定的价格必须等于或高于平均可变成本。

（6）平均总成本。平均总成本就是产品总成本除以总产量所得的商数。平均总成本的变化取决于平均固定成本和平均可变成本的变化。

（7）短期边际成本。短期边际成本也称新增成本，是增加一单位产品所增加的成本。短期边际成本变动取决于可变成本，因为所增加的成本是可变成本。在生产初期，边际成本随产量的增加而减少，当产量增加到一定程度时，又随产量增加而增加。在短期内企业要实现利润最大化，必须让价格等于边际成本。

（8）机会成本。机会成本也称择机成本、社会成本，是在对物资、资金、劳务或生产能力的利用时，因选择一种方案而放弃另一种可行方案所可能获得的最大收益。也就是说机会成本是做出一项决策时所放弃的其他可供选择的最好用途。机会成本不同于实际成本，它不是做出某项选择时实际支付的费用或损失，而是一种观念上的成本或损失，研究机会成本的意义在于可以使企业从各种可能的经营途径中慎重选出最佳途径，以便使企业的有限资源得到充分利用。

### 二、需求因素

产品价格除受成本影响外，还受市场需求的影响。即受商品供给与需求的相互关系的影响。当商品的市场需求大于供给时，价格应高一些；当商品的市场需求小于供给时，价格应低一些。反过来，价格变动影响市场需求总量，从而影响销售量，进而影响企业目标的实现。因此，企业制定价格就必须了解价格变动对市场需求的影响程度。反映这种影响程度的一个指标就是商品的价格需求弹性系数。

所谓价格需求弹性系数，习惯上也称需求弹性，是指价格变动所引起的需求量变动的程度。一般用弹性系数来表示弹性大小。弹性系数是需求量变动的比率与价格变动比率的比值。用公式表示为：

$$需求价格弹性（E_d）=\frac{需求量变动百分比}{价格变动百分比}$$

常见的是以下两种：需求缺乏弹性和需求富于弹性。

1. 需求缺乏弹性，即 $1>E_d>0$

需求缺乏弹性是指需求量变动的比率小于价格变动的比率。粮食、食盐等生活必需品属于这一类。在需求缺乏弹性的情况下，产品降价，需求量增幅是有限的，企业利润会减少，因此对于缺乏弹性的产品不宜降价，应该提价。

需求缺乏弹性的市场条件是：市场上没有替代品或者没有竞争者；购买者对较高价格不在意；购买者改变购买习惯较慢，也不积极寻找更便宜的替代品；购买者认为产品质量提高，或者认为存在通货膨胀价格高是理所当然的。如果某种产品不具备这些条件，那么这种产品就是有弹性的，可以采取降价策略刺激需求，扩大销售量，增加收入。

2. 需求富有弹性，即 $E_d>1$

需求富有弹性是指需求变动比率大于价格变动比率。在需求富有弹性的情况下，企业实行薄利多销的价格策略能增加利润。属于这种情况的产品有奢侈品、耐用消费品等。

需求价格弹性理论直接涉及到价格和需求量两个因素，因此它是企业进行价格调整的理论依据，它反映了价格弹性与企业总收益的关系。一般来讲，有弹性的商品适当降价可以增加销售收入，缺乏弹性的商品不宜降价，否则会减少收入。

对产品需求弹性产生影响的因素有：

（1）商品的替代性。替代性越大，商品需求弹性越大，反之则小。

（2）商品性质。生活必需品弹性小，奢侈品弹性大。

（3）商品在消费者预算中所占的比例。在消费者预算总支出中占比例小的商品弹性小，如牙膏、洗衣粉、打火机等。反之则大。如家用电器。

（4）商品用途的广泛性。用途越广，弹性越大，反之则小。

（5）商品的时间性。商品需求时间短则弹性小，时间长则弹性大。

## 三、竞争因素

由于任何企业不能随心所欲地定价，因此产品的最低价格取决于生产成本。最高价格取决于消费者愿意接受的价格。在最低价格和最高价格的幅度内，产品价格取决于竞争者同种产品的价格水平。因此企业应采取适当措施，了解和掌握竞争者产品的质量、价格及企业实力，在此基础上进行准确定价。如果企业的产品与竞争者产品质量大体相同，则价格也应大体上一致；如果比竞争者产品质量差，则价格低于竞争者产品价格，反之则应高一些。但在具体的定价工作中，还要综合考虑，做出明智的定价决策。

由于市场竞争是市场经济的基本特征，是推动经济运行的强制力量，因此企业在面对众多现实和潜在竞争对手的情况下，要做到"知己知彼，百战不殆"，准确定价，就必须深入了解竞争者，从行业结构和业务范围去识别竞争者，对市场结构进行划分。我们可以把市场结构划分为完全竞争市场、垄断竞争市场、寡头市场、完全垄断市场四种类型，见表 5-1。

表 5-1　　　　　　　　　市　场　结　构　类　型

| 市场类型 | 市场集中程度 | 进入限制 | 产品差别 | 举例 |
|---|---|---|---|---|
| 完全竞争市场 | 零 | 无 | 无 | 农产品 |
| 垄断竞争市场 | 零 | 无 | 有 | 美容美发 |
| 寡头市场 | 高（4家集中率达60%以上，HHI1800以上） | 高 | 无（纯粹寡头） | 石油 |
| | | | 有（差别寡头） | 飞机 |
| 完全垄断市场 | 最高（1家集中率达100%，HHI为1万） | 不可能进入 | 特殊产品 | 电、自来水 |

**注** HHI是赫芬达尔——赫希曼指数英文简称，是计算某一市场上50家最大企业每家企业市场占有份额的平方之和。HHI越大，市场集中程度越高，垄断程度越高。

1. 完全竞争市场

完全竞争市场（perfect competition market）是一种竞争不受任何阻碍和干扰的市场结构，在这个市场中有许多卖主并且相互之间的产品没有差别，是完全自由化的市场。完全竞争市场是一种理论假设，在现实中农产品市场与它最接近。由于完全竞争市场上企业数量多，规模小，产品无差别，没有大企业能控制市场，形成垄断，因此在完全竞争条件下，市场供求状况决定产品价格，无论是买者还是卖者都是价格的接受者。企业要增加收入，重点是降低成本，增加服务，铸造名牌，使消费者产生偏爱心理。

2. 垄断竞争市场

垄断竞争市场（monopolistic competition market）是既垄断又有竞争的市场，在这个市场中有许多卖主并且相互之间的同种产品存在质量、性能、款式和服务等方面差别。有差别的产品会在喜爱这种差别的消费者中形成自己的垄断地位。但是由于各种有差别的产品是同一种产品，相互之间有较强的替代性，因此又存在竞争，如餐饮业、美容美发业等服务行业。

在垄断竞争条件下，卖主是强有力的价格决定者，卖主可以运用心理因素进行定价。在垄断竞争市场上，企业重心是突出产品特色，扩大品牌知名度，利用广告促销手段在消费者心目中造成本企业品牌与竞争者品牌的心理差异，使消费者对本企业产品产生偏爱。

3. 寡头市场

寡头市场（oligopolistic market）是只有几家大企业的市场。寡头市场根据寡头厂商产品差别程度，可以区分为纯粹寡头和差别寡头两种类型。

寡头市场的行业特点是规模大才能实现最低成本，也就是说形成这种市场的关键是规模经济。在寡头市场条件下，企业可以通过变动产量来影响价格。各寡头之间竞争激烈。

（1）纯粹寡头（pure oligopoly）。纯粹寡头也称完全寡头竞争，是指市场上各个寡头所提供的产品是同质的，顾客对不同品牌产品没有特殊偏好。如钢铁、石油、铝、煤等行业。

在纯粹寡头市场条件下，产品市场价格比较稳定。企业重点是降低成本、加强管理、增加服务。

（2）差别寡头（differentiated oligopoly）。差别寡头也称不完全寡头竞争、差别寡头竞争，在市场上各个寡头所提供的产品是有差别的，顾客对不同品牌产品有特殊偏好。如汽车、计算机、飞机等。

在差别寡头竞争条件下，顾客愿意出高价购买自己所偏爱的品牌产品，寡头垄断企业对自己经营的受顾客偏爱的品牌产品具有垄断性，可以制定高价获取高额利润。因此企业工作重心是突出产品特色，塑造名牌。

4. 完全垄断市场

完全垄断市场（perfect monopoly market）也称纯粹垄断或独占，指一个企业控制整个市场的供给，即独家经营。形成完全垄断市场的关键因素是进入限制和没有替代品。进入限制分自然限制和立法限制。自然限制也称自然垄断，如某企业垄断这个行业的关键资源；立法限制也称立法垄断，如专利权或特许经营等。

由于完全垄断市场是一个不存在竞争的市场，因此卖方可以在国家政策允许的范围内随意定价。

完全垄断分两种类型：政府垄断和私人垄断。

（1）政府垄断。由于定价目标不同，产品价格也有高低之分。关系到国计民生的产品，价格定得较低，甚至低于成本，如我国的电费、水费、盐价。对于不鼓励消费的产品价格定得较高，如烟、酒，由于政府税重，所以价格高。

（2）私人垄断。私人垄断是根据政府授予的专营权或专利权而产生的私商对某种商品的独家经营或由于资本特别雄厚而建立的排他性私人经营。如西方一些国家由私人经营自来水公司等。

在私人垄断条件下，可以在政府允许的范围内随意定价。

## 四、定价目标

1. 维持生存

如果企业面临着生产能力过剩、产品积压、市场竞争激烈的窘境，可以把维持生存作为定价目标，采取低价来保证企业正常生产和存货出售。因此许多企业经常通过大规模价格折扣来保持企业生存的能力。采取这种定价目标的条件是销售收入能弥补可变成本和一些固定成本。

2. 利润最大化

利润最大化是指企业希望获得最大限度的销售利润或投资收益。它有长期利润最大化和短期利润最大化之分。长期利润最大化是一个企业长期的、全部产品利润最大化。短期利润最大化是指企业对产品生命周期短暂、在市场上处于绝对有利地位或市场紧缺产品制定高价以在短期内获取最大利润。采取短期利润最大化定价目标风险大，容易损害企业形象，不能轻易使用。

【案例 5-1】

生产电子配件产品的普爱默实业公司（Premier Industrial）的产品价格通常比竞争者高出 10%～15%，有时甚至高出 20%。该公司把那些其他公司不愿意服务的顾客作为目标顾客，这些顾客都是要求订货量少、订货时期紧。显然，普爱默实业公司的经营成本与行业标准不符，其增长速度也低于行业的平均水平，它的顾客也不占市场的主导，它的市场份额也仅在行业的第三位，但是它的资本利润率为 32.2%，是行业平均水平的 3 倍，它的资产收益率是 25%，是行业平均水平的 4 倍。

3. 市场占有率最大化

如果企业确信在赢得最高的市场占有率之后能获取最低的成本和最大的长期利润，可以采取低价来追求市场占有率最大化。通过低价获得市场占有率最大化的条件是：

（1）市场对价格高度敏感，低价可以刺激需求迅速增长。

（2）生产与销售成本会随生产规模扩大和品牌知名度提高而下降。

（3）低价能有效打击或防止竞争者的进入。

4. 产品质量最优化

产品质量最优化是指企业实行高质量、高价格的定价策略。

【案例 5-2】 瑞典木马决不降价卖

提起木马，世界上最出名的大概是两匹，一匹是希腊传说中的特洛伊木马，另一匹就是瑞典的达拉木马了。别看达拉木马貌不惊人，它却是瑞典的象征，当年瑞典首相访问美国时，还曾作为国礼把它送给美国总统。

与特洛伊木马有着惊心动魄的故事不同，达拉木马的起源只是一段温馨的爱子故事。

17 世纪前后，在原始森林密布的瑞典中部达拉娜地区，人们大多以伐木为生。工人们一旦进入原始森林，常常是十天半个月，最多甚至要待半年时间。伐木工人思念孩子，就有人想到用木头刻一些小玩具，回家时可作为给孩子的礼物。马之所以成为当时伐木工最好的模特，是因为在那个时期，伐木工人采下的原木要运到外面主要依靠马。为远行、驮货、干农活，瑞典几乎家家养马。所以马就成为伐木工及其家人最亲密的伙伴。当达拉娜伐木工人雕刻的木马逐渐在全国各地流行起来后，人们就以它的产地为其命名了。17 世纪 20 年代，有人开始专门出售木马。那段时期，达拉娜的一些当地人还经常用木马来支付食宿费用。城镇的人们也乐于收藏这些手工制品，他们会根据大小、雕刻的精美程度对木马进行估价，使达拉木马一度成为当地的替代"货币"。

真正让瑞典木马声名大振是在 1939 年纽约举行的世界博览会上。当时，达拉娜地区的作坊为瑞典展区制作了一匹 2m 多高的大木马，引起了人们的关注。很多家报纸在当时都选用了瑞典木马的大幅照片来报道这次展会。

今天，商店内销售的达拉木马，最小的只有几厘米高，最大的有 1m 左右。瑞典首都斯德哥尔摩市政厅门外，就有一匹比真人还高的木马。这些木马的价格非常昂贵，一般 10cm 高左右的达拉马，要卖到 200 多瑞典克朗（瑞典克朗与人民币基本等价）。据说，这不仅是因为达拉木马是全手工制作，瑞典人为了维护这一品牌，也绝不会降价出售。

## 五、政府或行业组织干预

政府为了维护经济秩序，或为了其他目的，可能通过立法或者其他途径对企业的价格策略进行干预。政府的干预包括规定毛利率，规定最高、最低限价，限制价格的浮动幅度或者规定价格变动的审批手续，实行价格补贴等。例如，美国某些州政府通过租金控制法将房租控制在较低的水平上，将牛奶价格控制在较高的水平上；法国政府将宝石的价格控制在低水平，将面包价格控制在高水平；我国某些地方为反暴利对商业毛利率进行限制等。一些贸易协会或行业性垄断组织也会对企业的价格策略进行影响。

# 任务二　选择电子产品的定价方法

定价方法是指企业为了在目标市场实现定价目标，给产品制定一个基本价格和浮动范围。在选择定价方法时，企业要考虑产品成本、市场需求和竞争格局。因此企业定价方法有三种类型：成本导向定价法、需求导向定价法和竞争导向定价法。

## 一、成本导向定价法

成本导向定价法是以成本费用为中心的定价方法。主要有成本加成定价法、目标定价法和边际贡献定价法等。其特点是简便实用。

1. 成本加成定价法

成本加成定价法是指单位产品成本再加上固定的加成率来制定产品的销售价格。其计价公式为：

$$P = C(1 + R)$$

式中：$P$ 为单位产品售价；$C$ 为单位产品总成本；$R$ 为加成率。

【例 5-1】　某服装厂生产服装，每件服装平均变动成本为 80 元，固定成本 40 元，利润加成率为 50%，则产品售价为多少？

**解：**　　　　　　售价＝（80＋40）×（1＋50%）＝180（元）

成本加成定价法是最古老的定价方法，其主要优点是计算简便实用，如果行业中所有企业都采取这种定价方法，可以使价格竞争降低到最低限度，保证生产者获得稳定的利润，对买卖双方都比较公平，消费者不会因为产品紧俏或短缺而付出较高的代价。其缺点是竞争能力差，缺乏灵活性，忽视现行价格弹性对定价的影响，很难保证企业获取最大利润。由于价格弹性总是处于不断变化之中，因此企业的最适加成也应随之调整。一般来讲最适加成与价格弹性成反比，价格弹性大的产品，最适加成应小一些，实行薄利多销；价格弹性小的产品，最适加成应大一些，价格定的高一些；价格弹性保持不变的产品，加成也应保持相对稳定。

2. 目标利润定价法

目标利润定价法是根据企业总成本和预计的总销量，确定一个目标收益率来核算价格的定价方法。其计价公式为：

$$单位产品销售价格 = \frac{固定成本}{总产量} + 单位产品变动成本 + 单位产品目标利润$$

$$= \frac{总成本 + 目标总利润}{总产量}$$

【例 5-2】　某企业年固定成本 60 万元，产量是 10 万件，预计能销售出 80%，变动成本为 40 万元，企业想获得 20% 的成本收益率，那么产品的销售价格为多少元？

**解：**　　　　单位产品销售价格 $= \frac{(60+40)+(60+40)\times 20\%}{10 \times 80\%} = 15(元)$

目标利润定价法的优点是计划性强，其缺点是根据预计的销售量反推价格，容易造成产品定价或高或低。售价过高不易销售,售价过低将影响企业的利润收入。

3. 边际贡献定价法

边际贡献定价法也称变动成本定价法,是多品种生产企业常用的一种定价方法,20世纪 30 年代,美国企业开始使用变动成本为产品定价。边际贡献定价法只计算变动成本,忽略固定成本,是以预期的边际贡献补偿固定成本并获得收益的定价方法。边际贡献是销售收入减去变动成本后的差额。采取边际贡献定价法的基本出发点是只要边际贡献大于零,即售价大于变动成本,企业就可以生产,否则不能生产,因为在边际贡献小于零的情况下,企业生产越多,亏损越大。

边际贡献定价法的计价公式:

$$商品价格 = \frac{全部变动成本 + 全部目标贡献}{全部产量}$$

$$= 单位变动成本 + 单位产品贡献$$

其中全部商品边际贡献 = 全部销售收入 - 全部变动成本

单位产品边际贡献 = 商品售价 - 单位变动成本

【例 5 - 3】 某企业生产甲、乙、丙三种产品,甲、乙两种产品是盈利产品。丙产品分摊固定成本为 20 万元,单位变动成本 80。据预测,若单价为 100 元,能销售 5000 件;若单价超过 110 元,只能卖 3000 件。那么丙是否能生产?如果能生产,单价应定多少最合适?

**解:** 当单价为 100 元时,

$$边际贡献 = (100 - 80) \times 5000 = 100000(元)$$

当单价为 110 元时,

$$边际贡献 = (110 - 80) \times 3000 = 90000(元)$$

丙产品可以生产,单价确定为 100 元。当单价为 100 元时,总利润可增加 10 万元。

边际贡献定价法的优点是:能避免固定成本分摊的主观随意性,提高成本分析的准确性和科学性;有利于企业进行科学经营决策,增强企业应变能力和竞争能力,提高经济效益;便于掌握成本真相,加强成本管理;有利于改善经营管理。运用边际贡献定价法的最大优势在于容易掌握降价幅度,尤其是在企业有赚有赔时,可减少亏损,增加盈利。

采取边际贡献定价法应具备的市场条件是:以价格竞争为主要手段来扩大市场占有率;产品供过于求或是衰退期产品;在产品供不应求,销路很好的情况下,采用边际贡献定价法实行高价,在短期内即可获取超额利润又保持原有的市场占有率;对需求弹性大的产品,采取降价策略,薄利多销,扩大销售量。

## 二、需求导向定价法

需求导向定价法是以消费者感受和市场需求强度为主要依据的定价方法。主要包括认知价值定价法、逆向定价法和需求差别定价法。

### (一) 认知价值定价法

认知价值定价法也称理解价值定价法、觉察价值定价法,是根据消费者对产品的认知价值来制定价格的定价方法。认知价值定价法的关键在于准确计算出产品所提供的全部市场认知价值。

认知价值定价法的步骤是：

（1）从产品质量、服务和价格方面对新产品进行准确的市场定位。

（2）确定提供产品的价值和价格。

（3）预计在此价格下所能销售产品的数量。

（4）根据预计销售量决定产能、投资和单位成本。

（5）核算在此价格和成本费用基础上能否盈利。如盈利则开发这一新产品，否则放弃这一产品概念。

如果每一个企业都按产品的认知价值定价，那么每个企业都可以获得相应的市场占有率。如果有一个企业定价低于认知价值，就会提高市场占有率，这是因为消费者同样支出可获得更多的收获。

**【例 5－4】** 某汽车制造公司对其生产的卡车运用认知价值定价法为其定价。决定卡车出售价为 17 万元。虽然竞争者同类产品售价为 16 万元，但本公司的卡车销售量却大于竞争者。其提供的认知价值如下：

16 万元，本公司卡车与竞争者卡车质量相同所值的金额；

8000 元，有更长的使用寿命所值的金额；

6000 元，有更好的可靠性所值的金额；

4000 元，有更优良的服务所值的金额；

2000 元，有更长的零配件保用期所值的金额；

18 万元，该卡车的认知价值。

因此用户购买本汽车公司的卡车不但没有比竞争者多 1 万元，反而便宜 1 万元，这就是销量大增的原因。

**（二）逆向定价法**

逆向定价法也称反向定价法，是企业根据消费者能接受的最终售价计算自己的经营成本和利润，逆向推出产品的批发价和零售价，力求价格为消费者所接受，分销渠道中的批发商和零售商多采取这种定价法。

**（三）需求差别定价法**

需求差别定价法也称价格歧视（price discrimination），是指企业按照两种或两种以上不反映成本费用的比例差异价格销售某种产品或服务。

1. 差别定价的方式

差别定价的主要方式有四种：

（1）顾客差别定价。如我国火车票价对一般人是全价，学生是半价。电力公司对居民用户和商业用户采取不同收费标准。

（2）产品形式差别定价。如同样面料的服装因款式不同价格也不同。

（3）地点差别定价。如在剧院，由于座位不同，票价也不同。

（4）时间差别定价。蔬菜在夏天便宜，冬天贵。

2. 差别定价的适用条件

（1）市场是可以细分的，各个细分市场表现出不同的需求强度。

（2）低价细分市场的买主没有可能向高价细分市场转卖产品。

（3）竞争者没有可能在企业高价细分市场上低价出售同类产品。

（4）实行价格歧视所得到的额外收入要大于细分市场的费用支出。

（5）价格歧视不能引起顾客的反感。

（6）不能违法。

## 三、竞争导向定价法

竞争导向定价法是根据市场竞争的需要，以竞争对手的价格水平作为定价基础的定价方法。主要有随行就市定价法、投标定价法和拍卖定价法等。

1. 随行就市定价法

随行就市定价法是指企业根据行业内现行的平均价格水平来制定价格。它是同质产品市场上常用的定价方法。

在完全竞争市场上，卖方只是价格的接受者，产品价格由市场供求状况决定，因此只能按照现行市场价格出售产品。如果哪家企业产品价格高于时价，各企业都会降价，彼此之间进入价格战，这对哪家企业都没有好处，所以在完全竞争市场上各个企业大多是根据时价定价。

在寡头市场上，经营同质产品的厂商也倾向于和竞争对手相同的价格。因为在这个市场上，消费者了解产品特征，会买低价企业的产品。因此几家企业保持和平共处，尽量维持现有价格。在经营异质产品的市场上，企业产品有差异，可以制定不同的价格，但是一些企业会根据自己的竞争位次制定价格。如市场领导者的产品价最高，挑战者第二，跟随者第三，等等，以保持各自的市场份额。

2. 投标定价法

投标定价法是指在招投标过程中投标人为了赢得合同，在对竞争者报价进行预测的基础上，兼顾企业应有的利润而制定出比竞争对手低的报价。它一般用于建筑工程、大型设备制造、政府采购等方面。

企业确定的投标价格是以既能取得承包合同又能得到尽可能大的利润为目标，这两方面是矛盾的，因此这在现实中是很难做到的。虽然企业报价低于竞争对手，但价格的最低限度不能低于边际成本。因此在实际操作中企业常根据期望利润制定投标价格。期望利润是某一投标价格所能取得的利润与估计中标的可能性的乘积。期望利润是企业最大的投标价格，也是最佳的投标报价。

【例 5 - 5】 有一投标项目，某企业估算在各种投标价格时的期望利润见表 5 - 2。

表 5 - 2　　　　　　　　　　不同投标价格的期望利润

| 方案 | 投标价格 （1） | 企业利润 （2） | 估计中标概率 （3） | 期望利润 （4）＝（2）×（3） |
|---|---|---|---|---|
| A | 100 万元 | 10 万元 | 80% | 8 万元 |
| B | 150 万元 | 60 万元 | 35% | 21 万元 |
| C | 200 万元 | 110 万元 | 8% | 8.8 万元 |
| D | 250 万元 | 160 万元 | 1% | 1.6 万元 |

方案 B 的期望利润最高，为 21 万元，因此企业可以考虑报价为 150 万元。以最大期望利润作为定价标准，适用于经常参加投标的大型企业。如果企业只是偶尔参加投标，或者由于某种原因对中标势在必得，应以中标概率作为定价的标准，选择方案 A，投标价格为 100 万元。

### 3. 拍卖定价法

拍卖也称竞买，是卖方预先展示所出售的物品，在一定时间和地点，按照一定规则，由出卖者用叫价的方法把物品出售给出价最高者的一种定价法。

拍卖一般是由出卖者把现货或样品陈列在拍卖现场，拍卖时按编号依次叫价。叫价有上增和下降两种。上增是先由拍卖人喊一最低价格，然后让竞买人争相加价，直到无人再加价时，拍卖人便用铁锤或木板在桌上一拍表示成交。下降是先由拍卖人喊一最高价，如无人购买，便逐渐落价，直到有应声的买主，拍卖人就拍桌一下表示交易达成。拍卖有自愿拍卖和强制拍卖两种。自愿拍卖是物品所有者自愿委托拍卖行代为拍卖；强制拍卖是物品所有者因破产或其他原因被强制拍卖。经营拍卖业的拍卖行收入来源于买卖成交后向卖方或买卖双方所收取的佣金。

拍卖定价法常用于艺术品、古董、房地产交易。

# 任务三　制定电子产品的定价策略

## 一、新产品定价策略

新产品定价策略有三种：撇脂定价、渗透定价和满意定价。

### 1. 撇脂定价

撇脂定价是指在新产品上市之初把价格定得很高，利用消费者求新求奇的心理获取最大利润，犹如从鲜奶中撇取奶油。

采用撇脂定价法在短期内可以获取高额回报，有利于企业筹集资金，扩大生产规模，树立企业形象，为降价创造了条件。但是由于价高利大，不利于开拓市场，也使市场竞争异常激烈并导致大量仿制品的出现。

撇脂定价法的适用条件：

（1）市场规模大。由高价所引起的需求量减少并不会抵消高价所带来的利润。

（2）市场具有不同需求弹性的消费者。企业有足够的时间先让需求弹性小的消费者来购买新产品，然后再向弹性大的消费者推销新产品。

（3）拥有专利或技术垄断。由于企业拥有专利或技术垄断，即使高价也没有竞争者，仍然独家经营。

（4）树立高质高价新产品形象。

【案例 5-3】　高价也可多销

1945 年圣诞节即将来临，为欢度战后第一个圣诞节，美国居民急切希望能买到新颖别致的商品作为圣诞礼物。

当年 6 月，一位名叫朵尔顿·雷诺兹的企业家到阿根廷谈生意时，发现圆珠笔在美国将有广阔的市场前途，立即不惜资金和人力从阿根廷引进当时美国人根本没有见过的圆珠笔，只用一个多月便拿出了自己的改进产品，并利用当时人们原子热的情绪，取名为"原子笔"。之后，他立即拿着仅有的一支样笔来到纽约的金贝尔百货公司，向主管们展示这种"原子时代的奇妙笔"的不凡之处："可以在水中写字，也可以在高海拔地区写字。"这些都是雷诺兹根据圆珠笔的特性和美国人追求新奇的性格精心制定的促销策略。果然，公司主管对此深感兴趣，一下订购了 2500 支，并同意采用雷诺兹的促销口号作为广告。当时，这种笔生产成本仅 0.8 美元，但雷诺兹却果断地将售价抬高到 20 美元，因为只有这个价格才能让人们觉得这种笔与众不同，配得上"原子笔"的名称。

1945 年 10 月 29 日，金贝尔百货公司首次销售雷诺兹圆珠笔，竟然出现了 3000 人争购"奇妙笔"的壮观场面。人们以赠送与得到原子笔为荣，一时间新颖、奇特的高贵的原子笔风靡美国，大量订单像雪片一样飞向雷诺兹的公司。短短半年时间，雷诺兹生产圆珠笔所投入的 2.6 万美元成本竟然获得 150 多万美元的利润。等到其他对手挤进这个市场，杀价竞争时，雷诺兹已赚足大钱，抽身而去。

2. 渗透定价

渗透定价是指在新产品上市之初把价格定得相对较低，以物美价廉吸引消费者，扩大市场占有率。

采取渗透定价法有利于扩大产品销售量，提高市场占有率，防止潜在竞争者进入市场。但是采取渗透定价法产品投资回收期长，风险大，一旦渗透失败，企业会一败涂地。

渗透定价法的适用条件：

（1）市场需求对价格极为敏感，价格弹性大。

（2）生产成本和经营费用会随生产规模扩大和经验积累而下降。

（3）低价不会引起实际或潜在竞争。

（4）新技术已经公开或容易仿制。

（5）市场上已有同类产品或替代品。

【案例 5-4】 LG 电子的低价策略

LG 电子进入中国较晚，出于企业长远发展考虑，经营上采取了"战略性亏损"的策略，在中国市场低价运作，以图快速切入中国市场并迅速占位。LG 的低成本与低价格，对中国家电企业产生了巨大的威胁力：LG 彩电、洗衣机、微波炉和空调的价格与国产品牌差不多甚至还更便宜一点。"战略性亏损"策略让 LG 在华很快"后来居上"。LG 进入中国十年，销售产品也不到五年时间，但 LG 中国 2000 年的销售收入为 20 亿美元，2001 年为 30 亿美元，2002 年达到 40 亿美元；LG 产品线全线飘红：LG 显示器、光存储、空调、微波炉、CDMA 手机销售量全部跻身三甲，而洗衣机、冰箱、彩电业务也全部进入前十名，与索尼、松下、三星相比，LG 的全线产品都进入了中国的一梯队。中国的家电业惊呼，这是一匹韩国的狼，更是中国家电业最大的竞争对手。

是什么导致中国家电业认为 LG 是最"可怕"的敌人？答案很简单：掌握消费者的心智资源，贴近中国消费者，以中低端快速进入中国市场。

什么支持了 LG 产品实现低价？

（1）规模经济使然。从 20 世纪 90 年代中期起，LG 电子在华建立了多个生产基地。

通过物资流通基地化和综合性生产基地化建设，LG产品的生产成本、配送成本大大减少，本土生产、本土销售地比例相应提高。

（2）LG在本地零配件采购方面比其他跨国公司更具优势。在天津LG空调生产基地，有超过60家的供应商聚集在工厂周围，而生产所用的压缩机、马达等主要零配件全部由LG自己的工厂生产。为了避免原材料的价格变动对成本产生影响，LG空调采用提前国际期货采购合同。

（3）LG通过对生产的管理在所有环节都降低成本。天津空调生产基地高密度供应链配套，管理网络化，供货周期不超过3天；而LG显示器的生产基地惠州是一个完全型的生产结构，采购生产的各个环节都是在惠州工厂完成的，这个工厂完全独立运营，没有总部的参与就能够完成产品生产的各个环节。

3. 满意定价

满意定价也称君子定价，是在新产品上市之初采取对买卖双方都有利的中等价格销售产品。它是一种比较温和的定价策略，既可以避免撇脂定价因价高而带来的风险，又克服了渗透定价因价低而造成的投资困难，兼顾了企业、消费者两方面的利益。

【案例5-5】 微软Acceess的定价

微软公司的Acceess数据库程序在最初的短期促销价为99美元，而建议零售价则为495美元。试销价格有利于鼓励消费者试用新产品，而企业则希望消费者通过试用而成为企业的忠实顾客，并建立起企业良好的口碑。该策略也经常被服务性企业所采用，如开业之初的特惠价等。但只有企业的产品或服务确实能使消费者感到获得了很大的利益时，此种策略才能收到预期的效果。

## 二、心理定价策略

心理定价策略是利用消费者心理因素，有意识地调高或调低产品价格的一种定价策略。它比较适用于零售业使用。

1. 尾数定价策略

尾数定价，也称零头定价或缺额定价，即给产品定一个零头数结尾的非整数价格。大多数消费者在购买产品时，尤其是购买一般的日用消费品时，乐于接受尾数价格。如0.99元、9.98元等。消费者会认为这种价格经过精确计算，购买不会吃亏，从而产生信任感。同时，价格虽离整数仅相差几分或几角钱，但给人一种低一位数的感觉，符合消费者求廉的心理愿望。这种策略通常适用于基本生活用品。

【小资料】

心理学家的研究表明，价格尾数的微小差别，能够明显影响消费者的购买行为。一般认为，5元以下的商品，末位数为9最受欢迎；5元以上的商品末位数为95效果最佳；百元以上的商品，末位数为98、99最为畅销。尾数定价法会给消费者一种经过精确计算的、最低价格的心理感觉；有时也可以给消费者一种是原价打了折扣，商品便宜的感觉；同时，顾客在等候找零期间，也可能会发现和选购其他商品。如某品牌的54cm彩电标价998元，给人以便宜的感觉。认为只要几百元就能买一台彩电，其实它比1000元只少了2元。尾数定价策略还给人一种定价精确、值得信赖的感觉。

**2. 整数定价策略**

整数定价与尾数定价正好相反，企业有意将产品价格定为整数，以显示产品具有一定质量。整数定价可以给顾客一种"一分价钱一分货"的感觉，同时整数定价还便于计算和收款。整数定价法通常适用于以下几种情况：

（1）对于一些礼品、工艺品和高档商品制定整数价，会使商品愈发显得高贵，满足部分消费者的虚荣心理。例如，高档时装、皮衣等，商家可把基础价格略作变动，凑成一个整数，使顾客对此商品形成高价印象，以吸引社会上高收入阶层。如一件高档西服，如果完全追随竞争者同类商品平均价格，定价应为797元。但有经验的商家则会把零售价格标为800元，这样不仅不会失去顾客，还能增强顾客的购买欲望。原因在于此类高档品的购买者多系高收入者，重视质量而不很计较价格，认为价格高就是质量好的象征。

（2）对方便食品、快餐，以及在人口流动比较多的地方的商品制定整数价格，适合人们的"惜时心理"，同时也便于消费者做出购买决策。人们容易记住商品的整数价，因此，会加深商品在消费者心理上的印象。

**3. 声望定价策略**

声望定价即针对消费者"便宜无好货、价高质必优"的心理，对在消费者心目中享有一定声望，具有较高信誉的产品制定高价。不少高级名牌产品和稀缺产品，如豪华轿车、高档手表、名牌时装、名人字画、珠宝古董等，在消费者心目中享有极高的声望价值。购买这些产品的人，往往不在于产品价格，而最关心的是产品能否显示其身份和地位，价格越高，心理满足的程度也就越大。

如金利来领带，一上市就以优质、高价定位，对有质量问题的金利来领带决不上市销售，更不会降价处理。给消费者这样的信息，即金利来领带绝不会有质量问题，低价销售的金利来绝非真正的金利来产品。从而极好地维护了金利来的形象和地位。如德国的奔驰轿车，售价20万欧元；瑞士莱克司手表，价格都是上万欧元；巴黎里约时装中心的服装，一般售价2000欧元。我国的一些国产精品也多采用这种定价方式。当然，采用这种定价法必须慎重，一般商店、一般商品若滥用此法，弄不好便会失去市场。

**4. 习惯定价策略**

有些产品在长期的市场交换过程中已经形成了为消费者所适应的价格，成为习惯价格。企业对这类产品定价时要充分考虑消费者的习惯倾向，采用"习惯成自然"的定价策略。对消费者已经习惯了的价格，不宜轻易变动。降低价格会使消费者怀疑产品质量是否有问题。提高价格会使消费者产生不满情绪，导致购买的转移。在不得不需要提价时，应采取改换包装或品牌等措施，减少消费者抵触心理，并引导消费者逐步形成新的习惯价格。

**5. 招徕定价策略**

这是适应消费者"求廉"的心理，将产品价格定得低于一般市价，个别的甚至低于成本，以吸引顾客、扩大销售的一种定价策略。采用这种策略，虽然几种低价产品不赚钱，甚至亏本，但从总的经济效益看，由于低价产品带动了其他产品的销售，企业还是有利可图的。

**【案例 5-6】**

北京地铁有家每日商场，每逢节假日都要举办 1 元拍卖活动，所有拍卖商品均以 1 元起价，报价每次增加 5 元，直至最后定夺。但这种由每日商场举办的拍卖活动由于基价定得过低，最后的成交价就比市场价低得多，因此会给人们产生一种卖得越多、赔得越多的感觉。岂不知，该商场用的是招徕定价术，它以低廉的拍卖品活跃商场气氛，增大客流量，带动了整个商场的销售额上升。这里需要说明的是，应用此术所选的降价商品，必须是顾客都需要、而且市场价为人们所熟知的才行。

**【案例 5－7】**

日本创意药房在将一瓶 200 元的补药以 80 元超低价出售时，每天都有大批人潮涌进店中抢购补药，按说如此下去肯定赔本，但财务账目显示出盈余逐月骤增。

其原因就在于没有人来店里只买一种药。人们看到补药便宜，就会联想到其他药也一定便宜，促成了盲目的购买行动。

## 三、折扣定价策略

折扣定价策略是指商品按原定价格扣除百分之几出售的一种定价策略。其目的是为了鼓励消费者及早付清货款、大量购买、在淡季购买和提高顾客忠诚度。

折扣定价策略主要有现金折扣、数量折扣、职能折扣、季节折扣和折让等几种类型。

1. 现金折扣

现金折扣是对按约定日期付款或提前付款的顾客给予一定的折扣。实行现金折扣应在付款条款上注明，如"2/10，Net/30"。意思是买方在 10 日内付款，给 2％折扣，至迟要在 30 日内付清，但没有折扣。超过 30 天是违约，要负担利息。

现金折扣的目的是尽快收回货款，加速资金周转，减少坏账损失。因此现金折扣一般都高于银行利率。

2. 数量折扣

数量折扣是根据一定时间内购买量大小给予不同的价格折扣。分累计数量折扣和非累计数量折扣两种，数量折扣目的是让利给大量购买本企业产品的顾客。

3. 职能折扣

职能折扣也称功能折扣、贸易折扣，是制造方给执行某种市场营销职能的批发商和零售商的一种额外折扣。

4. 季节折扣

季节折扣是制造商给购买淡季商品或过季商品顾客的一种价格折扣。目的是保持企业生产和销售一年四季稳定。

5. 折让

折让也是一种减价形式，有以旧换新折让和促销折让。

**【案例 5－8】** 美佳西服的折扣销售

日本东京银座美佳西服店为了销售商品采用了一种折扣销售方法，颇获成功。具体方法是这样：先发一公告，介绍某商品品质性能等情况，再宣布折扣的销售天数及具体日期，最后说明打折方法：第一天九折，第二天八折，第三、第四天七折，第五、第六天六折，依此类推，到第十五、第十六天一折，这个销售方法的实践结果是，第一、第二天顾客不多，多半来探听虚实和看热闹。第三、第四天人渐渐多起来，第五、第六天六折时，顾客像洪水般地拥向柜台争购。以后连日爆满，没到一折售货日期，商品早已售缺。这是一则成功的折扣定价策略。

妙在准确抓住顾客购买心理，人们希望买质量好又便宜的货，最好能买到二折、一折价格出售的货，但是有谁能保证到你想买时还有货呢？于是出现了头几天顾客犹豫，中间几天抢购，最后几天买不着者惋惜的情景。

## 四、地区定价策略

地区定价策略是针对顾客的不同地区要求和营销条件而在价格上有不同处理方法的定价策略。

1. FOB 原产地定价

FOB 原产地价格是买方按厂价购买某种产品，卖方负责将产品装运到产地某种运输工具上交货，交货验收后的一切风险和运杂费用都由买方承担。

FOB 是 "Free on Board" 的缩写，即装运港船上交货。是国际贸易中常用的贸易术语，我国习惯上叫 "离岸价格" 或 "离岸价"。采用 FOB 原产地定价，卖方风险小，但利润也少，对远途顾客缺乏吸引力。

2. CIF 定价

CIF 定价是由卖方在规定的时间内租用运输工具，办理货运保险，将货物运抵指定目的港，并负责货物从装运港到目的港的正常运费和保险费。当货物在装运港装上运输工具时，卖方即完成交货。

CIF 是 "Cost Insurance and Freight" 的缩写，是常用的国际贸易术语之一，在我国习惯称为 "到岸价格" 或 "到岸价"。但是把 CIF 称为 "到岸价" 是错误的。因为在 CIF 条件下，尽管卖方负责租用运输工具并支付到目的港的运费、负责办理货物保险并支付到目的港的保险，但货物在装运港装上运输工具后的一切风险仍由买方承担，货物装上运输工具后产生的除运费、保险费以外的费用，也要由买方承担。在 CIF 条件下，卖方交货属典型的象征性交货方式，卖方凭单交货，买方凭单付款，因此在履行 CIF 合同时，卖方除按合同认真履行交货义务外，按规定向买方提交合格单据至关重要。

CIF 定价简便实用，卖方利润较多，风险大。有利于吸引远途顾客，不利于吸引近处顾客。

3. 区域定价

区域定价是把市场划分为几个大区域，在每一个区域内实行统一价格。

4. 基点定价

基点定价是指企业选择一些城市作为定价基点，按基点到客户所在地的距离收取运输费。

**【训练任务】**

任务：某品牌手机价格策略分析

具体要求：

（1）各团队选定该某品牌企业的某款手机产品，分析影响该产品定价的因素和定价策略。

（2）收集与该类产品相近产品的不同企业的定价情况，分析其采用定价的定价策略。

（3）评价该品牌产品的价格策略是否成功，并分析其成功或不成功的原因。

**【强化练习】**

**一、选择题**

1. 虽然许多因素能影响产品价格，但其中最基本的决定因素是（　　　）。

　　A. 产品成本　　　　　　　　　　　　　B. 定价目标

　　C. 产品的市场需求状况　　　　　　　　D. A 和 C

2. 某服装店售货员把相同的服装以 800 元卖给顾客 A，以 600 元卖给顾客 B，该服装店的定价属于（　　　）。

　　A. 顾客差别定价　　　　　　　　　　　B. 产品形式差别定价

　　C. 产品部位差别定价　　　　　　　　　D. 销售时间差别定价

3. 为鼓励顾客购买更多物品，企业给那些大量购买产品的顾客的一种减价称为（　　　）。

　　A. 功能折扣　　　　　B. 数量折扣　　　　　C. 季节折扣　　　　　D. 现金折扣

4. 企业把创新产品的价格定得较低，以吸引大量顾客，提高市场占有率，这种定价策略叫做（　　　）。

　　A. 撇脂定价　　　　　B. 渗透定价　　　　　C. 目标定价　　　　　D. 加成定价

5. 中国服装设计师李艳萍设计的女士服装以典雅、高贵享誉中外，在国际市场上，一件"李艳萍"牌中式旗袍售价高达 1 千美元，这种定价策略属于（　　　）。

　　A. 声望定价　　　　　　　　　　　　　B. 基点定价

　　C. 招徕定价　　　　　　　　　　　　　D. 需求导向定价

**二、简答题**

1. 影响产品定价的因素有哪些？它们分别如何影响产品定价的？

2. 产品定价的主要方法有哪些？

3. 什么叫需求弹性和需求弹性系数？它对企业定价有何影响？试举例说明。

4. 简述产品定价策略的类型。

**三、案例分析**

## 奇　怪　的　定　价

位于美国加州的一家珠宝店专门经营由印第安人手工制成的珠宝首饰。

几个月前，珠宝店进了一批由珍珠质宝石和白银制成的手镯、耳环和项链。该宝石同商店以往销售的绿松石宝石不同，它的颜色更鲜艳，价格也更低。很多消费者还不了解它。对他们来说，珍珠质宝石是一种新的品种。副经理希拉十分欣赏这些造型独特、款式新颖的珠宝，她认为这个新品种将会引起顾客的兴趣，形成购买热潮。她以合理的价格购进了这批首饰，为了让顾客感觉物超所值，她在考虑进货成本和平均利润的基础上，为这些商品确定了销售价格。

一个月过去了，商品的销售情况令人失望。希拉决定尝试运用她本人熟知的几种营销策略。比如，希拉把这些珠宝装入玻璃展示箱，摆放在店铺入口醒目的地方。但是，陈列位置的变化并没有使销售情况好转。

在一周一次的见面会上，希拉向销售人员详细介绍了这批珠宝的特性，下发了书面材料，以便他们能更详尽、更准确地将信息传递给顾客。希拉要求销售员花更多的精力来推销这个产品系列。

不幸的是，这个方法也失败了。希拉对助手说，"看来顾客是不接受珍珠质宝石。"希拉准备另外选购商品了。在去外地采购前，希拉决定减少商品库存，她向下属发出把商品半价出售的指令后就匆忙起程了。然而，降价也没有奏效。

一周后，希拉从外地回来。店主贝克尔对她说："将那批珠宝的价格在原价基础上提高两倍再进行销售。"希拉很疑惑，"现价都卖不掉，提高两倍会卖得出去吗？"

**案例问题：**

1. 希拉对这批珠宝采取了哪些营销策略？销售失败的关键原因是什么？

2. 贝克尔为什么提高售价？

3. 结合案例，说明影响定价的主要因素、基本的定价方法及定价策略。

# 项目六  制定电子产品市场营销组合
## ——渠道策略

| 项目情境创设 | 　电子产品是生命周期最短、更新换代最快的产品，可以说电子产品是一种保鲜期最短的商品，而且它的淘汰速度将会越来越快。因此，企业要想始终如一地提供终端客户最"新鲜"的产品，分销渠道就是制胜关键。本项目以某品牌手机产品为例，要求学生认识什么是销售渠道，手机的渠道的类型及其特点，影响手机分销渠道选择的因素有哪些，如何进行手机分销渠道管理，从而学会选择正确的手机产品分销渠道 | |
|---|---|---|
| 项目学习目标 | 知识目标 | 掌握电子产品分销渠道的概念和类型，掌握电子产品分销渠道的设计过程，了解影响电子产品分销渠道设计的因素，了解电子产品的终端销售形式及其特点 |
| | 能力目标 | 能根据电子产品特性和企业实际情况进行渠道设计和管理 |

## 【案例导入】

### 联想与戴尔间的渠道之争

　　我国 IT 行业内的领导型企业——联想集团在 21 世纪初的前 3 年中遭遇了"成长的烦恼"，按照联想的三年规划，到 2003 年，营业规模要达到 600 亿元，而实际情况是只有 200 亿元左右，营业额增长 26%，利润增长 50%。尽管这个增长速度高于行业内绝大多数企业，但却没能达成 2000 年规划制定的目标。与此同时，2003 年联想的主营业务 PC 的销量增幅只有 16.4%，而戴尔的增幅超过了 40%，增长幅度超出联想两倍多。

　　戴尔公司的成功得益于其直销模式。戴尔公司的黄金三原则是"压缩库存、倾听顾客意见和直接销售"。戴尔直销模式的精华在于"按需定制"，在明确客户需求后迅速做出回应，并向客户直接发货。

　　戴尔成本上的竞争力来自于三个方面：第一，没有经销商这个中间环节；第二，戴尔全球化的供应链管理；第三，戴尔的精细化管理，使得戴尔的库存保持在 4 天以内。所以，戴尔在价格上非常有竞争力，而价格这个武器一向是联想公司对付外国 PC 企业的杀手锏，但是在戴尔这里第一次失效了。

　　戴尔直销模式的另一个厉害之处是：戴尔直接和每个客户打交道，所以掌握了所有客户的资料，从而使戴尔能够最大限度地细化消费者需求，捕捉任何微小的变动，并把对消费者的理解体现在产品战略上，从而始终保持对市场的敏感和快速反应。

　　戴尔公司在刚进入中国时，其直销模式曾被认为不符合中国国情，不会取得成功。但迄今为止，戴尔在中国的市场占有率虽然还非常低，到 2003 年年底大约为 7%，但是发展的态势非常迅猛，对"以分销模式为主"的中国本土公司——包括联想公司——构成越来越大的威胁。现在已经没有人怀疑戴尔模式在中国的生命力了。戴尔面向个人或家庭的电脑，基本上严格执行了戴尔直销，但是在面向商业用户的电脑市场，戴尔似乎被迫"接受现实"。戴尔电脑的产品议价政策是：采购量越大，得到的折扣越大。某些经销商利用了戴尔的这个价格政策，从戴尔大量低价进货，再分批卖给真正的最终客户，获取其中的价差。虽然戴尔在政策上反对这种做法，但在实际执行中采取了默许的态度。因为经销商有更多的客户信息，他们能够弥补戴尔直销的一些不足。

视戴尔为心腹大患的联想公司也在丰富自己的销售模式：在1994年完全放弃直销之后，又在尝试直销。2002年3月，联想正式宣布联想将开始加重在大陆市场进行计算机直销的比重。在联想的规划中，计算机直销业务主要还是以商用市场为主。联想在中国拥有3000个经销商，这是联想能够稳占中国个人计算机龙头的关键，为了不影响与经销商的关系，联想的直销业务暂时以商用市场为主。

这里出现了一个令人感兴趣的现象：直销的戴尔与分销的联想在个人电脑市场上都坚持了自己的特色，但是在商用电脑市场，直销的戴尔默许了部分的分销，而分销的联想却在试图提高直销的比例。两个有特色的企业在商用电脑市场上都是直销分销并存，似乎出现了一种"殊途同归"的现象。

联想如何抵御戴尔直销渠道的冲击，是摆在联想面前的一个大课题。企业销售渠道类型、企业如何选择正确有销售渠道，是本项目要解决的问题。

# 任务一　设计电子产品分销渠道

## 一、分销渠道的概念和功能

分销渠道也称销售渠道或通路，是指产品或服务在从生产者转移给消费者或用户消费使用中所经历的过程。也可以说是某种货物或劳务从生产者向消费者移动时，取得这种货物或劳务的所有权或帮助转移其所有权的所有企业或个人。它的起点是生产者，终点是消费者或用户，中间环节是中间商，中间商在分销渠道中起到联结企业与消费者或用户的桥梁作用。

分销渠道在企业的营销活动中，首先执行的功能是销售，使商品或服务顺利地转移到最终用户手中，但完成的功能可以细分为以下几个方面：

（1）销售功能。企业通过渠道实现产品销售，达到企业经营目标，赢取利润，这是渠道具有的最直接、最基本也是最有效的功能。

（2）洽谈功能。洽谈是生产者或经营者寻找潜在的购买者，并与之接触，实现交易的活动。

（3）沟通功能。渠道具有上下沟通商品信息，联系渠道成员之间客情关系的功能。

（4）服务功能。渠道还承担着为下游渠道成员提供服务的功能。

（5）信息功能。分销渠道成员通过市场调研收集和整理有关消费者、竞争者级市场营销环境中的其他影响者的信息，并通过各种途径将信息传递给渠道内的其他渠道成员。

（6）物流功能。物流主要是商品在流通环节的运输、储存及配送活动。

（7）承担风险功能。承担风险是指在商品流通的过程中，随着商品所有权的转移，市场风险在渠道成员之间的转换和分担。

（8）融资功能。渠道也就是一个融资的通道。不论是制造商品，还是销售商品，都需要投入资金以完成商品所有权转移和实体流转的任务。

## 二、分销渠道的类型

### （一）按分销渠道中成员构成及其运转方式分

按分销渠道中成员构成及其运转方式，可将分销渠道分为直接渠道和间接渠道、短渠道和长渠道、窄渠道和宽渠道三类六种。

1. 直接渠道和间接渠道

按在商品流通过程中是否有中间商参与，分销渠道分为直接渠道和间接渠道两种类型。

（1）直接渠道。直接渠道是指没有中间商参与，由生产者把产品直接销售给消费者或用户的渠道类型。它是产业用品分销的主要形式。上门推销、邮购、电话直销、电视直销和网上销售都是直接渠道的主要方式。

直接渠道的优点是：不经过中间环节、减少流通的费用，降低成本，既增加企业利润又减少顾客的支出；缩短流通时间，加快资金周转，有利于控制产品市场价格；有利于收集市场信息，及时掌握消费者需求变化，提高企业竞争力。其缺点是企业需要投入大量的人力、物力和财力建设分销网络，限制产品销售范围，影响产品销量。

【案例6-1】　雅芳公司的直销方式

雅芳公司以"家庭主妇的良友、美容师的顾问"的新概念，通过销售代表"雅芳小姐"，上门挨家挨户向女性推销化妆品。该公司在全世界大约有100万个代理商，这种直销方式推销的化妆品每年超过20亿美元。

（2）间接渠道。间接渠道是指经中间商把企业产品销售给消费者或用户的渠道类型。它是消费品分销的主要方式，一些标准件的工业品也采取这种分销方式。

间接渠道的优点是：采取间接渠道分销方式可以使企业集中精力进行产品开发，搞好生产，有利于企业集中资源拓展主营业务；利用中间商的分销网络的优势，扩大产品销售范围和数量；减少交易次数，节省交易成本。其缺点是不利于企业收集掌握市场信息的第一手资料和进行完善的售后服务。

2. 短渠道和长渠道

按在商品流通过程中经过中间环节多少，分销渠道分为短渠道和长渠道两种类型。

（1）短渠道。短渠道是指在商品流通过程中没有或只经过一个中间环节的分销渠道。零阶渠道和一阶渠道是其主要形式。

（2）长渠道。长渠道是指在商品流通过程中经过两个或两个以上中间环节的分销渠道。二阶渠道和三阶渠道是其主要形式。它适用于销量大范围广的产品分销。

分销渠道中间环节也称渠道层次。渠道层次是指产品或服务从生产者向消费者或用户转移过程中，任何一个对产品拥有所有权或负有推销责任的机构。

市场营销学根据中间机构层次数目来确定渠道的长短：

零阶渠道。零阶渠道也称"两站式渠道"，即直接渠道，产品由制造商直接出售给消费者，是产业用品的主要销售方式。即：制造商→消费者。

一阶渠道。一阶渠道也称"三站式渠道"，是在制造商与消费者之间加入了零售商。即制造商→零售商→消费者。

二阶渠道。二阶渠道也称"四站式渠道"，是制造商把产品销售给批发商，批发商把产品转售给零售商，零售商把产品销售给消费者，它是消费品分销的主要方式。即制造商→批发商→零售商→消费者。

三阶渠道。三阶渠道也称"五站式渠道"，是在二阶渠道中加入了代理商。即制造商→代理商→批发商→零售商→消费者。

零阶渠道和一阶渠道属短渠道，二阶渠道和三阶渠道属长渠道。

3. 窄渠道和宽渠道

按分销渠道每一个层次中中间商数量的多少，分销渠道分为窄渠道和宽渠道两种类型。

（1）窄渠道。窄渠道是指在分销渠道的各个层次中只选择一个中间商来销售企业产品的分销渠道。包括独家包销和独家代理两种形式。

窄渠道的优点是有利于鼓励中间商积极开拓市场；流程简捷，有利于商企协作，容易控制商品销售价格。其缺点是容易造成中间商垄断市场，使企业处于被动局面。

（2）宽渠道。宽渠道是指在分销渠道的各个环节中选择两个或两个以上的中间商来销售企业产品的分销渠道。

宽渠道的优点是有利于在中间商之间展开竞争，扩大产品销售量，拓展产品销售范围。其缺点是企业与中间商关系松散，中间商不愿承担广告宣传等营销费用；容易造成中间商相互削价竞销，有损产品与企业形象。

**（二）按分销渠道成员相互联系的紧密程度分**

按分销渠道成员相互联系的紧密程度，把分销渠道分为传统渠道和渠道系统两大类。

1. 传统渠道

传统渠道是指由独立的制造商、批发商、零售商和消费者组成的分销渠道。即制造商→批发商→零售商→消费者。

由于传统渠道成员彼此之间各自为政，各行其是，竞争激烈，有被渠道系统所取代的危机。

2. 渠道系统

渠道系统是指在传统渠道中，各个渠道成员采取不同程度的一体化或联合经营形式的分销渠道。主要有：

（1）垂直分销渠道系统。垂直分销渠道系统是指分销渠道中的每一个成员都采取不同程度的一体化经营或联合经营。分公司系统、合同系统和零售商系统三种类型。其优点是能实行专业化管理，有利于控制渠道成员行为，减少竞争，使各个渠道成员通过规模经济、议价能力获取更多的经济效益。

（2）水平分销渠道系统。水平分销渠道系统是指处于分销渠道同一层次中的渠道成员采取不同程度的联合经营。

（3）多渠道系统。多渠道系统是企业采取多条渠道进入一个或多个目标市场的分销系统。

（4）网络分销系统。网络分销系统是生产或经营企业通过互联网发布产品与服务信息，接受消费者或用户的网上订单，然后由自己的配货中心或由制造商通过邮寄或送货上门。它分两种形式：一是"B-to-B"，是企业之间的交易。"B-to-B"是将买方、卖方和中介机构之间的信息交换集合到一起的交易金额大、有严格的电子票据和凭证交换关系的电子运作方式。二是"B-to-C"，是企业与消费者之间的交易。"B-to-C"是消费者利用电子钱包在网上瞬间完成购物活动，足不出户就能购买到网上登录的世界上任何地方的产品。

## 三、中间商的类型

中间商是指在生产者与消费者之间，参与商品交易业务，促使买卖行为发生和实现的具有法人资格的组织或个人。中间商是商品生产和流通社会化的必然产物。

中间商在商品由生产领域到消费领域的转移过程中，起着桥梁和纽带的作用。由于中间商的存在，不仅简化了销售手续，节约了销售费用，而且还扩大了销售范围，提高了销售效率。

广义的中间商不仅包括批发商、零售商、经销商和代理商，还应包括银行、保险公司、仓库和运输、进出口商等对产品不具备所有权，但帮助了销售活动的单位和个人。这里我们着重介绍零售商、批发商、代理商和经销商。

1. 零售商

零售是指直接向最终消费者销售商品和服务的活动。一切向最终消费者直接销售商品和服务，以用作个人及非同业性用途的行为均属零售的范畴，不论从事这些活动的是哪些机构，也不论采用任何方式或在任何地方把商品和服务售出，那些销售业务主要来自零售的商业机构叫零售商。

零售商处在商品流通的最终阶段，他们从生产企业或批发商处购进商品，然后把商品销售给最终消费者。其主要功能是收购、储存、拆零、分装、销售、传递信息、提供销售服务等，在时间、地点、方式等方面方便购买，促进销售。

零售商的类型随着新的组织形式出现而不断增加。按所有制划分，可以分为国营商店、集体商店、合资与合作商店、私营商店和个体商店；按经营规模划分，可分为大型零售商店、中型零售商店和小型零售商店；按经营商品的范围，可分为综合性商店和专业性商店；按营销方式可分为店铺销售商店和无店铺销售商店。

2. 批发商

批发商是将产品大批量购进，又以较小批量再销售给企业或其他商业组织的中间商。其经营特征是批量大，与最终消费者不发生直接的购销关系（批发兼零售除外）。批发商按不同的标准可以划分为不同的类型：

（1）按经营商品种类的多少，可分为一般批发商和专业批发商。一般批发商的特点是经营商品种类繁多，如百货批发站；专业批发商则是经营某一类或几类商品，如五金电器批发公司等。

（2）按服务地区范围大小，可分为全国批发商、区域批发商和地方批发商。分别担负全国性的商品批发业务，一个省（自治区、直辖市）范围的批发业务和某一市、县的批发业务。

（3）按是否拥有商品所有权，可分为经销批发商和代理批发商。前者是指拥有商品所有权的批发商，后者是指不拥有商品所有权的批发商。

（4）按服务的内容，可分为综合服务批发商和专业服务批发商。综合服务批发商的特点是对生产者、零售商或用户提供各种市场服务；专业服务批发商又可分为三种：

1）承运批发商。其特点是仅设营业场所，不设仓库，根据零售商用户的订单，从生产企业取得货物后直接运送给购买者。

2）货车贩运批发商。仅负责把从生产企业批发来的商品尽快运送给零售商或用户。

3）现货自运批发商。其特点是用低档价售货，但商品由购买者自行运输。

批发商的主要作用有三项：一是通过集中购买，使生产者及时实现商品的价值，提高资金周转率，加速再生产过程；二是通过广泛的批量销售，为生产者推销商品，从宏观上反馈市场销售信息，同时为零售商提供多样化的商品，节约进货时间、人力和费用；三是通过商品的运转和储存，延展商品的市场，有利于实现均衡消费，并为生产者分担信贷资金和商品销售中的风险。

3. 代理商

代理商是接受生产者委托从事商品交易业务，对商品有经营权但不具有所有权，按代销额取得一定比率报酬的中间商。代理商既有从事批发业务者，也有从事零售业务者。其特征是本身不发生独立的购销业务，也不承担市场风险。按其与生产企业的业务联系，可以分为三种类型：

（1）制造商的代理商。又称为生产代理商，是受生产企业的委托，签订销货协议，负责在一定区域内代销企业产品的中间商。这种代理商类似于生产企业的推销人员，本身可不设仓库，只负责推销产品，由顾客直接向生产企业提货。生产企业可同时委托若干个代理商分别在不同地区推销其产品，本企业也可参与某一地区的直接销售业务。

（2）销售代理商。受生产企业委托负责代销其全部产品，不受地区的限制且有一定的售价决定权。但一个生产企业同时只能委托一家销售代理商，即仅独家代理，生产企业本身亦不能再进行直接的销售活动。因此，销售代理商要对生产企业承担较多的义务，这一般要在代理协议中严格规定。

（3）佣金商。佣金商一般与委托人没有长期关系，主要从事农产品的营销业务。佣金商受托于那些不愿意自己出售产品和不属于生产合作社的农场主。佣金商对农场主委托销售的货物通常有较大的经营权，佣金商收到农场主运来的货物或自己用卡车将农产品运送到中心市场，有权不经委托人同意，以自己的名义，以当时可能获得的最好价格出售，因为佣金商经营的是蔬菜、水果等易腐商品。扣除佣金和各项开支后，余款汇给委托人。

代理商是生产开拓市场、促进销售的有力助手，可以帮助企业增强竞争力，减少商业风险，保持市场占有率，同时也是为企业搜集和传递市场信息的便利渠道。但是，由于通过代理商推销商品时推销量难以把握，而且推销风险几乎全部由生产企业承担，所以代理商不能替代批发商和零售商。

4. 经销商

经销商是指从事商品交易，在商品买卖过程中拥有商品所有权的中间商。经销商用自己的资金和信誉进行买卖业务，是为卖而买，承担经营过程的全部风险。生产企业一般采用三种方式与经销商合作：

（1）密集性分销。密集性分销也称广泛性分销，是指企业选择尽可能多的中间商销售产品。其目的是扩大市场覆盖面，快速进入新市场，使消费者随时随地购买到本企业产品。密集分销适用消费品中的便利品、产业用品中的供应品分销。

（2）选择性分销。选择性分销是指企业在某一地区从所有愿意推销本企业产品的中间商中精心挑选若干最适合的中间商推销产品。其目的是树立良好企业形象，建立稳固的市场竞争地位，与中间商建立良好协作关系。选择性分销适用于所有产品销售，尤其是消费品中的选购品、特殊品。

（3）独家分销。独家分销是指企业在某一地区仅选择一个中间商推销产品。其目的是控制市场和货源，控制市场价格取得竞争优势。通常购销双方要签订合同，规定经销商不得经营竞争者产品。独家分销中间商的命运与企业紧密联结在一起，对企业和中间商各有利弊。独家分销适用于贵重、高价产品销售。

**【案例6-2】** 吉利汽车的独家分销

吉利汽车以生产经济型轿车为主，过去吉利汽车在各地的销售采取选择式分销，一个规格的汽车由许多经销商经销。为了争取顾客，相互杀价，导致恶性竞争，这样既不能保证公司营销策略的一致性，又损害了经销商的利益。从2005年开始，吉利汽车对某一规格的汽车在一个地区实行独家经销的制度，保证了价格的稳定，防止了恶性竞争的出现。

## 四、分销渠道设计

### （一）分析影响渠道选择的因素

影响渠道选择的主要因素有顾客、产品、中间商、竞争者、企业、环境等。

1. 顾客特性

分销渠道选择受顾客人数、地理分布、购买频率、购买数量、购买习惯及对促销手段敏感性等顾客特性的影响。对购买人数多、分布广泛，购买频率大，每次购买量少，喜欢随时随地购买的产品，应选择长渠道，反之则使用短渠道。

2. 产品特性

（1）产品单价高低。一般来说，产品单价低，其分销渠道就较"长、宽、多"；反之，分销渠道就"短、窄、少"。因为产品的单价低、毛利少，企业就必须大批量方能盈利。一些大众化的日用消费品，通常都经过一个以上批发商，由批发商售给零售商，最后由零售商售给消费者，而单价高的产品，一般采用短渠道。

（2）时尚性。对时尚性较强的产品（如时装），消费者的需求容易变化，要尽量选择短的分销渠道，以免错过市场时机。

（3）体积和重量。体积和重量大的产品（如大型设备），装卸和搬运困难，储运费用高，应选择较短而窄的分销渠道，最好是采用直销形式；反之，可以选择较长而宽的分销渠道，利用中间商推销。

（4）易损易腐性。如果产品容易腐蚀变质（如食品），或者容易破损（如玻璃制品），应尽量采用短渠道，保证产品使用价值，减少商品损耗。

（5）技术性。一般来说，技术性能比较高的产品，需要经常的或特殊的技术服务，生产者常常直接出售给最终用户，或者选择有能力提供较好服务的中间商经营，分销渠道通常是"短而窄"的。

（6）产品市场寿命周期。新产品试销时，许多中间商不愿经销或者不能提供相应的服务，生产企业应选择"短而窄"的分销渠道，或者代销策略，以探索市场需求，尽快打开新产品的销路。当新产品进入成长期和成熟期后，随着产品销量的增加，市场范围的扩大，竞争的加剧，分销渠道也呈"长、宽、多"的发展趋势，此时，采用经销策略也比代销更为有利。企业衰退期通常采用缩减分销渠道的策略以减少损失。

3. 中间商特性

分销渠道选择受使用中间商分销费用、商企合作的可能性及服务质量等中间商特性的影响。如果中间商愿意合作，企业支付中间商从事分销的费用少，能在运输、储存、广告宣传、吸引顾客、信用条件、送货频率等方面提供优质服务，则选择长渠道，反之则选短渠道。

4. 竞争者特性

选择分销渠道需要考虑竞争者特性，如果企业产品与竞争者产品在各方面大体相似或有竞争优势，既可以选择与竞争者产品相同或相似的分销渠道，也可以选择不同的分销渠道。无论选择与竞争者相同或不同的分销渠道，都要以企业的总体战略为出发点。名人PDA 在与商务通的渠道争夺中，就采取与商务通相似或相同的分销渠道策略，运用"开发式掠夺"的渠道再造运动，从商务通的渠道结构中掘金。

5. 企业特性

（1）企业的声誉、资金和控制渠道的能力。企业声誉高、资金雄厚，对渠道管理能力强，可以根据需要自由灵活地选择分销渠道，或长或短，或宽或窄，也可以多种渠道并用，甚至建立自己的分销系统。而一些经济实力有限的中小企业则只能依赖中间商销售产品。

（2）企业的销售能力。通常，企业具有较丰富的市场销售知识与经验，有足够的销售力量和储运与销售设施，就可自己组织产品销售，减少或不用中间商；反之，就要通过中间商推销产品。

（3）可能提供的服务。如果生产企业对其产品大做广告或愿意负担中间商的广告费用，能派出维修人员承担中间商技术培训的任务，或能提供各项售后服务，中间商自然乐意经销其产品；反之，难以取得中间商的合作。

（4）企业的产品组合。一般地说，生产企业希望销售产品批量大、次数少，而众多中小型企业进货则需求多品种、小批量，如果生产企业产品组合深度与广度大，则众多零售商可直接进货，不必经过批发环节，可以采取短而宽的分销渠道。否则，只好采取长而宽的分销渠道。

（5）企业的经济效益。每一种分销渠道都有利弊得失，企业选择时，应进行量、本、利分析，综合核算各种分销渠道的耗费和收益的大小，从而作出有利于提高企业经济效益的渠道决策。

6. 环境因素

营销环境涉及的因素极其广泛，一个国家的政治、法律、经济、人口、技术、社会文化等环境因素及其变化，都会不同程度地影响分销渠道的选择。譬如说，国家实行计划控制或专卖的产品，其分销渠道往往是长而单一的。随着市场经济的发展和经济管理体制的改革，原先实行统购销或计划收购的商品放开经营后，生产企业可以直接销售或多渠道销售。经济形势直接影响分销渠道的选择，如通货紧缩、市场疲软，企业通常会尽量缩减不必要的环节，降低流通费用，以便降低售价。国家有关法令的制定，对分销渠道也会造成影响，如反垄断法的制定与实施，会限制垄断性分销渠道的发展。科学技术引起售货方式的革新，使某些日用品能够采用短渠道分销。另外，自然资源的分布与变化、交通条件的改善、环境保护的需要，也会引起某种产品的生产与销售规模的改变，从而引起分销渠道长度与宽度的改革。诸如此类，难以胜举。从事国际营销的企业，尤其要注意研究各目标国营销环境的特点，方能制定针对性的分销渠道策略。

**（二）确定渠道目标**

1. 经济目标

分销渠道的基本经济目标就是以最小的投入获得最大的效益。

2. 控制目标

一般而言，企业拥有自己的分销渠道可以较好地控制渠道，可以依据企业的整体战略，在不同时期突出不同的重点。采用销售代理的形式，生产企业往往在控制方面显得力不从心。

3. 适应目标

企业所面临的环境是不断变化的，所以，企业的营销活动就要与环境的变化相适应。在分销渠道的设计上，不能一成不变。分销渠道的设计要本着适应环境和企业总体发展规划要求的方针，灵活应变。

4. 声誉目标

企业的声誉影响企业对分销渠道的选择，企业要精心选择中间商，对声誉差的中间商，要拒绝与其建立业务关系，同时，要适当激励在渠道建设方面对企业贡献大的中间商。

**（三）确定渠道方案**

确定渠道方案由以下四方面构成。

（1）确定渠道模式。即确定采用传统渠道还是采用现代垂直或水平渠道，采用直接分销渠道还是采用间接渠道。

（2）确定渠道成员的数量。即确定采用宽渠道还是窄渠道。如采用宽渠道，中间商数量选择上是密集分销、选择分销还是独家分销。

（3）选择中间商。在选择中间商时，生产企业必须明确该中间商的优劣特性。一般来讲，生产者要评估中间商经营时间的长短及其成长记录、市场范围、促销政策、清偿能力、合作态度和声望等。当中间商是销售代理商时，生产者还须评估其经销的其他产品大类的数量与性质、推销人员的素质与数量。当中间商打算授予某家百货公司独家分销时，则生产者尚须评估商店的位置、未来发展潜力和经常光顾的顾客类型。

（4）确定渠道成员的责任与条件。企业在决定渠道长度和宽度之后，必须明确各渠道成员参与交易的条件和应负的责任。在交易关系组合中，这种责任条件主要包括：

1）价格政策。价格政策是指企业制定的价格目录和折扣标准，要公平合理，得到中间商的认可。

2）销售条件。销售条件是指付款条件与制造商的保证，解除分销商的后顾之忧，促使其大量购买。

3）明确经销商的区域权利。

4）各方应承担的责任。通过制定相互服务和责任条款，明确各自的责任。

**（四）评估分销渠道方案**

评估分销渠道方案的标准有三个：经济性、控制性和适应性。

（1）经济性标准。首先评估每个分销渠道方案的销售额，其次是评估各种分销渠道方案实现某一销售额所需的成本费用，最后选择经济效益最好的分销渠道方案。在一般情况下，小企业及在较小市场从事营销的大企业最好利用代理商推销产品。

（2）控制性标准。使用代理商会增加分销渠道控制上的问题。因为代理商作为独立企业所关心的是自己如何能获取最大利润，所以它的一切工作都是为自己获取最大利润这个目标服务。

（3）适应性标准。由于每个分销渠道方案都会因某些固定期限的承诺而失去弹性，因此在评估分销渠道方案时，要考虑制造商应变能力，对于一个涉及长期承诺的分销渠道方案，只有在经济性和控制性都很优越的条件下才能考虑。

以上这三项标准中，经济标准最重要。因为企业追求的是利润而不是分销渠道的可控制性与适应性，所以判断一个分销渠道方案好坏的标准是其能否获取最大利润。

## 五、分销渠道管理

分销渠道建立以后，企业还必须对其进行管理，目的是加强渠道成员间的合作，调解渠道成员间的矛盾，从而提高整体的分销效率。对分销渠道的管理主要是对中间商进行管理，内容有激励与定期评估和渠道调整三个方面。

1. 激励渠道成员

为了更好地与中间商合作，制造厂商必须采取各种措施对中间商给予激励，以此来调动其经营企业产品的积极性。激励中间的方式主要有：

（1）提供促销费用。特别在新产品上市之初，制造商为了激励中间商多进货、多销售，在促销上应大力扶植中间商，包括提供广告费用、公关礼品、营销推广费用。

（2）价格扣率的运用。在制定价格时，充分考虑中间商的利益，满足中间商所提出的要求，并根据市场竞争的需要将产品价格制定在一个合理的浮动范围，主动让利于中间商。

（3）年终返利。对中间商完成销售指标后的超额部分按照一定的比例返还利益。

（4）奖励。对于销售业绩好、真诚合作的中间商成员给予奖励。奖励可以是现金，也可是实物，还可以是价格扣率的加大。

（5）陈列津贴。商品在展示和陈列期间，给予中间商经济补偿，可以用货铺底，也可给予适当的现金津贴，其目的是降低中间商经销产品的风险。

　　**【案例6-3】**　得利斯集团对中间商的激励措施

　　1997年，得利斯集团与加拿大西海洋产品开发公司合作开发海狗产品，成立了北极神山东生物工程有限公司，生产北极神海狗油产品。北极神海狗油是以海狗为原料提取的纯天然保健品。公司对北极神海狗油的销售实行"两条腿走路"的营销网络：一是由各地区经理联系签约的代理经销商，二是由总公司直接授权建立的公司。

　　由北极神销售总公司向各地区派驻业务代表（地区经理），其任务是审查、选择经销商，并负责联络、催回货款，协调工作，不得直接从事销售。各地除组织销售外，还要向总公司报送：北极神全国网点登记表、北极神全国营销人员登记表、北极神产品销售旬报表等。总公司规定：由各地区经理联系签约的代理经销商，由地区经理负责送货，各代理商直接与总公司结算。代理商享受批发价特惠，以批发价现款提货的当即返还货款的10%作为奖励。公司承担地方广告费投入。各授权公司享受出厂价，直接从总公司现款提货，并负责送达各经销商和商店。授权公司送达各经销商的价格不得超过批发价，送达商店的价格不得超过批发价的105%，总公司承担前3个月的广告费用帮助启动市场，以后广告费用由各授权公司承担。公司特别提出：北极神海狗油的全国零售价格不得突破。凡违反此规定的，经总公司查实，轻则重罚，重则取消其经销、代理资格。总公司还规定了对代理商的奖励政策：授权公司和经地区经理联系确定的地区经销商累计销售5万瓶者，奖励桑塔纳轿车一辆，累计销售10万瓶者，奖励奥迪轿车一辆，以回款额为准。

　　2. 评估渠道成员

　　对中间商销售绩效要进行及时评估，其目的是了解情况，发现问题，及时解决问题。评估标准有：销售定额完成情况、平均库存水平、促销和培训计划合作情况、货款返回状况以及对顾客提供服务等。但是在具体评估中，要考虑到它们各自所面临的不同环境变化，考虑制造商的产品线在各中间商全部产品组合中的相对重要程度。

　　评估中间商绩效方法有两种：一是将每一中间商的销售绩效与上期绩效相比，并以整个群体的升降百分比作为评价标准；二是将各个中间商绩效与该地区基于销售潜量分析所设立的配额相比较。要对分销商窜货行为进行制裁。

　　3. 调整分销渠道

　　由于消费者购买方式的改变、市场规模的扩大与缩小、产品生命周期更替和新渠道方式的出现，现行的分销渠道结构不能带来高效产出，制造商需要对现行分销渠道进行调整。制造商调整渠道的方式有三种：一是增减分销渠道成员，这属于结构性调整；二是增减分销渠道数量，这属于功能性调整；三是变动分销渠道，它也属功能性调整，但难度大。

# 任务二　选择电子产品的终端销售形式

## 一、终端销售的概念

　　所谓终端，即产品销售渠道的末端，就是产品直接到达消费者（或使用者）手中的环节，是产品到达消费者完成交易的最终端口，是商品与消费者面对面的展示和交易的场所。终端是"从商品到货币的惊心一跳"的跳板，是唯一实现"不是库存转移、而是真正销售"的场所。终端担负着承上启下的重任，所谓承上，就是上联厂家、批发商；所谓启下，就是下联消费者。通过这一端口和场所，厂家、商家将产品卖给消费者，完成最终的交易，进入实质性消费；通过这一端口，消费者买到自己需要并喜欢的产品。

终端销售是直接把商品传递到消费者手中的销售模式，商场、超市、商店、便利店、零售市场都是终端销售的场所、直销也可以算是终端销售；最终用户可以购买到商品的地方都可以叫销售终端。

## 二、电子产品终端销售的形式

零售商主要分为商店零售商、无门市零售商和零售组织三种类型。

1. 商店零售商

商店零售商也称店铺零售，是在店内从事商品与服务的零售业务。我国贸易局在1998年7月把零售业商店分为八类：百货店、超级市场、大型综合超市、便利店、仓储式商场、专业店、专卖店、购物中心。由于零售业是变化最大最快的行业，从国内外商店零售商发展趋势来看，商店零售商有以下几种类型：

（1）百货商店。它是经营日用工业品的综合性零售组织。尤其以经营服装、家具和家庭用品等为主。百货商店经营规模大、范围广，一般位于城镇交通中心和商业购物中心。由于近十几年来百货商店竞争激烈，再加上折扣商店、专用品连锁商店、仓储零售的挤压，许多城市百货商店破产或转型，一些著名的国有大型零售百货商店纷纷与同行业或跨行业企业组建企业集团，形成优势互补，壮大企业实力。如上海一百集团、上海华联集团、大连大商集团、武汉汉商集团等。

（2）专业商店。它是指专业化较高的零售店。如五金交电商店、照相器材专卖店、书店、花店等。它经营的产品线狭窄，但品种齐全。由于专用品商店目标市场定位准确，所以发展迅速。例如国美电器和苏宁电器等。

（3）方便商店。它是设在居民区附近的夫妻店，营业时间长，商品种类多是日用小百货，价格比较贵。

（4）超级市场。它是规模大、顾客多、成本低廉、薄利多销、自我服务的零售机构，主要经营各种食品和家庭日常用品。现在超级市场在中国城乡遍地开花，由于竞争激烈，毛利低，一些超市出现资金周转困难。

（5）折扣商店。它是指以较低价格销售标准件产品的商店。

（6）仓储商店。它是集仓储、批发、零售于一身，以大批量、低成本、低售价和微利多销方式经营的连锁式零售企业。

（7）产品陈列室推销店。它将产品目录推销与价格折扣合二为一，用于品种繁多、加成高、周转快、有品牌产品的销售。特别适合珠宝首饰、照相器材、皮包等产品销售。一般情况下是产品陈列室推销店散发标有每种产品定价和折扣价的彩色印刷目录小册子，吸引顾客亲自来购买，或是送货上门，但运费必须由顾客支付，现在产品陈列室推销店已成为零售业一大热门销售形式。

（8）摩尔（Mall）。摩尔就是大型购物中心，最早起源于 20 世纪 50 年代的美国，是继连锁店、专卖店、折扣店、超市之后出现的最新型零售方式。摩尔集购物、餐饮、娱乐、休闲、旅游、社交、商务功能于一体，为消费者提供一站式服务的大型综合购物休闲中心。它一般坐落在城市边缘地带，购物环境好，档次高。

2. 无门市零售商

无门市零售商是指不经过店铺销售产品的零售形式，主要有直销、直接营销、自动售货和购物服务中心四种类型。

（1）直销。直销主要是以推销人员上门推销为主的零售商，有挨门挨户推销、逐个办公室推销和举办家庭销售会等形式推销产品。直销是一种销售成本昂贵的推销方式。

（2）直接营销。它是利用一种或几种广告媒体的互相作用来销售产品的一种方式。主要形式有：电话营销、电视营销、电子营销、网络营销、售货目录营销、直接邮购营销等。

（3）自动售货。它是通过由硬件控制的自动售货机出售产品或服务。主要用于饮料、香烟、报纸、食品、书、唱片等小商品销售。银行使用的自动出纳机也属自动售货的一种。自动售货机一天 24h 营业，被安置在行人稠密的地方。但由于自动售货机需随时补货，又会遭盗窃、破坏，所以运行成本高，出售的商品价格比商店出售的产品价格高 15%～20%。

（4）购物服务公司。它是以会员制形式为某些特定顾客服务的不设店铺的零售商。

3. 零售组织

零售组织是多家零售商以联盟形式展开零售活动的机构，其成立的目的是通过加盟店的联合，大批量进货，降低进货成本，降低彼此之间的竞争激烈程度，同批发商抗衡。主要有连锁店、消费合作社、特许经营组织和销售联合大企业等形式。

（1）连锁店。连锁店是由两家以上经营同类商店组成的联合经营组织。连锁店经营规模大，实行集中采购，统一销售，店面装潢风格一致，使用相同的促销措施，因而形成规模效益，降低成本，能以低价格的优势挑战批发商。它是当今零售业中主要形式，有三种类型：团体连锁店、自愿连锁店、特许连锁。

团体连锁店是由总店拥有分店资产所有权的连锁店；自愿连锁店是由批发商企业牵头组织的独立零售商店组织；特许连锁是以一个规模较大、信誉好的零售商或品牌为核心，其他零售商店按照自愿参与、共享技术、共同开发市场和共担风险原则加入而组成的连锁店。

（2）销售联合大企业。销售联合大企业是由多个零售机构组成的企业集团。它把不同类型的商品、商店合在一起，实行统一分销和管理。

## 三、电子产品终端销售方式的选择

几种电子产品终端销售方式的利弊及应对方法见表 6-1。

表 6 - 1　　　　　　　　　　几种终端销售形式的利弊及应对方法

| 类　型 | 利　弊 | 应对方法 |
|---|---|---|
| 专业商店 | 电子产品规格齐全，但类别受限制 | 增加电子产品种类，扩大经营范围 |
| 百货商店 | 电子产品种类齐全，但规格受到限制 | 增加电子产品规格，更新电子产品，加速产品换代 |
| 超级市场 | 电子产品价格低，但电子产品规格和种类不如专业商店 | 增加电子产品规格，更新电子产品，加速产品换代 |
| 直接营销 | 信息畅通，费用低廉，但管理有待提高 | 建立和加强管理机制，提高服务质量 |
| 购物服务公司 | 电子产品种类较齐全，价格相对较低，但电子电器产品的范围有待扩大 | 沟通信息，建立大范围的成员网络 |
| 零售合作组织 | 电子产品种类齐全，经营范围广，但要加强组织内部的合作关系 | 强化组织管理，扩大经营范围 |

**【训练任务】**

任务：某品牌手机渠道策略分析

具体要求：

（1）各团队以选定的某品牌手机生产企业为背景，收集、整理该企业的销售渠道结构类型、特点、成员数量、存在问题。

（2）试分析企业应该如何合理运用不同的渠道策略为企业带来竞争优势。

（3）各团队根据以上分析，提交手机产品渠道策略分析报告，并对完善该公司的销售渠道提出建议。

**【强化练习】**

**一、选择题**

1. 市场营销渠道存在的主要原因是（　　　）。

　　A. 缩小经济规模

　　B. 生产和消费之间在时间、数量、品种、地点等方面的矛盾

　　C. 提高中间商的利润

　　D. 降低销售成本

2. 按照流通环节或层次的多少，分销渠道可分为（　　　）。

　　A. 直接渠道和间接渠道　　　　　　　　B. 长渠道和短渠道

　　C. 宽渠道和窄渠道　　　　　　　　　　D. 单渠道和多渠道

　　E. 密集型渠道和选择型渠道

3. 经纪人和代理商都属于（　　　）。

　　A. 批发商　　　　　B. 零售商　　　　　C. 供应商　　　　　D. 实体分配者

4. 下列情况中的（　　　）类属于直接营销。

　　A. 上门推销　　　　　　　　　　　　　B. 购货服务

C. 专卖店　　　　　　　　　　　　D. 邮寄和电话营销

　　5. 下列产品中的（　　　）类最不适宜长而宽的渠道。

　　A. 处于成熟期的产品　　　　　　　B. 单价低的日常用品

　　C. 技术性强使用面窄的设备　　　　D. 化妆品

**二、简答题**

　　1. 分销渠道的类型有哪些？

　　2. 简述影响渠道设计的因素。

　　3. 如何激励渠道成员？

　　4. 电子产品的终端销售形式主要有哪些类型？

**三、案例分析**

## LG 电子公司的渠道策略

　　LG 电子公司从 1994 年开始进军中国家电业，目前其产品包括彩电、空调、洗衣机、微波炉、显示器等种类。把营销渠道作为一种重要资产来经营。通过把握渠道机会、设计和管理营销渠道拥有了一个高效率、低成本的销售系统，提高了其产品的知名度、市场占有率和竞争力。

　　1. 准确进行产品市场定位和选择恰当的营销渠道

　　LG 家电产品系列、种类较齐全，其产品规格、质量主要集中在中高端。与其他国内外品牌相比，最大的优势在于其产品性价比很高，消费者能以略高于国内产品的价格购买到不逊色于国际著名品牌的产品。因此，LG 将市场定位在那些既对产品性能和质量要求较高，又对价格比较敏感的客户。LG 选择大型商场和家电连锁超市作为主要营销渠道。因为大型商场是我国家电产品销售的主渠道，具有客流量大、信誉度高的特点，便于扩大 LG 品牌的知名度。在一些市场发育程度不很高的地区，LG 则投资建立一定数量的专卖店，为其在当地市场的竞争打下良好的基础。

　　2. 正确理解营销渠道与自身的相互要求

　　LG 对渠道商的要求包括：渠道商要保持很高的忠诚度，不能因渠道反水而导致客户流失；渠道商要贯彻其经营理念、管理方式、工作方法和业务模式，以便彼此的沟通与互动；渠道商应该提供优质的售前、售中、售后服务，使 LG 品牌获得客户的认同；渠道商还应及时反馈客户对 LG 产品及潜在产品的需求反应，以便把握产品及市场走向。渠道商则希望 LG 制定合理的渠道政策，造就高质量、统一的渠道队伍，使自己从中获益；LG 还应提供持续、有针对性的培训，以便及时了解产品性能和技术的最新发展；另外，渠道商还希望得到 LG 更多方面的支持，并能够依据市场需求变化，及时对其经营行为进行有效调整。

　　3. 为渠道商提供全方位的支持和进行有效的管理

　　LG 认为企业与渠道商之间是互相依存、互利互惠的合作伙伴关系，而非仅仅是商业伙伴。所以在渠道政策和具体的措施方面，LG 都给予经销商大力支持。这些支持表现在两个方面：利润分配和经营管理。在利润分配方面，LG 给予经销商非常大的收益空间，为其制定了非常合理、详细的利润反馈机制。在经营管理方面，LG 为经销商提供全面的支持，包括信息支持、培训支持、服务支持、广告支持等。尤其具有特色的是 LG 充分利用网络对经销商提供支持。在其网站中专门设立了经销商 GLUB 频道，不仅包括 LG 全部产品的技术指示、性能特点、功能应用等方面的详尽资料，还传授一般性的企业经营管理知识和非常具体的操作方法。采用这种方式，既降低了成本又提高了效率。

渠道管理的关键在于价格政策的切实执行。为了防止不同销售区域间的窜货发生，LG 实行统一的市场价格，对渠道高进行评估时既考察销售数量更重视销售质量。同时与渠道商签订合同来明确双方的权利与义务，用制度来规范渠道商的行为。防止某些经销商为了扩大销售量、获取更多返利而低价销售，从而使经销商之间保持良性竞争和互相制衡。

4. 细化营销渠道，提高其效率

LG 依据产品的种类和特点对营销渠道进行细化，将其分为 LT 产品、空调与制冷产品、影音设备等营销渠道。这样，每个经销商所需要掌握的产品信息、市场信息范围缩小了，可以有更多的精力向深度方向发展，更好地认识产品、把握市场、了解客户，最终提高销售质量和业绩。

5. 改变营销模式，实行逆向营销

为了避免传统营销模式的弊端，真正做到以消费者为中心，LG 将营销模式由传统的"LG→总代理→二级代理商→……→用户"改变为"用户←零售商←LG＋分销商"的逆向模式。采用这种营销模式，LG 加强了对经销商特别是零售商的服务与管理，使渠道更通畅。同时中间环节大大减少，物流速度明显加快，销售成本随之降低，产品的价格也更具竞争力。

**案例问题：**

（1）从电子产品的特点评价 LG 电子公司的渠道策略。

（2）电子产品分销渠道的选择应该注意哪些问题？

# 项目七　制定电子产品市场营销组合
## ——促销策略

| 项目情境创设 | | 促销策略是市场营销组合的基本策略之一。本项目要求同学们在前期产品策划的基础上，仍以某品牌手机为典型产品，制定某品牌手机的整体促销策略，进行品牌促销 |
|---|---|---|
| 项目学习目标 | 知识目标 | 了解促销策略概念、作用以及促销组合策略；掌握四种促销方式的特点、形式与适应性 |
| | 能力目标 | 能根据实际情况制定相应的产品促销策略，应用不同的促销手段，正确地进行促销组合决策，促进产品的销售，并能正确运用常用的销售技巧 |

## 【案例导入】

日本蛇目公司是在日本乃至世界都占有重要地位的缝纫机生产厂家，而其发家之道却有非同寻常之处。1951 年，日本发生大水灾，许多家庭的缝纫机都被浸泡得面目全非。于是，日本最畅销的"蛇目"牌缝纫机公司决策机构当即下令，命各地生产及经销部门积极加班，替全日本各家庭作免费维护修理；如果人手不足，可以破例雇用临时工作人员加以支援。结果花了一个月的时间，总共修护了 840 余万台，而其中"蛇目"牌产品仅为 35％。

表面上看蛇目公司是做了一件亏本的事，其实这是一个增加消费者认识的太好时机，很容易在消费者心目中建立高层次的形象。所以，许多同行竞争者在蛇目公司"趁火打劫"的行动中，丧失了许多既有市场，也形成了今日蛇目公司独步日本乃至世界的基础。

# 任务一　选择促销方式

促销策略是市场营销组合的基本策略之一。促销策略是指企业如何通过人员推销、广告、公共关系和营业推广（销售促进）等各种促销方式，向消费者或用户传递产品信息，引起他们的注意和兴趣，激发他们的购买欲望和购买行为，以达到扩大销售的目的。

## 一、促销的概念及意义

### 1. 促销的概念

促销是指企业通过各种有效的方式向目标市场传递有关企业及其产品（品牌）的信息，以启发、推动或创造目标市场对企业产品和服务的需求，并引起购买欲望和购买行为的一系列综合性活动。因此，促销的实质是企业与目标市场之间的信息沟通，促销的目的是诱发购买行为。

2. 促销的作用

促销在企业经营中的重要性日益显现，具体来讲有以下几方面：

（1）提供信息，疏通渠道。

（2）诱导消费，扩大销售。

（3）突出特点，强化优势。

（4）提高声誉，稳定市场。

## 二、促销方式

### （一）人员推销

1. 人员推销的概念

人员推销是指企业通过派出销售人员与一个或一个以上可能成为购买者的人交谈，作口头陈述，以推销商品，促进和扩大销售。人员销售是销售人员帮助和说服购买者购买某种商品或劳务的过程。

2. 人员推销的特点

（1）人员推销可满足推销员和潜在顾客的特定需要，针对不同类型的顾客，推销员可采取不同的、有针对性的推销手段和策略。

（2）人员推销往往可在推销后立即成交。在推销现场使顾客进行购买决策，完成购买行动。

（3）推销员可直接从顾客处得到信息反馈，诸如顾客对推销员的态度、对推销品和企业的看法和要求等。

（4）人员推销可提供售后服务和追踪，及时发现并解决产品在售后和使用及消费时出现的问题。

（5）人员推销成本高，所需人力、物力、财力和时间量大。

（6）某些特殊条件和环境下人员推销不宜使用。

3. 人员推销的目的

（1）了解顾客对本企业产品信息的接收情况以及市场需求情况，确定可成为产品购买者的顾客类型。了解目标市场和顾客对企业及其产品的反应及态度，准确选择和确定潜在顾客。

（2）收集、整理、分析信息，并尽可能消除潜在顾客对产品、对推销员的疑虑，说服他们采取购买行动，成为产品真正的购买者。

（3）促使潜在顾客成为现实购买者，维持和提高顾客对企业、产品及推销员的满意程度。因此，为了进行成功的重复推销，推销员必须努力维持和不断提高顾客对企业、产品及推销员本人的满意程度。

【案例 7-1】 美国促销奇才哈利

轰动世界的美国促销奇才哈利，在他 15 岁做马戏团的童工时，就非常懂得做生意的要诀，善于吸引顾客前来光顾。有一次他在马戏团售票口处，使出浑身的力气大叫："来！来！看马戏的人，我们赠送一包顶好吃的花生米！"观众就像被磁厂吸引了一样，涌向马戏场。这些观众边吃边看，一会就觉得口干，这时哈利又适时叫卖柠檬水和各种饮料。

其实，哈利在加工这些五香花生米时，就多加了许多盐。观众越吃越干，这样他的饮料生意才兴隆。以饮料的收入去补济花生米的损失，收益甚丰。这种颇有心计而又合法的促销绝招，不动脑筋是想不出来的。

**（二）广告促销**

1. 广告促销的概念

广告促销策略是在一般营销策略的基础上，利用各种推销手段，在广告中突出消费者能在购买的商品之外得到其他利益，从而促进销售的广告方法和手段。

2. 广告促销策略的类型

广告促销策略主要包括馈赠型、直接型、示范型和集中型。

（1）馈赠型广告促销策略。大致可分为赠券广告、赠品广告、免费试用广告等。

1）赠券广告。利用报刊杂志向顾客赠送购物券。报刊登载商店赠券，赠券周围印有虚线，读者沿虚线将赠券剪下即可持券到商店购物。赠券一般优惠供应商品。赠券广告的作用可概括为三个方面：第一，薄利多销；第二，提高商店和品牌知名度；第三，赠券吸引顾客到商店来，从而带动其他商品的销售。

2）赠品广告。将富有创新意识与促销商品相关的广告小礼品，选择时机在较大范围内，赠送给消费者，从而引起轰动效应，促进商品销售。如可口可乐公司制作一种印有"Cacocala"字样小型红色手摇广告扇，选择亚运会时机，赠送给观众，顿时观众席上成了一片"Cacocala"的红色海洋，极大促进了商品销售，而每把手摇扇的成本只有 0.2 元（人民币）。

3）免费试用广告。将商品免费提供给消费者，一般让消费者在公众场合试用，以促进商品宣传。例如日本东京 PI 广告社，设计出一项新颖的试用广告，向车迷们免费出借全新名贵跑车。每辆跑车在不同部位按照所出广告费多少贴上企业的名称。车迷们在规定时间开着车子到事先指定地点亮相替企业做广告，产生了不同凡响的广告效应。

（2）直接型广告促销策略。大致可分为上门促销广告和邮递促销广告两种。

1）上门促销广告。促销人员不在大众媒体或商店做广告。而是把商品直接送到用户门口，当面向用户作产品宣传，并给用户一定的附加利益的一种促销方法。这种促销广告能及时回答顾客的问题，解除顾客的疑虑，直接推销产品。

2）邮递促销广告。促销人员在促销期间将印有"某商品折价优惠"或"请君试用"等字样，并备有图案和价目表之类的印刷品广告，通过邮局直接寄到用户家中或工作单位的一种促销方法。为了减少邮递促销广告的盲目性，企业平时要做经常性的资料收集工作，掌握用户的姓名、地址和偏好，双方保持一定形式的联系，提高用户对企业的信任感。

（3）示范型广告促销策略。大致可分为名人示范广告和现场表演示范广告。

1）名人示范广告。让社会名人替商品做广告。例如上海蓓英时装店有一天挂出两条特大号牛仔裤，打出"欢迎试穿，合身者本店免费奉赠以作纪念"的广告词，消息传出，观者如潮。当天下午两位巨人光顾，试穿结果恰好合身，老板欣然奉赠。这两位巨人并非别人，乃是我国篮坛名将穆铁柱和郑海霞。这个精心设计的名人示范广告，产生轰动效应。

2）现场表演示范广告。选择特定时间和地点，结合人们的生活习惯，突出商品的时尚功效，作公开场合示范表演。例如日本索尼公司于 1979 年开发出带立体声耳机的超小型放音机的新产品，起名为"步行者"（Walkman）。当时日本盛行散步、穿旱冰鞋锻炼等室外健身活动。为了增强宣传效果，索尼公司利用这种流行的生活习惯，特地作现场表演。公司请来模特儿，每人发一台"步行者"。模特儿头戴耳机，脚登旱冰鞋，一边愉快地听着音乐，一边悠闲地在公园里往来穿行，模特儿的现场表演给公园里的游客留下了深刻的印象。此后"步行者"销售量直线上升，起到了特殊的广告效应。

（4）集中型广告促销策略。利用大型庆典活动、赞助公益事业、展销会、订货会、文娱活动等人群集中的场合进行广告宣传，就是集中型促销广告，其广告形式多种多样。如金立手机在 2008 年 8 月 25 日，第 29 届奥运会在北京胜利闭幕，中国健儿力战群雄，一举拿下51 枚金牌，普天同庆，举国欢腾。奥运热点过后，国庆必将是政府宣传的又一个"热点"。承上启下，继往开来，"购金立手机，送冠军画卷"，这一国庆活动主题呼之欲出。

**【案例 7 - 2】**

日本大阪新电机日本桥分店，有个独特的广告妙术——每逢暴雨骤至之时，店员们马上把雨伞架放置在商店门口，每个伞架有 30 把雨伞，伞架上写着："亲爱的顾客，请自由取用，并请下次来店时带来，以利其他顾客。"未带雨伞的顾客顿时愁眉舒展，欣然取伞而去。当有人问及，如顾客不将雨伞送回怎么办？经理回答说："这些雨伞都是廉价的而且伞上都印有新电机的商标。因此，即使顾客不送也没关系，就是当作广告也是值得的。这对商店来说，是惠而不费的美事。"

**（三）营业推广促销**

1. 营业推广的概念

营业推广又称销售促进，是指企业在短期内刺激消费者或中间商对某种或某几种产品或服务产生大量购买的促销活动。

2. 营业推广的特点

营业推广是能强烈刺激需求，扩大销售的一种促销活动。与人员推销、广告和公共关系相比，营业推广是一种辅助性质的、非正规性的促销方式，虽能在短期内取得明显的效果，但不能单独使用，常常需要与其他促销方式配合使用。营业推广这种促销方式的优点在于短期效果明显。营业推广有贬低产品或品牌之意的缺点。

（1）营业推广促销效果显著。在开展营业推广活动中，可选用的方式多种多样。一般说来，只要能选择合理的营业推广方式，就会很快地收到明显的增销效果，而不像广告和公共关系那样需要一个较长的时期才能见效。因此，营业推广适合在一定时期、一定任务的短期性的促销活动中使用。

（2）营业推广是一种辅助性促销方式。人员推销、广告和公关都是常规性的促销方式，而多数营业推广方式则是非正规性和非经常性的，只能是它们的补充方式。即使用营业推广方式开展促销活动，虽能在短期内取得明显的效果，但它一般不能单独使用，常常配合其他促销方式使用。营业推广方式的运用能使与其配合的促销方式更好地发挥作用。

（3）营业推广有贬低产品之意。采用营业推广方式促销，似乎迫使顾客产生"机会难得、时不再来"之感，进而能打破消费者需求动机的衰变和购买行为的惰性。不过，营业推广的一些做法也常使顾客认为卖者有急于抛售的意图。若频繁使用或使用不当，往往会引起顾客对产品质量、价格产生怀疑。因此，企业在开展营业推广活动时，要注意选择恰当的方式和时机。

3. 营业推广的作用

（1）可以吸引消费者购买。这是营业推广的首要目的，尤其是在推出新产品或吸引新顾客方面，由于营业推广的刺激比较强，较易吸引顾客的注意力，使顾客在了解产品的基础上采取购买行为，也可能使顾客追求某些方面的优惠而使用产品。

（2）可以奖励品牌忠实者。因为营业推广的很多手段，譬如销售奖励、赠券等通常都附带价格上的让步，其直接受惠者大多是经常使用本品牌产品的顾客，从而使他们更乐于购买和使用本企业产品，以巩固企业的市场占有率。

（3）可以实现企业营销目标。这是企业的最终目的。营业推广实际上是企业让利于购买者，它可以使广告宣传的效果得到有力的增强，破坏消费者对其他企业产品的品牌忠实度，从而达到本企业产品销售的目的。

4. 营业推广的种类和具体形式

（1）针对消费者的营业推广形式：

1）赠送促销。向消费者赠送样品或试用品，赠送样品是介绍新产品最有效的方法，缺点是费用高。样品可以选择在商店或闹市区散发，或在其他产品中附送，也可以公开广告赠送，或入户派送。

2）折价券。在购买某种商品时，持券可以免付一定金额的钱。折价券可以通过广告或直邮的方式发送。

3）包装促销。以较优惠的价格提供组合包装和搭配包装的产品。

4）抽奖促销。顾客购买一定的产品之后可获得抽奖券，凭券进行抽奖获得奖品或奖金，抽奖可以有各种形式。

5）现场演示。企业派促销员在销售现场演示本企业的产品，向消费者介绍产品的特点、用途和使用方法等。

6）联合推广。企业与零售商联合促销，将一些能显示企业优势和特征的产品在商场集中陈列，边展销边销售。

7）参与促销。通过消费者参与各种促销活动，如技能竞赛、知识比赛等活动，能获取企业的奖励。

8）会议促销。各类展销会、博览会、业务洽谈会期间的各种现场产品介绍、推广和销售活动。

（2）针对中间商的营业推广方式：

1）折扣鼓励。企业为争取批发商或零售商多购进自己的产品，在某一时期内给经销本企业产品的批发商或零售商加大回扣比例。

2）经销津贴。企业为促使中间商购进企业产品并帮助企业推销产品，可以支付给中间商一定的推广津贴。

3）宣传补贴。

4）陈列补贴。生产商对零售商专柜的装潢予以资助，提供POP广告，以强化零售网络，促使销售额增加。

5）销售竞赛。根据各个中间商销售本企业产品的实绩，分别给优胜者以不同的奖励，如现金奖、实物奖、免费旅游、度假奖等，以起到激励的作用。

6）展览会。

（3）针对销售人员的营业推广形式：

1）销售奖金。

2）培训进修。

3）会议交流。

4）旅游度假。

5. 营业推广设计

（1）确定推广目标。营业推广目标的确定，就是要明确推广的对象是谁，要达到的目的是什么。只有知道推广的对象是谁，才能有针对性地制定具体的推广方案，例如：是为达到培育忠诚度的目的，还是鼓励大批量购买为目的？

（2）选择推广工具。营业推广的方式方法很多，但如果使用不当，则适得其反。因此，选择合适的推广工具是取得营业推广效果的关键因素。企业一般要根据目标对象的接受习惯和产品特点、目标市场状况等来综合分析选择推广工具。

（3）推广的配合安排。营业推广要与营销沟通其他方式如广告、人员销售等整合起来，相互配合，共同使用，从而形成营销推广期间的更大声势，取得单项推广活动达不到的效果。

（4）确定推广时机。营业推广的市场时机选择很重要，如季节性产品、节日、礼仪产品，必须在季前节前做营业推广，否则就会错过了时机。

（5）确定推广期限。即营业推广活动持续时间的长短。推广期限要恰当，过长，则消费者新鲜感丧失，产生不信任感；过短，则一些消费者还来不及接受营业推广的实惠。

【案例 7 - 3】 利用消费者来进行推销

东南亚某国斯塔丽公司，独家推销法国莱沙蒂的美发用品、如洗发香波、护发素、定型水、亮发摩丝、特效发乳等等。但斯塔丽公司并不是把所代理的美发用品推销给各大百货公司的化妆品柜台，也不是推销给各间超市，再由他们出售给消费者，而是把消费者对象定位为理发店。斯塔丽公司的推销信条是，一定要使本公司推销的美发用品受到理发店的欢迎和好评。因而，斯塔丽公司的推销人员不断地进出各大小理发店，就莱沙蒂美发用品的优点与特点进行说明，并使相当数量的理发店开始使用。而理发店一旦确定使用这一品牌的美发用品后，到理发店的顾客也就随之成为这种美发用品的消费者。同时，由于这种美发用品是理发师所选用的，无形之中，使莱沙蒂公司的品牌有了特殊的吸引力，使消费者感到这种美发用品比起其他商店能够随便买到的同类用品更具魅力，进而对这一品牌产生了好感，大大扩大了知名度。

斯塔丽公司通过把消费者定位在理发店，让消费者通过消费本身来进行有效地推销证明，取得了很大的成功。尽管成效显著，但斯塔丽公司所经销的莱沙蒂美发用品从不随意通过那些一般的渠道销售。他们仍然只通过理发店在为顾客进行理发的同时，顺带销售这类美发用品，让具有亲身感受的消费者去吸引更多的消费者。

**（四）公共关系促销**

1. 公共关系促销概念

公共关系促销并不是推销某个具体的产品，而是利用公共关系，把企业的经营目标、经营理念、政策措施等传递给社会公众，使公众对企业有充分了解；对内协调各部门的关系，对外密切企业与公众的关系，扩大企业的知名度、信誉度、美誉度。为企业营造一个和谐、亲善、友好的营销环境，从而间接地促进产品销售。

2. 公共关系促销方式

（1）内部刊物。这是企业内部公关的主要内容。企业各种信息载体是管理者和员工的舆论阵地，是沟通信息、凝聚人心的重要工具，如海尔集团的《海尔人》就起到了这样的作用。

（2）发布新闻。由公关人员将企业的重大活动、重要的政策以及各种新奇、创新的思路编写成新闻稿，借助媒体或其他宣传手段传播出去，帮助企业树立形象。

（3）举办记者招待会。邀请新闻记者，发布企业信息。通过记者的笔传播企业重要的政策和产品信息，传播广，信誉好，可引起公众的注意。

（4）设计公众活动。通过各类捐助、赞助活动，努力展示企业关爱社会的责任感，树立企业美好的形象。

（5）企业庆典活动。营造热烈、祥和的气氛，显现企业蒸蒸日上的风貌，以树立公众对企业的信心和偏爱。

（6）制造新闻事件。制造新闻事件能起到轰动的效应，常常引起社会公众的强烈反响，如海尔张瑞敏刚入主海尔时的"砸冰箱"事件，至今人们谈及，还记忆犹新。

（7）散发宣传材料。公关部门要为企业设计精美的宣传册或画片、资料等，这些资料在适当的时机，向相关公众发放，可以增进公众对企业的认知和了解，从而扩大企业的影响。

3. 公共关系促销设计

（1）公关活动目标。制定公关促销方案，首先要明确公共关系活动的目标。公关活动的目标应与企业的整体目标相一致，并尽可能具体，同时要分清主次轻重。

（2）公关活动对象。在本次促销活动中，确定公共关系的对象，即本次公关活动中所针对的目标公众。

（3）公关活动项目。即采用什么方式来进行公关活动，如举行记者招待会，组织企业纪念活动和庆祝活动，参加社会公益活动等。

（4）公关活动预算。在制定活动方案时，还要考虑公共关系活动的费用预算，使其活动效果能够取得最大化。

4. 公共关系促销步骤

公关的主要职能是信息采集、传播沟通、咨询建议、协调引导，作为一个完整的工作过程，应该包括以下四个衔接的步骤：

（1）市场调查研究。市场调查研究是作好公关工作的基础。企业公关工作要做到有的放矢，应先了解与企业实施的政策有关的公众意见和反映。公关要把企业领导层的意图告诉公众，也要把公众的意见和要求反映到领导层。因此，公关部门必须收集、整理、提供信息交流所必需的各种材料。

（2）确定公关目标。在调查分析的基础上明确了问题的重要性和紧迫性，进而根据企业总目标的要求和各方面的情况确定具体的公关目标。一般来说，企业公关的直接目标是促成企业与公众的相互理解，影响和改变公众的态度和行为，建立良好的企业形象。公关工作是围绕着信息的提供和分享而展开的，因而具体的公关目标又分为传播信息、转变态度和唤起需求。企业不同时期的公关目标应综合公众对企业理解、信赖的实际状况，分别确定以传递公众急切想了解的情况，改变公众的态度或是以唤起需求、引起购买行为为重点。

（3）信息交流。公关工作是以说服力的传播去影响公众，因而公众工作过程也是信息交流的过程。企业面对广大的社会公众，与小生产条件下简单的人际关系大相径庭。必须学会运用大众传播媒介及其他交流信息的方式，从而达到良好的公关效果。

（4）公关效果评估。企业应对公关活动是否实现了既定目标进行评价。公关工作的成效可从定性和定量两方面评价。信息传播可以强化或转变受传者固有的观念和态度，但人们对信息的接受、理解和记忆都具有选择性。传播成效的取得，是一个潜移默化的过程，在一定时期内很难用统计数据衡量。有些公关活动的成效，可以进行数量统计，如理解程度、抱怨者数量、传媒宣传次数、赞助活动等。评价结果的目的在于为今后公关工作提供资料和经验，也可向企业领导层提供咨询。

【案例 7-4】 红牛：面对"走私进口红牛"的危机公关

红牛功能饮料源于泰国，至今已有 36 年的营销历史，产品销往全球 50 多个国家与地区，凭借着强劲的实力和信誉，"红牛"创造了非凡的业绩，成为世界销量第一的功能饮料，在全球年销量达 10 亿美元。1995 年 12 月，"红牛"凭着对中国市场发展的信心和全球战略眼光来到中国，成立了中国红牛维他命饮料有限公司。中国红牛公司在全国各地建立了 20 多个分公司，10 多个代表处和 30 多个办事处。红牛公司在国内拥有北京和海南两个现代化生产基地，供应全国市场。

凭借"功能饮料市场先入者"的优势地位，"红牛"取得了令人瞩目的销售业绩，但其在中国的发展历程也并非一帆风顺。2003 年 8 月，海南检验检疫局在对进口红牛饮料的检验过程中，发现该批饮料没有中文标签，咖啡因含量超过我国标准，并且尚未取得我国标签审核证书。随后，国家质检总局发出通知，要求各地检验检疫局对辖区内市场上销售的进口红牛饮料进行检查。南宁一家报纸媒体对此事件进行了不准确的报道，在报道中称"进口红牛被查"。随后该消息被几家网站转载，在社会公众中产生了不小的反响。一时间，红牛饮料咖啡因含量超标的传言甚嚣尘上。在报纸和网站的报道中，并没有指出被查的红牛属于"走私进口"的非法产品，与中国红牛饮料公司生产的产品并无关联，而且报道的主要问题集中在咖啡因超标上面。其实，国家质检总局查处"进口走私红牛"并不仅仅是因为其咖啡因超标，更重要的是因为它属于走私进口的非法产品，没有经过任何部门的检验，严重干扰了正常的市场秩序，与我国严厉打击走私的法规相违背。在我国销售的红牛饮料有进口和国产之分，其中国产红牛饮料是红牛维他命饮料有限公司在海南和北京设立的两个工厂的产品。由于新闻报道并没有将两个"红牛"加以区分，消费者对两个"红牛"的概念产生了混淆，对正品"红牛"的品质和安全性也发生了质疑。

其实早在媒体报道之前，红牛公司已经知道了"走私进口红牛"的存在及其危害性。根据医学专家介绍，违规进口的"红牛饮料"与酒混合饮用会引起脱水现象发生，并且损害心脏和肾功能。同时功能饮料中的咖啡因会增加心脏的负担，过量服用会产生心慌、烦躁的现象，严重时可能导致死亡。"走私进口红牛"事件缘于 2003 年夏天过后，在广西、云南、海南等几个边境和沿海城市，有不法分子在销售从非法渠道走私进口的红牛饮料。中国红牛饮料公司也一直在配合当地执法部门查处这些无中文标识的走私产品。但红牛公司对事件的严重性明显估计不足，它认为事件只是集中于少数几个地区，而且走私进口的红牛数量也很少，不会引起媒体的关注。因为媒体对"走私进口红牛"事件的不准确报道，红牛公司被推到了舆论的风口浪尖。它意识到自己起初对事件的严重性估计不足，必须实施有效手段，开展危机公关。

当"被查事件"发生后，红牛维他命饮料公司品牌策划管理部部长连续接到两个电话，询问进口红牛被查事件。根据这一线索，红牛公司马上查找信息来源，及时向总经理汇报，并与负责质检、工商、法律、条法等部门紧急沟通。弄清事情真相后当日，红牛公司召集条法部、客户服务部和品牌部等相关人员召开紧急会议，一致认为必须向公众澄清事件，并消除由此可能带来的负面影响。会议对危机处理的各项事务作了详细安排并指定相关责任人。红牛公司的迅速反应为自己争取到了时间和主动权。

红牛公司决定首先扭转媒体的舆论导向。它立即同国内刊登该新闻的一些网站取得了联系，向其说明事情真相，然后动用公关手段，促使有关网站删除所转载的不准确的新闻，代之以红牛公司法律顾问的"严正声明"，并附以红牛公司质量承诺宣言和获得国家相关认证证书的列表。红牛公司的果断举措，既防止了媒体可能存在的"恶炒"，又重新在消费者中树立了公司产品的信誉。

红牛公司起草了一份用于报纸的新闻通稿，于当晚向全国一些主要媒体以传真形式发出。同时，该公司又针对全国约 50 家主要媒体做了一个广告投放计划，在每家媒体上做半个版面的广告，广告于当晚连夜设计出来。广告的内容是向消费者说明和承诺红牛的品质没有问题，红牛的品牌绝对值得信任。

在与媒体联络沟通的同时，红牛公司通知全国 30 多个分公司和办事处，要求他们向当地的经销商逐一说明事情真相。红牛公司将自己的声明传真给每个经销商，让经销商先期有了知情权，使经销商得到尊重，并加强对中国红牛的信赖，坚定经销商的信心。与品牌策划部同时工作的还有条法部，它们主要负责同各地的质检、工商等部门沟通，以说明情况，消除影响。

红牛公司的危机公关取得了很大的收效。大量的媒体报道和沟通措施使消费者逐渐澄清了误解，重新树立了对红牛品牌的信任。危机事件的发生对企业的负面影响是不可避免的，但企业该做的就是最大限度地降低危机的影响程度。红牛公司面对"走私进口红牛"危机临阵不慌，公关措施"快、准、狠"，避免了危机的进一步扩大。

## 任务二　推销人员的培训及常用技巧

销售的工作就是去满足客户的需求，并艺术性地让客户认同和接受我们的工作。要成功地做到这一点，销售人员必须充分了解自身的产品和服务，并具备优良的销售技巧。

## 一、培训目的

### 1. 提升业绩

销售培训的目标是通过提高销售人员的个人绩效来达成企业的销售业绩，企业的销售培训工作要始终以企业的业务发展和企业赢利为目的，要强调培训的目的性，要注重研究现状和需求，眼睛盯着业绩和发展，把注意力放到可以通过培训解决的问题上。要明确划分培训的种类和层次，研究不同培训对象的特点和特殊需求，在内容和方法的选择上做到恰如其分。这是培训取得成功的前提。

### 2. 培训要素

员工在工作中的绩效取决于员工的态度、知识、技巧这三个因素。如果员工在这三个方面得到提高，就会大大地提高工作的绩效，这正是许多企业培训员工的目的。但态度、知识、技巧是三个不同的范畴，需要用不同的方法改善。

## 二、销售人员必备的素质

销售工作不同于其他任何工作。若要在销售工作中取得成功，并成为一名职业的销售大师，必须具有以下关键素质：

（1）积极的态度。

（2）自信心。

（3）自我能动性，忍耐性。

（4）勤奋，明确任务并设定目标。

（5）相信角色扮演的重要性。

（6）建立良好的第一印象。

（7）良好的沟通能力。

（8）善于抓住顾客的需求的洞察力。

（9）亲和力、执行力强。

（10）团队意识强。

（11）积极乐观。

（12）对产品信息知识的学习力。

## 三、销售人员必备的能力

（1）适应能力。从企业的内部环境来说，销售人员首先要能够适应公司的企业文化、运营理念、营销方针、人文环境等。从企业的外部环境来讲，营销人员还应能适应市场的需要、经销商的发展需求、当地的风土人情等。销售人员只有适应了营销职业、营销生活、企业的内外部环境，才能更好地给自己准确定位，找到适合自己发展的方向之所在。

（2）学习能力。销售人员要更快地成长，就必须具备学习的能力。包括学习国家的方针政策、相关的经济法规、国家的宏观、微观经济政策，从"战略"方面武装自己。更要学习经营管理学、营销学、心理学、公关学等知识，完善自己的知识结构，达到从专才、通才到复合型人才的转变。

（3）领悟能力。任何一个具有一定市场营销实战经验的人，都知道"悟性"的重要性。优秀的销售人员能够洞察机会，分析问题，从而利用机会，为销量"锦上添花"；或是把问题变成提升销量的机会。有的销售人员面对问题不知所措，让机会从身边白白溜走。

（4）应变能力。时代和市场永远在变，销售人员的思路和方法必须跟着变。

（5）创新能力。市场形势千变万化，而营销模式却日趋雷同，销售人员要想在市场上立于不败之地，就必须具有创新能力，使自己的产品、渠道、思路、策略等能够个性张扬，脱颖而出。

（6）专业能力。销售人员要具备专业能力，如掌握产品知识、销售技巧、消费心理、促销策略、经销商管理、渠道管理、终端管理、市场运作、谈判等方面的知识和能力才能面对市场挑战，应对自如。

（7）洞察能力。只要你能准确地把握客户的心理，其实是条条大道通罗马。

（8）沟通能力。成功始于合作，合作始于信任，信任始于理解，理解始于沟通。

（9）抗逆能力。在销售的道路上，从来没有平坦的大道可走。在困难与压力面前，有的人选择逃避，有的人选择应战。你的前途取决于面对困难与压力时你所做的选择。

（10）总结能力。通过 7 年时间从一名业务新手成长为年销售额达 7 亿元的分公司销售经理的南风集团华北区经理李勇刚说，销售人员分为两种类型：做的和不做的；做的销售人员又分为两种：认真做的和应付地做的；认真做的销售人员又分为两种：做后总结的和做后没有总结的。最后，世界上的销售人员就有了成功和失败之分，前一类成功了，后一类失败了。

## 四、销售技巧

兵无常式，水无常态，战无常法。为什么有的业务员成功率高，有的成功率低？是他们的能力不够，还是客户不容易对付？都不是！是方法问题，是技巧的应用问题。

1. 与客户见面的技巧

与客户的第一次见面在一笔交易中显得尤为重要。"好的开始等于成功了一半！"

（1）见面前，知己知彼。首先要对即将见面的客户进行一定的了解，通过同事、其他客户、其他厂家业务员、上司、该客户的下游或上游客户等途径来初步了解该客户。

（2）将见面的目的和即将谈到的内容写出来，并进行思考与语言组织。

（3）着装整洁、卫生、得体，有精神。

（4）自我介绍的第一句话不能太长。如：有的业务员上门就介绍："我是××有限公司的××分公司的业务员××"。这句话太长，客户一听就感觉不爽，怎么听了一大串，还是不知道你的情况。通常的介绍是："您好！我是××厂的。"客户看你了，再说："我是××，是××分公司业务员。"

（5）说明来意时，要学会假借一些指令或赞美来引起客户的注意。如，你可以说："是××经理派我过来的，……"你可以说："经过××客户介绍的，我专程过来拜访拜访您。"你可以说："是××厂家业务员说你生意做得好，我今天到此专门拜访您，取取经！"

这样客户不容易回绝，同时又明白你对他或者对市场已有所了解，不是新来的什么都不知道，他会积极配合你，马上会吩咐人给你沏茶。

【案例7-5】 与众不同的推销语言

有个人十年来始终开着一辆车，未曾换过。有许多汽车推销员跟他接触过，劝他换辆新车。甲推销员说："你这种老爷车很容易发生车祸。"乙推销员说："像这种老爷车，修理费相当可观"这些话触怒了他，他固执地拒绝了。有一天，有个中年推销员到他家拜访，对他说："我看你那辆车子还可以用半年；现在若要换辆新的，真有点可惜！"事实上，他心中早就想换辆新车，经推销员这么一说，遂决定实现这个心愿，次日他就向这位与众不同的推销员购买了一辆崭新的汽车。

2．交换名片的技巧

名片是交换，是换来的。因此在与客户见面的时候要注意"交换名片"，换名片而不是单方面的给名片、塞名片。

见面时不要过早拿出自己的名片，在说明来意，自我介绍完成后，观察客户反映作出交换名片的决策。

如：客户一下子忘记了你的姓名，你可以说："××经理，我们第一次见面，与您交换一张名片。"客户不好意思拒绝与你交换名片。

在拜访完成时，提出"××经理，与您交换一张名片，以后多联系。"避免向客户说："可以给我一张您的名片吗？"以免遭到拒绝而引起尴尬。

3．在融洽的气氛中交谈技巧

缺乏想象力的业务员在和顾客见面后，往往急于进入销售状态。他们会迫不及待地向顾客介绍自己的产品。常见现象是，一见面就问"要不要"、"买不买？"要知道大多数人对销售是很反感的，所以你不要让顾客一开始就把你当作业务员。

我们要学会营造气氛，有三种方法：

（1）美国式：时时赞美。

（2）英国式：聊聊家常。

（3）中国式：吃顿便饭。

成功的业务员往往先谈客户及顾客感兴趣的问题及嗜好，以便营造一种良好的交谈气氛。这种融洽的氛围一旦建立，你的销售工作往往会取得意想不到的进展。同时，你的一切言谈举止不可露出虚伪的迹象，对方一旦感觉到你的谈话没有诚意，而是一般假惺惺的空谈，你的努力都将白费。前功尽弃是对你虚伪的惩罚！其实，只要你真诚地、关切地和对方谈论他关心的问题，接下来的会谈、销售、付款便是非常自然、非常顺利的事了。

【案例7-6】 推销中的感情战术

有个出售办公用品的推销员，他把感情战术使用到了科学高度。上门推销时，他在衬衣口袋里装一只跑表。这位善于揣摸顾客心理的推销员，实际上从一进门就没有停止说话。当觉得将失掉这次推销机会时，他就站起来走向顾客，表面上是说再见，实际上眼睛向下看着地，情绪低落，在拖时间的握手中又停下来。由于他们离得很近，默默无语，这位预期的顾客此时就能听到微弱的滴答声，他会问道："这是什么声音？"

推销员假装吃惊，然后轻轻拍着心窝道，"噢，这是我的心脏起搏器，对啦，麻烦你给我来杯水吧。"据说他总能要得到的，并且随后也能达成交易。提供这个故事的，就是一个上过这种感情战术当的人。正如他所说："没有等我悟出'起搏器'的奥秘，已推销给我一个孔机、一只订书机和一个计算器了。"

4. 产品介绍技巧

根据销售对象，确定介绍的侧重点，也就是按照客户、用户的利益关注点来介绍产品。

（1）向经销商介绍产品。

关键点：该产品怎么实现客户多赚钱？怎样长久地赚钱？

所以通常在向经销商介绍产品时，先简单告诉产品是干什么用的，主要的用户或者消费群是什么。接着就要介绍这种产品在流通过程中可获得的利润水平怎么样。再接着围绕流通环节的几价差展开说明。最后再来介绍一些售后服务方面的事项。

实际销售过程中，很多人不敢见经销商，还没有向经销商介绍完产品，就被赶出来。主要就是没有把握这个关键点。有的业务员一上来就向经销商报价，一听"这么贵，卖不出去！"马上陷入了僵局，不知道怎么往下说了。其实你按照以上的关键点思路可以这么说："价格贵不影响我们做生意，只要您可以获得一定的价差，还是可以卖出去的。"你还可以接着说："××老板这里也有一些价格较高的产品，不也卖得很好吗？我们关注的是销量，你关注的是价差。""我借你渠道，你借我产品，大家共赚钱嘛！"

（2）向用户介绍产品。

关键点：使用该产品能给他带来什么好处？哪些好处又是您现在正需要的？

向用户介绍产品的一般步骤：先介绍某类产品的功能，再介绍本产品的特点，接着将本产品特点与消费者关注的利益点联系起来，最后解答一些技术问题与售后服务问题。在向用户介绍产品中，最难的是判断用户的关注点或利益点。

一个好的业务员应该利用"望、闻、问、切"来向用户和消费者销售产品。

望：观察客户，一眼识别客户的层次、素质、需求、喜好等。

闻：听客户的叙述，必须给客户表白的时间，耐心地听，高质量地听，客户没有耐心为你多讲几遍，重要的地方反复强调，有些时候客户甚至会自然不自然的隐藏他的真实需求，这就更需要闻的艺术。

问：客户只知道他目前需要购买东西解决问题，却不知买什么与怎样做，这就需业务员担当策划师的角色，为他提供全面、准确、最适合的策划方案，如何做好这个策划，就需要多了解客户需求，不然，只能提供最好的，却不一定能提供最适合的。

切：实际考察客户的状况，从真实中了解。客户的表白、回答都不一定是正确的，适当的时候，业务员需要实地考察客户的状况，比如装修，可能就需上门观察后再为其定装修方案。

5. 不要给对方说"不"技巧

有些销售新手常不知道怎样开口说话，好不容易敲开顾客的门，硬邦邦地说："请问你对××产品感兴趣吗？""你买不买××商品？"等等，得到的回答显然是一句很简短的"不"或"不要"。然后又懵不上腔了。

那么到底有没有让对方不说"不"的办法呢？

美国有种科学催眠术，就是在开始时，首先提出一些让对方不得不回答"是"的问题，这样多次回答就可以在真正催眠时，使客户形成想回答"是"的心理状态。

业务员的开场白也是一样。首先提出一些接近事实的问题，让对方不得不回答"是"。这是一种与顾客接触的最佳方法，非常有利于销售成功。

"销售出容易被别人接受的话题，是说服别人的基本方法！"

所以对陌生的顾客，最好先谈一些商品以外的问题，谈得投机了，再进入正题，这样让人容易接受。

还有一种简单的方法是时时赞美顾客，如观念、精力、成绩……让顾客有一种满足感、成就感，逐步达到催眠的效果。

**【案例 7-7】**

在美国零售业中，有一家很有知名度的商店，它就是彭奈创设的"基督教商店"。彭奈常说，一个一次订十万元货品的顾客和一个买一元沙拉酱的顾客，虽然在金额上相去甚远，他们对店主的期望却是一样，那就是希望货品"货真价实"。彭奈对"货真价实"的解释并不是"物美价廉"，而是什么价钱买什么货。彭奈的第一个零售店开业不久，有一天，一个中年男子来店里买搅蛋器。

店员问："先生，你是想要好一点的，还是要次一点的？"

那位男子听了有些不高兴："当然是要好的，不好的东西谁要？"

店员就把"多佛牌"搅蛋器拿出来给他看。

男子问："这是最好的吗？""是的，而且是牌子最老的。"

"多少钱？""120 元。"

"什么？为什么这么贵？我听说最好的才几十元。"

"几十元的我们也有，但那不是最好的。"

"可是，也不至于差这么多钱呀！"

"差得并不多，还有十几元钱一个的呢。"

男子听了店员的话，马上面现不悦之色，想立即掉头离去。彭奈急忙赶了过去，对男子说："先生，你想买搅蛋器是不是，我来介绍一种好产品给你。"男子仿佛又有了兴趣，问："什么样的？"彭奈拿出另外一种牌子的搅蛋器，说："就是这一种，请你看一看，式样还不错吧？"

"多少钱？"

"54 元。"

"照你店员刚才的说法，这不是最好的，我不要。"

"我的这位店员刚才没有说清楚，搅蛋器有好几种牌子，每种牌子都有最好的货色，我刚拿出的这一种，是同牌中最好的。"

"可是，为什么'多佛牌'的差那么多钱呢？"

"这是制造成本的关系。每种品牌的机器构造不一样，所用的材料也不同，所以在价格上会有出入。至于'多佛牌'的价钱高，有两个原因：一是它的牌子信誉好，二是它的容量大，适合做糕饼生意用。"彭奈耐心地说。

男子脸色缓和了很多："噢，原来是这样的。"

彭奈又说："其实，有很多人喜欢用这种新牌子的，就拿我来说吧，我就是用的这种牌子，性能并不怎么差。而且它有个最大的优点，体积小，用起来方便，一般家庭最适合。府上有多少人？"

男子回答："5个。"

"那再合适不过了，我看你就拿这个回去用吧，担保不会让你失望。"

彭奈送走顾客，回来对他的店员说："你知道不知道你今天错在什么地方？"

那位店员愣愣地站在那里，显然不知道自己错在哪里。

"你错在太强调'最好'这个观念。"彭奈笑着说。

"可是，"店员说，"您经常告诫我们，要对顾客诚实，我的话并没有错呀！"

"你是没有错，只是缺乏技巧。我的生意做成了，难道我对顾客有不诚实的地方吗？"店员默不作声，显然心中并不怎么服气。

"我说它是同一牌子中最好的，对不对？"店员点点头。

"既然我没有欺骗顾客，又能把东西卖出去，你认为关键在什么地方？"

"说话的技巧。"彭奈摇摇头，说："你只说对一半，主要是我摸清了他的心理，他一进门就说要最好的，对不？这表示他优越感很强，可是一听价钱太贵，他不肯承认他舍不得买，自然会把不是推到我们头上，这是一般顾客的通病。假如你想做成这笔生意，一定要变换一种方式，在不损伤他的优越感的情形下，使他买一种比较便宜的货。"店员听得心服口服。

## 【训练任务】

任务：某品牌手机促销策略分析

具体要求：

（1）各团队以选定的某品牌手机产品，提交一份完整的促销策划方案。

（2）各团队进行课堂现场模拟手机促销，各团队分别选择一种方式进行该手机产品促销。

## 【强化练习】

**一、多项选择题**（下列各小题中正确的答案不少于两个，请准确选出全部正确答案）

1. 促销的具体方式包括（　　　）。

  A. 市场细分   B. 人员推销   C. 广告   D. 公共关系

  E. 营业推广

2. 促销策略从总的指导思想上可分为（　　　）。

  A. 组合策略   B. 单一策略   C. 推式策略   D. 拉式策略

  E. 综合策略

3. 促销组合和促销策略的制定其影响因素较多，主要应考虑的因素有（　　　）。

  A. 消费者状况  B. 促销目标   C. 产品因素   D. 市场条件

  E. 促销预算

4. 在人员推销活动中的三个基本要素为（　　　）。

  A. 需求    B. 购买力   C. 推销人员   D. 推销对象

E. 推销品

5. 推销人员一般应具备（　　）素质。

    A. 态度热忱，勇于进取　　　　　　　　B. 求知欲强，知识广博

    C. 文明礼貌，善于表达　　　　　　　　D. 富于应变，技巧娴熟

    E. 了解企业、市场和产品知识

6. 推销员应具备的知识有（　　）。

    A. 企业知识　　　　B. 产品知识　　　　C. 市场知识　　　　D. 心理学知识

    E. 生活知识

7. 人员推销的基本形式包括（　　）。

    A. 上门推销　　　　B. 柜台推销　　　　C. 会议推销　　　　D. 洽谈推销

    E. 约见推销

8. 广告最常用的媒体包括（　　）。

    A. 报纸　　　　　　B. 杂志　　　　　　C. 广播　　　　　　D. 电影

    E. 电视

9. 公共关系的活动方式可分为（　　）。

    A. 宣传性公关　　　B. 征询性公关　　　C. 交际性公关　　　D. 服务性公关

    E. 社会性公关

10. 常用的推销人员绩效考核指标有（　　）。

    A. 销售量与毛利　　　　　　　　　　　B. 访问率和访问成功率

    C. 销售费用及费用率　　　　　　　　　D. 订单数目

    E. 新客户数目

**二、案例分析**

1. 如果论知名度和名气，上海牌电视机机器生产企业上海广播器材厂，在国内是颇享盛名的。国产第一台黑白电视机、彩色电视机均是在这里生产的。这里可谓中国电视工业的摇篮。如此厂史再凭近年来开发的门类齐全的电视机新品的强大"阵容"，也值得庆贺宣传一番。然而这家工厂盛名之下，却不倚功自诩，而是别开生面的举行"揭短会"，邀请对该厂产品有意见的用户来"挑刺找骨头"。这一扬家丑之举，不仅没有损及企业形象，相反通过自我"曝光"赢得了用户信任感，体现了大将风度，并且从另一个角度提高了企业知名度和美誉度。

**案例问题**：结合本例，谈谈企业"扬丑""揭短"为什么能建立信誉、提高企业知名度和美誉度？

2. 结合〔案例 7-3〕，回答以下问题：

（1）你对斯塔丽公司的推销说明有何评价？

（2）当莱沙蒂品牌打响后，斯塔丽公司为何仍然把推销重点定位在理发店？谈谈你对这一做法的看法。

（3）"消费者本身也具有推销能力"，这句话对吗？是什么原因？

（4）斯塔丽公司采用了哪种推销模式？

# 附录

# 一、中华人民共和国合同法

（1999 年 3 月 15 日第九届全国人民代表大会第二次会议通过
1999 年 3 月 15 日中华人民共和国主席令第十五号公布
自 1999 年 10 月 1 日起施行）

## 总　　则

### 第一章　一　般　规　定

**第一条**　为了保护合同当事人的合法权益，维护社会经济秩序，促进社会主义现代化建设，制定本法。

**第二条**　本法所称合同是平等主体的自然人、法人、其他组织之间设立、变更、终止民事权利义务关系的协议。

婚姻、收养、监护等有关身份关系的协议，适用其他法律的规定。

**第三条**　合同当事人的法律地位平等，一方不得将自己的意志强加给另一方。

**第四条**　当事人依法享有自愿订立合同的权利，任何单位和个人不得非法干预。

**第五条**　当事人应当遵循公平原则确定各方的权利和义务。

**第六条**　当事人行使权利、履行义务应当遵循诚实信用原则。

**第七条**　当事人订立、履行合同，应当遵守法律、行政法规，尊重社会公德，不得扰乱社会经济秩序，损害社会公共利益。

**第八条**　依法成立的合同，对当事人具有法律约束力。当事人应当按照约定履行自己的义务，不得擅自变更或者解除合同。

依法成立的合同，受法律保护。

### 第二章　合　同　的　订　立

**第九条**　当事人订立合同，应当具有相应的民事权利能力和民事行为能力。

当事人依法可以委托代理人订立合同。

**第十条**　当事人订立合同，有书面形式、口头形式和其他形式。

法律、行政法规规定采用书面形式的，应当采用书面形式。当事人约定采用书面形式的，应当采用书面形式。

**第十一条**　书面形式是指合同书、信件和数据电文（包括电报、电传、传真、电子数据交换和电子邮件）等可以有形地表现所载内容的形式。

**第十二条**　合同的内容由当事人约定，一般包括以下条款：

（一）当事人的名称或者姓名和住所；

（二）标的；

（三）数量；

（四）质量；

（五）价款或者报酬；

（六）履行期限、地点和方式；

（七）违约责任；

（八）解决争议的方法。

当事人可以参照各类合同的示范文本订立合同。

**第十三条** 当事人订立合同，采取要约、承诺方式。

**第十四条** 要约是希望和他人订立合同的意思表示，该意思表示应当符合下列规定：

（一）内容具体确定；

（二）表明经受要约人承诺，要约人即受该意思表示约束。

**第十五条** 要约邀请是希望他人向自己发出要约的意思表示。寄送的价目表、拍卖公告、招标公告、招股说明书、商业广告等为要约邀请。

商业广告的内容符合要约规定的，视为要约。

**第十六条** 要约到达受要约人时生效。

采用数据电文形式订立合同，收件人指定特定系统接收数据电文的，该数据电文进入该特定系统的时间，视为到达时间；未指定特定系统的，该数据电文进入收件人的任何系统的首次时间，视为到达时间。

**第十七条** 要约可以撤回。撤回要约的通知应当在要约到达受要约人之前或者与要约同时到达受要约人。

**第十八条** 要约可以撤销。撤销要约的通知应当在受要约人发出承诺通知之前到达受要约人。

**第十九条** 有下列情形之一的，要约不得撤销：

（一）要约人确定了承诺期限或者以其他形式明示要约不可撤销；

（二）受要约人有理由认为要约是不可撤销的，并已经为履行合同作了准备工作。

**第二十条** 有下列情形之一的，要约失效：

（一）拒绝要约的通知到达要约人；

（二）要约人依法撤销要约；

（三）承诺期限届满，受要约人未作出承诺；

（四）受要约人对要约的内容作出实质性变更。

**第二十一条** 承诺是受要约人同意要约的意思表示。

**第二十二条** 承诺应当以通知的方式作出，但根据交易习惯或者要约表明可以通过行为作出承诺的除外。

**第二十三条** 承诺应当在要约确定的期限内到达要约人。

要约没有确定承诺期限的，承诺应当依照下列规定到达：

（一）要约以对话方式作出的，应当即时作出承诺，但当事人另有约定的除外；

（二）要约以非对话方式作出的，承诺应当在合理期限内到达。

**第二十四条** 要约以信件或者电报作出的，承诺期限自信件载明的日期或者电报交发之日开始计算。信件未载明日期的，自投寄该信件的邮戳日期开始计算。要约以电话、传真等快速通信方式作出的，承诺期限自要约到达受要约人时开始计算。

**第二十五条**　承诺生效时合同成立。

**第二十六条**　承诺通知到达要约人时生效。承诺不需要通知的，根据交易习惯或者要约的要求作出承诺的行为时生效。

采用数据电文形式订立合同的，承诺到达的时间适用本法第十六条第二款的规定。

**第二十七条**　承诺可以撤回。撤回承诺的通知应当在承诺通知到达要约人之前或者与承诺通知同时到达要约人。

**第二十八条**　受要约人超过承诺期限发出承诺的，除要约人及时通知受要约人该承诺有效的以外，为新要约。

**第二十九条**　受要约人在承诺期限内发出承诺，按照通常情形能够及时到达要约人，但因其他原因承诺到达要约人时超过承诺期限的，除要约人及时通知受要约人因承诺超过期限不接受该承诺的以外，该承诺有效。

**第三十条**　承诺的内容应当与要约的内容一致。受要约人对要约的内容作出实质性变更的，为新要约。有关合同标的、数量、质量、价款或者报酬、履行期限、履行地点和方式、违约责任和解决争议方法等的变更，是对要约内容的实质性变更。

**第三十一条**　承诺对要约的内容作出非实质性变更的，除要约人及时表示反对或者要约表明承诺不得对要约的内容作出任何变更的以外，该承诺有效，合同的内容以承诺的内容为准。

**第三十二条**　当事人采用合同书形式订立合同的，自双方当事人签字或者盖章时合同成立。

**第三十三条**　当事人采用信件、数据电文等形式订立合同的，可以在合同成立之前要求签订确认书。签订确认书时合同成立。

**第三十四条**　承诺生效的地点为合同成立的地点。

采用数据电文形式订立合同的，收件人的主营业地为合同成立的地点；没有主营业地的，其经常居住地为合同成立的地点。当事人另有约定的，按照其约定。

**第三十五条**　当事人采用合同书形式订立合同的，双方当事人签字或者盖章的地点为合同成立的地点。

**第三十六条**　法律、行政法规规定或者当事人约定采用书面形式订立合同，当事人未采用书面形式但一方已经履行主要义务，对方接受的，该合同成立。

**第三十七条**　采用合同书形式订立合同，在签字或者盖章之前，当事人一方已经履行主要义务，对方接受的，该合同成立。

**第三十八条**　国家根据需要下达指令性任务或者国家订货任务的，有关法人、其他组织之间应当依照有关法律、行政法规规定的权利和义务订立合同。

**第三十九条**　采用格式条款订立合同的，提供格式条款的一方应当遵循公平原则确定当事人之间的权利和义务，并采取合理的方式提请对方注意免除或者限制其责任的条款，按照对方的要求，对该条款予以说明。

格式条款是当事人为了重复使用而预先拟定，并在订立合同时未与对方协商的条款。

第四十条　格式条款具有本法第五十二条和第五十三条规定情形的，或者提供格式条款一方免除其责任、加重对方责任、排除对方主要权利的，该条款无效。

第四十一条　对格式条款的理解发生争议的，应当按照通常理解予以解释。对格式条款有两种以上解释的，应当作出不利于提供格式条款一方的解释。格式条款和非格式条款不一致的，应当采用非格式条款。

第四十二条　当事人在订立合同过程中有下列情形之一，给对方造成损失的，应当承担损害赔偿责任：

（一）假借订立合同，恶意进行磋商；

（二）故意隐瞒与订立合同有关的重要事实或者提供虚假情况；

（三）有其他违背诚实信用原则的行为。

第四十三条　当事人在订立合同过程中知悉的商业秘密，无论合同是否成立，不得泄露或者不正当地使用。泄露或者不正当地使用该商业秘密给对方造成损失的，应当承担损害赔偿责任。

## 第三章　合 同 的 效 力

第四十四条　依法成立的合同，自成立时生效。

法律、行政法规规定应当办理批准、登记等手续生效的，依照其规定。

第四十五条　当事人对合同的效力可以约定附条件。附生效条件的合同，自条件成就时生效。附解除条件的合同，自条件成就时失效。

当事人为自己的利益不正当地阻止条件成就的，视为条件已成就；不正当地促成条件成就的，视为条件不成熟。

第四十六条　当事人对合同的效力可以约定附期限。附生效期限的合同，自期限届至时生效。附终止期限的合同，自期限届满时失效。

第四十七条　限制民事行为能力人订立的合同，经法定代理人追认后，该合同有效，但纯获利益的合同或者与其年龄、智力、精神健康状况相适应而订立的合同，不必经法定代理人追认。

相对人可以催告法定代理人在一个月内予以追认。法定代理人未作表示的，视为拒绝追认。合同被追认之前，善意相对人有撤销的权利。撤销应当以通知的方式作出。

第四十八条　行为人没有代理权、超越代理权或者代理权终止后以被代理人名义订立的合同，未经被代理人追认，对被代理人不发生效力，由行为人承担责任。

相对人可以催告被代理人在一个月内予以追认。被代理人未作表示的，视为拒绝追认。合同被追认之前，善意相对人有撤销的权利。撤销应当以通知的方式作出。

第四十九条　行为人没有代理权、超越代理权或者代理权终止后以被代理人名义订立合同，相对人有理由相信行为人有代理权的，该代理行为有效。

第五十条　法人或者其他组织的法定代表人、负责人超越权限订立的合同，除相对人知道或者应当知道其超越权限的以外，该代表行为有效。

第五十一条　无处分权的人处分他人财产，经权利人追认或者无处分权的人订立合同后取得处分权的，该合同有效。

第五十二条　有下列情形之一的，合同无效：

（一）一方以欺诈、胁迫的手段订立合同，损害国家利益；

（二）恶意串通，损害国家、集体或者第三人利益；

（三）以合法形式掩盖非法目的；

（四）损害社会公共利益；

（五）违反法律、行政法规的强制性规定。

第五十三条　合同中的下列免责条款无效：

（一）造成对方人身伤害的；

（二）因故意或者重大过失造成对方财产损失的。

第五十四条　下列合同，当事人一方有权请求人民法院或者仲裁机构变更或者撤销：

（一）因重大误解订立的；

（二）在订立合同时显失公平的。

一方以欺诈、胁迫的手段或者乘人之危，使对方在违背真实意思的情况下订立的合同，受损害方有权请求人民法院或者仲裁机构变更或者撤销。

当事人请求变更的，人民法院或者仲裁机构不得撤销。

第五十五条　有下列情形之一的，撤销权消灭：

（一）具有撤销权的当事人自知道或者应当知道撤销事由之日起一年内没有行使撤销权；

（二）具有撤销权的当事人知道撤销事由后明确表示或者以自己的行为放弃撤销权。

第五十六条　无效的合同或者被撤销的合同自始没有法律约束力。合同部分无效，不影响其他部分效力的，其他部分仍然有效。

第五十七条　合同无效、被撤销或者终止的，不影响合同中独立存在的有关解决争议方法的条款的效力。

第五十八条　合同无效或者被撤销后，因该合同取得的财产，应当予以返还；不能返还或者没有必要返还的，应当折价补偿。有过错的一方应当赔偿对方因此所受到的损失，双方都有过错的，应当各自承担相应的责任。

第五十九条　当事人恶意串通，损害国家、集体或者第三人利益的，因此取得的财产收归国家所有或者返还集体、第三人。

# 二、中华人民共和国产品质量法

（1993 年 2 月 22 日第七届全国人民代表大会常务委员会第三十次会议通过
根据 2000 年 7 月 8 日第九届全国人民代表大会常务委员会第十六次会议
《关于修改〈中华人民共和国产品质量法〉的决定》修正）

## 第一章　总　　则

第一条　为了加强对产品质量的监督管理，提高产品质量水平，明确产品质量责任，保护消费者的合法权益，维护社会经济秩序，制定本法。

第二条　在中华人民共和国境内从事产品生产、销售活动，必须遵守本法。

本法所称产品是指经过加工、制作，用于销售的产品。

建设工程不适用本法规定；但是，建设工程使用的建筑材料、建筑构配件和设备，属于前款规定的产品范围的，适用本法规定。

第三条　生产者、销售者应当建立健全内部产品质量管理制度，严格实施岗位质量规范、质量责任以及相应的考核办法。

第四条　生产者、销售者依照本法规定承担产品质量责任。

第五条　禁止伪造或者冒用认证标志等质量标志；禁止伪造产品的产地，伪造或者冒用他人的厂名、厂址；禁止在生产、销售的产品中掺杂、掺假，以假充真，以次充好。

第六条　国家鼓励推行科学的质量管理方法，采用先进的科学技术，鼓励企业产品质量达到并且超过行业标准、国家标准和国际标准。

对产品质量管理先进和产品质量达到国际先进水平、成绩显著的单位和个人，给予奖励。

第七条　各级人民政府应当把提高产品质量纳入国民经济和社会发展规划，加强对产品质量工作的统筹规划和组织领导，引导、督促生产者、销售者加强产品质量管理，提高产品质量，组织各有关部门依法采取措施，制止产品生产、销售中违反本法规定的行为，保障本法的施行。

第八条　国务院产品质量监督部门主管全国产品质量监督工作。国务院有关部门在各自的职责范围内负责产品质量监督工作。

县级以上地方产品质量监督部门主管本行政区域内的产品质量监督工作。县级以上地方人民政府有关部门在各自的职责范围内负责产品质量监督工作。

法律对产品质量的监督部门另有规定的，依照有关法律的规定执行。

第九条　各级人民政府工作人员和其他国家机关工作人员不得滥用职权、玩忽职守或者徇私舞弊，包庇、放纵本地区、本系统发生的产品生产、销售中违反本法规定的行为，或者阻挠、干预依法对产品生产、销售中违反本法规定的行为进行查处。

各级地方人民政府和其他国家机关有包庇、放纵产品生产、销售中违反本法规定的行为的，依法追究其主要负责人的法律责任。

第十条　任何单位和个人有权对违反本法规定的行为，向产品质量监督部门或者其他有关部门检举。

产品质量监督部门和有关部门应当为检举人保密，并按照省、自治区、直辖市人民政府的规定给予奖励。

第十一条　任何单位和个人不得排斥非本地区或者非本系统企业生产的质量合格产品进入本地区、本系统。

### 第二章　产品质量的监督

第十二条　产品质量应当检验合格，不得以不合格产品冒充合格产品。

第十三条　可能危及人体健康和人身、财产安全的工业产品，必须符合保障人体健康和人身、财产安全的国家标准、行业标准；未制定国家标准、行业标准的，必须符合保障人体健康和人身、财产安全的要求。

禁止生产、销售不符合保障人体健康和人身、财产安全的标准和要求的工业产品。具体管理办法由国务院规定。

**第十四条** 国家根据国际通用的质量管理标准，推行企业质量体系认证制度。企业根据自愿原则可以向国务院产品质量监督部门认可的或者国务院产品质量监督部门授权的部门认可的认证机构申请企业质量体系认证。经认证合格的，由认证机构颁发企业质量体系认证证书。国家参照国际先进的产品标准和技术要求，推行产品质量认证制度。企业根据自愿原则可以向国务院产品质量监督部门认可的或者国务院产品质量监督部门授权的部门认可的认证机构申请产品质量认证。经认证合格的，由认证机构颁发产品质量认证证书，准许企业在产品或者其包装上使用产品质量认证标志。

**第十五条** 国家对产品质量实行以抽查为主要方式的监督检查制度，对可能危及人体健康和人身、财产安全的产品，影响国计民生的重要工业产品以及消费者、有关组织反映有质量问题的产品进行抽查。抽查的样品应当在市场上或者企业成品仓库内的待销产品中随机抽取。监督抽查工作由国务院产品质量监督部门规划和组织。县级以上地方产品质量监督部门在本行政区域内也可以组织监督抽查。法律对产品质量的监督检查另有规定的，依照有关法律的规定执行。国家监督抽查的产品，地方不得另行重复抽查；上级监督抽查的产品，下级不得另行重复抽查。

根据监督抽查的需要，可以对产品进行检验。检验抽取样品的数量不得超过检验的合理需要，并不得向被检查人收取检验费用。监督抽查所需检验费用按照国务院规定列支。生产者、销售者对抽查检验的结果有异议的，可以自收到检验结果之日起十五日内向实施监督抽查的产品质量监督部门或者其上级产品质量监督部门申请复检，由受理复检的产品质量监督部门作出复检结论。

**第十六条** 对依法进行的产品质量监督检查，生产者、销售者不得拒绝。

**第十七条** 依照本法规定进行监督抽查的产品质量不合格的，由实施监督抽查的产品质量监督部门责令其生产者、销售者限期改正。逾期不改正的，由省级以上人民政府产品质量监督部门予以公告；公告后经复查仍不合格的，责令停业，限期整顿；整顿期满后经复查产品质量仍不合格的，吊销营业执照。监督抽查的产品有严重质量问题的，依照本法第五章的有关规定处罚。

**第十八条** 县级以上产品质量监督部门根据已经取得的违法嫌疑证据或者举报，对涉嫌违反本法规定的行为进行查处时，可以行使下列职权：

（一）对当事人涉嫌从事违反本法的生产、销售活动的场所实施现场检查；

（二）向当事人的法定代表人、主要负责人和其他有关人员调查、了解与涉嫌从事违反本法的生产、销售活动有关的情况；

（三）查阅、复制当事人有关的合同、发票、账簿以及其他有关资料；

（四）对有根据认为不符合保障人体健康和人身、财产安全的国家标准、行业标准的产品或者有其他严重质量问题的产品，以及直接用于生产、销售这类产品的原辅材料、包装物、生产工具，予以查封或者扣押。

县级以上工商行政管理部门按照国务院规定的职责范围，对涉嫌违反本法规定的行为进行查处时，可以行使前款规定的职权。

**第十九条** 产品质量检验机构必须具备相应的检测条件和能力，经省级以上人民政府产品质量监督部门或者其授权的部门考核合格后，方可承担产品质量检验工作。法律、行政法规对产品质量检验机构另有规定的，依照有关法律、行政法规的规定执行。

**第二十条** 从事产品质量检验、认证的社会中介机构必须依法设立，不得与行政机关和其他国家机关存在隶属关系或者其他利益关系。

**第二十一条** 产品质量检验机构、认证机构必须依法按照有关标准，客观、公正地出具检验结果或者认证证明。

产品质量认证机构应当依照国家规定对准许使用认证标志的产品进行认证后的跟踪检查；对不符合认证标准而使用认证标志的，要求其改正；情节严重的，取消其使用认证标志的资格。

**第二十二条** 消费者有权就产品质量问题，向产品的生产者、销售者查询；向产品质量监督部门、工商行政管理部门及有关部门申诉，接受申诉的部门应当负责处理。

**第二十三条** 保护消费者权益的社会组织可以就消费者反映的产品质量问题建议有关部门负责处理，支持消费者对因产品质量造成的损害向人民法院起诉。

**第二十四条** 国务院和省、自治区、直辖市人民政府的产品质量监督部门应当定期发布其监督抽查的产品的质量状况公告。

**第二十五条** 产品质量监督部门或者其他国家机关以及产品质量检验机构不得向社会推荐生产者的产品；不得以对产品进行监制、监销等方式参与产品经营活动。

### 第三章　生产者、销售者的产品质量责任和义务

#### 第一节　生产者的产品质量责任和义务

**第二十六条** 生产者应当对其生产的产品质量负责。

产品质量应当符合下列要求：

（一）不存在危及人身、财产安全的不合理的危险，有保障人体健康和人身、财产安全的国家标准、行业标准的，应当符合该标准；

（二）具备产品应当具备的使用性能，但是，对产品存在使用性能的瑕疵作出说明的除外；

（三）符合在产品或者其包装上注明采用的产品标准，符合以产品说明、实物样品等方式表明的质量状况。

**第二十七条** 产品或者其包装上的标识必须真实，并符合下列要求：

（一）有产品质量检验合格证明；

（二）有中文标明的产品名称、生产厂厂名和厂址；

（三）根据产品的特点和使用要求，需要标明产品规格、等级、所含主要成分的名称和含量的，用中文相应予以标明；需要事先让消费者知晓的，应当在外包装上标明，或者预先向消费者提供有关资料；

（四）限期使用的产品，应当在显著位置清晰地标明生产日期和安全使用期或者失效

日期；

（五）使用不当，容易造成产品本身损坏或者可能危及人身、财产安全的产品，应当有警示标志或者中文警示说明。

裸装的食品和其他根据产品的特点难以附加标识的裸装产品，可以不附加产品标识。

第二十八条 易碎、易燃、易爆、有毒、有腐蚀性、有放射性等危险物品以及储运中不能倒置和其他有特殊要求的产品，其包装质量必须符合相应要求，依照国家有关规定作出警示标志或者中文警示说明，标明储运注意事项。

第二十九条 生产者不得生产国家明令淘汰的产品。

第三十条 生产者不得伪造产地，不得伪造或者冒用他人的厂名、厂址。

第三十一条 生产者不得伪造或者冒用认证标志等质量标志。

第三十二条 生产者生产产品，不得掺杂、掺假，不得以假充真、以次充好，不得以不合格产品冒充合格产品。

### 第二节 销售者的产品质量责任和义务

第三十三条 销售者应当建立并执行进货检查验收制度，验明产品合格证明和其他标识。

第三十四条 销售者应当采取措施，保持销售产品的质量。

第三十五条 销售者不得销售国家明令淘汰并停止销售的产品和失效、变质的产品。

第三十六条 销售者销售的产品的标识应当符合本法第二十七条的规定。

第三十七条 销售者不得伪造产地，不得伪造或者冒用他人的厂名、厂址。

第三十八条 销售者不得伪造或者冒用认证标志等质量标志。

第三十九条 销售者销售产品，不得掺杂、掺假，不得以假充真、以次充好，不得以不合格产品冒充合格产品。

## 第四章 损 害 赔 偿

第四十条 售出的产品有下列情形之一的，销售者应当负责修理、更换、退货；给购买产品的消费者造成损失的，销售者应当赔偿损失：

（一）不具备产品应当具备的使用性能而事先未作说明的；

（二）不符合在产品或者其包装上注明采用的产品标准的；

（三）不符合以产品说明、实物样品等方式表明的质量状况的。

销售者依照前款规定负责修理、更换、退货、赔偿损失后，属于生产者的责任或者属于向销售者提供产品的其他销售者（以下简称供货者）的责任的，销售者有权向生产者、供货者追偿。

销售者未按照第一款规定给予修理、更换、退货或者赔偿损失的，由产品质量监督部门或者工商行政管理部门责令改正。

生产者之间，销售者之间，生产者与销售者之间订立的买卖合同、承揽合同有不同约定的，合同当事人按照合同约定执行。

第四十一条 因产品存在缺陷造成人身、缺陷产品以外的其他财产（以下简称他人财产）损害的，生产者应当承担赔偿责任。

生产者能够证明有下列情形之一的，不承担赔偿责任：

（一）未将产品投入流通的；

（二）产品投入流通时，引起损害的缺陷尚不存在的；

（三）将产品投入流通时的科学技术水平尚不能发现缺陷的存在的。

**第四十二条** 由于销售者的过错使产品存在缺陷，造成人身、他人财产损害的，销售者应当承担赔偿责任。销售者不能指明缺陷产品的生产者也不能指明缺陷产品的供货者的，销售者应当承担赔偿责任。

**第四十三条** 因产品存在缺陷造成人身、他人财产损害的，受害人可以向产品的生产者要求赔偿，也可以向产品的销售者要求赔偿。属于产品的生产者的责任，产品的销售者赔偿的，产品的销售者有权向产品的生产者追偿。属于产品的销售者的责任，产品的生产者赔偿的，产品的生产者有权向产品的销售者追偿。

**第四十四条** 因产品存在缺陷造成受害人人身伤害的，侵害人应当赔偿医疗费、治疗期间的护理费、因误工减少的收入等费用；造成残疾的，还应当支付残疾者生活自助费、生活补助费、残疾赔偿金以及由其抚养的人所必需的生活费等费用；造成受害人死亡的，并应当支付丧葬费、死亡赔偿金以及由死者生前扶养的人所必需的生活费等费用。因产品存在缺陷造成受害人财产损失的，侵害人应当恢复原状或者折价赔偿。受害人因此遭受其他重大损失的，侵害人应当赔偿损失。

**第四十五条** 因产品存在缺陷造成损害要求赔偿的诉讼时效期间为两年，自当事人知道或者应当知道其权益受到损害时起计算。

因产品存在缺陷造成损害要求赔偿的请求权，在造成损害的缺陷产品交付最初消费者满十年丧失；但是，尚未超过明示的安全使用期的除外。

**第四十六条** 本法所称缺陷，是指产品存在危及人身、他人财产安全的不合理的危险；产品有保障人体健康和人身、财产安全的国家标准、行业标准的，是指不符合该标准。

**第四十七条** 因产品质量发生民事纠纷时，当事人可以通过协商或者调解解决。当事人不愿通过协商、调解解决或者协商、调解不成的，可以根据当事人各方的协议向仲裁机构申请仲裁；当事人各方没有达成仲裁协议或者仲裁协议无效的，可以直接向人民法院起诉。

**第四十八条** 仲裁机构或者人民法院可以委托本法第十九条规定的产品质量检验机构，对有关产品质量进行检验。

## 第五章　罚　　则

**第四十九条** 生产、销售不符合保障人体健康和人身、财产安全的国家标准、行业标准的产品的，责令停止生产、销售，没收违法生产、销售的产品，并处违法生产、销售产品（包括已售出和未售出的产品，下同）货值金额等值以上三倍以下的罚款；有违法所得的，并处没收违法所得；情节严重的，吊销营业执照；构成犯罪的，依法追究刑事责任。

**第五十条** 在产品中掺杂、掺假，以假充真，以次充好，或者以不合格产品冒充合格产品的，责令停止生产、销售，没收违法生产、销售的产品，并处违法生产、销售产品货值金额百分之五十以上三倍以下的罚款；有违法所得的，并处没收违法所得；情节严重的，吊销营业执照；构成犯罪的，依法追究刑事责任。

　　**第五十一条**　生产国家明令淘汰的产品的，销售国家明令淘汰并停止销售的产品的，责令停止生产、销售，没收违法生产、销售的产品，并处违法生产、销售产品货值金额等值以下的罚款；有违法所得的，并处没收违法所得；情节严重的，吊销营业执照。

　　**第五十二条**　销售失效、变质的产品的，责令停止销售，没收违法销售的产品，并处违法销售产品货值金额两倍以下的罚款；有违法所得的，并处没收违法所得；情节严重的，吊销营业执照；构成犯罪的，依法追究刑事责任。

　　**第五十三条**　伪造产品产地的，伪造或者冒用他人厂名、厂址的，伪造或者冒用认证标志等质量标志的，责令改正，没收违法生产、销售的产品，并处违法生产、销售产品货值金额等值以下的罚款；有违法所得的，并处没收违法所得；情节严重的，吊销营业执照。

　　**第五十四条**　产品标识不符合本法第二十七条规定的，责令改正；有包装的产品标识不符合本法第二十七条第（四）项、第（五）项规定，情节严重的，责令停止生产、销售，并处违法生产、销售产品货值金额百分之三十以下的罚款；有违法所得的，并处没收违法所得。

　　**第五十五条**　销售者销售本法第四十九条至第五十三条规定禁止销售的产品，有充分证据证明其不知道该产品为禁止销售的产品并如实说明其进货来源的，可以从轻或者减轻处罚。

　　**第五十六条**　拒绝接受依法进行的产品质量监督检查的，给予警告，责令改正；拒不改正的，责令停业整顿；情节特别严重的，吊销营业执照。

　　**第五十七条**　产品质量检验机构、认证机构伪造检验结果或者出具虚假证明的，责令改正，对单位处五万元以上十万元以下的罚款，对直接负责的主管人员和其他直接责任人员处一万元以上五万元以下的罚款；有违法所得的，并处没收违法所得；情节严重的，取消其检验资格、认证资格；构成犯罪的，依法追究刑事责任。产品质量检验机构、认证机构出具的检验结果或者证明不实，造成损失的，应当承担相应的赔偿责任；造成重大损失的，撤销其检验资格、认证资格。

　　产品质量认证机构违反本法第二十一条第二款的规定，对不符合认证标准而使用认证标志的产品，未依法要求其改正或者取消其使用认证标志资格的，对因产品不符合认证标准给消费者造成的损失，与产品的生产者、销售者承担连带责任；情节严重的，撤销其认证资格。

　　**第五十八条**　社会团体、社会中介机构对产品质量作出承诺、保证，而该产品又不符合其承诺、保证的质量要求，给消费者造成损失的，与产品的生产者、销售者承担连带责任。

　　**第五十九条**　在广告中对产品质量作虚假宣传，欺骗和误导消费者的，依照《中华人民共和国广告法》的规定追究法律责任。

　　**第六十条**　对生产者专门用于生产本法第四十九条、第五十一条所列的产品或者以假充真的产品的原辅材料、包装物、生产工具，应当予以没收。

第六十一条　知道或者应当知道属于本法规定禁止生产、销售的产品而为其提供运输、保管、仓储等便利条件的，或者为以假充真的产品提供制假生产技术的，没收全部运输、保管、仓储或者提供制假生产技术的收入，并处违法收入百分之五十以上三倍以下的罚款；构成犯罪的，依法追究刑事责任。

第六十二条　服务业的经营者将本法第四十九条至第五十二条规定禁止销售的产品用于经营性服务的，责令停止使用；对知道或者应当知道所使用的产品属于本法规定禁止销售的产品的，按照违法使用的产品（包括已使用和尚未使用的产品）的货值金额，依照本法对销售者的处罚规定处罚。

第六十三条　隐匿、转移、变卖、损毁被产品质量监督部门或者工商行政管理部门查封、扣押的物品的，处被隐匿、转移、变卖、损毁物品货值金额等值以上三倍以下的罚款；有违法所得的，并处没收违法所得。

第六十四条　违反本法规定，应当承担民事赔偿责任和缴纳罚款、罚金，其财产不足以同时支付时，先承担民事赔偿责任。

第六十五条　各级人民政府工作人员和其他国家机关工作人员有下列情形之一的，依法给予行政处分；构成犯罪的，依法追究刑事责任：

（一）包庇、放纵产品生产、销售中违反本法规定行为的；

（二）向从事违反本法规定的生产、销售活动的当事人通风报信，帮助其逃避查处的；

（三）阻挠、干预产品质量监督部门或者工商行政管理部门依法对产品生产、销售中违反本法规定的行为进行查处，造成严重后果的。

第六十六条　产品质量监督部门在产品质量监督抽查中超过规定的数量索取样品或者向被检查人收取检验费用的，由上级产品质量监督部门或者监察机关责令退还；情节严重的，对直接负责的主管人员和其他直接责任人员依法给予行政处分。

第六十七条　产品质量监督部门或者其他国家机关违反本法第二十五条的规定，向社会推荐生产者的产品或者以监制、监销等方式参与产品经营活动的，由其上级机关或者监察机关责令改正，消除影响，有违法收入的予以没收；情节严重的，对直接负责的主管人员和其他直接责任人员依法给予行政处分。

产品质量检验机构有前款所列违法行为的，由产品质量监督部门责令改正，消除影响，有违法收入的予以没收，可以并处违法收入一倍以下的罚款；情节严重的，撤销其质量检验资格。

第六十八条　产品质量监督部门或者工商行政管理部门的工作人员滥用职权、玩忽职守、徇私舞弊，构成犯罪的，依法追究刑事责任；尚不构成犯罪的，依法给予行政处分。

第六十九条　以暴力、威胁方法阻碍产品质量监督部门或者工商行政管理部门的工作人员依法执行职务的，依法追究刑事责任；拒绝、阻碍未使用暴力、威胁方法的，由公安机关依照治安管理处罚条例的规定处罚。

第七十条　本法规定的吊销营业执照的行政处罚由工商行政管理部门决定，本法第四十九条至第五十七条、第六十条至第六十三条规定的行政处罚由产品质量监督部门或者工商行政管理部门按照国务院规定的职权范围决定。法律、行政法规对行使行政处罚权的机关另有规定的，依照有关法律、行政法规的规定执行。

第七十一条　对依照本法规定没收的产品，依照国家有关规定进行销毁或者采取其他方式处理。

第七十二条　本法第四十九条至第五十四条、第六十二条、第六十三条所规定的货值金额以违法生产、销售产品的标价计算；没有标价的，按照同类产品的市场价格计算。

## 第六章　附　　则

第七十三条　军工产品质量监督管理办法，由国务院、中央军事委员会另行制定。

因核设施、核产品造成损害的赔偿责任，法律、行政法规另有规定的，依照其规定。

第七十四条　本法自 1993 年 9 月 1 日起施行。

# 三、中华人民共和国广告法

（1994 年 10 月 27 日第八届全国人民代表大会常务委员会第十次会议通过
1994 年 10 月 27 日中华人民共和国主席令第 34 号公布）

## 第一章　总　　则

第一条　为了规范广告活动，促进广告业的健康发展，保护消费者的合法权益，维护社会经济秩序，发挥广告在社会主义市场经济中的积极作用，制定本法。

第二条　广告主、广告经营者、广告发布者在中华人民共和国境内从事广告活动，应当遵守本法。

本法所称广告，是指商品经营者或者服务提供者承担费用，通过一定媒介和形式直接或者间接地介绍自己所推销的商品或者所提供的服务的商业广告。

本法所称广告主，是指为推销商品或者提供服务，自行或者委托他人设计、制作、发布广告的法人、其他经济组织或者个人。

本法所称广告经营者，是指受委托提供广告设计、制作、代理服务的法人、其他经济组织或者个人。

本法所称广告发布者，是指为广告主或者广告主委托的广告经营者发布广告的法人或者其他经济组织。

第三条　广告应当真实、合法，符合社会主义精神文明建设的要求。

第四条　广告不得含有虚假的内容，不得欺骗和误导消费者。

第五条　广告主、广告经营者、广告发布者从事广告活动，应当遵守法律、行政法规，遵循公平、诚实信用的原则。

第六条　县级以上人民政府工商行政管理部门是广告监督管理机关。

## 第二章　广　告　准　则

第七条　广告内容应当有利于人民的身心健康，促进商品和服务质量的提高，保护消费者的合法权益，遵守社会公德和职业道德，维护国家的尊严和利益。

广告不得有下列情形：

（一）使用中华人民共和国国旗、国徽、国歌；

（二）使用国家机关和国家机关工作人员的名义；

（三）使用国家级、最高级、最佳等用语；

（四）妨碍社会安定和危害人身、财产安全，损害社会公共利益；

（五）妨碍社会公共秩序和违背社会良好风尚；

（六）含有淫秽、迷信、恐怖、暴力、丑恶的内容；

（七）含有民族、种族、宗教、性别歧视的内容；

（八）妨碍环境和自然资源保护；

（九）法律、行政法规规定禁止的其他情形。

**第八条** 广告不得损害未成年人和残疾人的身心健康。

**第九条** 广告中对商品的性能、产地、用途、质量、价格、生产者、有效期限、允诺或者对服务的内容、形式、质量、价格、允诺有表示的，应当清楚、明白。

广告中表明推销商品、提供服务附带赠送礼品的，应当标明赠送的品种和数量。

**第十条** 广告使用数据、统计资料、调查结果、文摘、引用语，应当真实、准确，并表明出处。

**第十一条** 广告中涉及专利产品或者专利方法的，应当标明专利号和专利种类。

未取得专利权的，不得在广告中谎称取得专利权。禁止使用未授予专利权的专利申请和已经终止、撤销、无效的专利做广告。

**第十二条** 广告不得贬低其他生产经营者的商品或者服务。

**第十三条** 广告应当具有可识别性，能够使消费者辨明其为广告。

大众传播媒介不得以新闻报道形式发布广告。通过大众传播媒介发布的广告应当有广告标记，与其他非广告信息相区别，不得使消费者产生误解。

**第十四条** 药品、医疗器械广告不得有下列内容：

（一）含有不科学的表示功效的断言或者保证的；

（二）说明治愈率或者有效率的；

（三）与其他药品、医疗器械的功效和安全性比较的；

（四）利用医药科研单位、学术机构、医疗机构或者专家、医生、患者的名义和形象作证明的；

（五）法律、行政法规规定禁止的其他内容。

**第十五条** 药品广告的内容必须以国务院卫生行政部门或者省、自治区、直辖市卫生行政部门批准的说明书为准。国家规定的应当在医生指导下使用的治疗性药品广告中，必须注明"按医生处方购买和使用"。

**第十六条** 麻醉药品、精神药品、毒性药品、放射性药品等特殊药品，不得做广告。

**第十七条** 农药广告不得有下列内容：

（一）使用无毒、无害等表明安全性的绝对化断言的；

（二）含有不科学的表示功效的断言或者保证的；

（三）含有违反农药安全使用规程的文字、语言或者画面的；

（四）法律、行政法规规定禁止的其他内容。

第十八条　禁止利用广播、电影、电视、报纸、期刊发布烟草广告。禁止在各类等候室、影剧院、会议厅堂、体育比赛场馆等公共场所设置烟草广告。

烟草广告中必须标明"吸烟有害健康"。

第十九条　食品、酒类、化妆品广告的内容必须符合卫生许可的事项，并不得使用医疗用语或者易与药品混淆的用语。

## 第三章　广　告　活　动

第二十条　广告主、广告经营者、广告发布者之间在广告活动中应当依法订立书面合同，明确各方的权利和义务。

第二十一条　广告主、广告经营者、广告发布者不得在广告活动中进行任何形式的不正当竞争。

第二十二条　广告主自行或者委托他人设计、制作、发布广告，所推销的商品或者所提供的服务应当符合广告主的经营范围。

第二十三条　广告主委托设计、制作、发布广告，应当委托具有合法经营资格的广告经营者、广告发布者。

第二十四条　广告主自行或者委托他人设计、制作、发布广告，应当具有或者提供真实、合法、有效的下列证明文件：

（一）营业执照以及其他生产、经营资格的证明文件；

（二）质量检验机构对广告中有关商品质量内容出具的证明文件；

（三）确认广告内容真实性的其他证明文件。依照本法第三十四条的规定，发布广告需要经有关行政主管部门审查的，还应当提供有关批准文件。

第二十五条　广告主或者广告经营者在广告中使用他人名义、形象的，应当事先取得他人的书面同意；使用无民事行为能力人、限制民事行为能力人的名义、形象的，应当事先取得其监护人的书面同意。

第二十六条　从事广告经营的，应当具有必要的专业技术人员、制作设备，并依法办理公司或者广告经营登记，方可从事广告活动。广播电台、电视台、报刊出版单位的广告业务，应当由其专门从事广告业务的机构办理，并依法办理兼营广告的登记。

第二十七条　广告经营者、广告发布者依据法律、行政法规查验有关证明文件，核实广告内容。对内容不实或者证明文件不全的广告，广告经营者不得提供设计、制作、代理服务，广告发布者不得发布。

第二十八条　广告经营者、广告发布者按照国家有关规定，建立、健全广告业务的承接登记、审核、档案管理制度。

第二十九条　广告收费应当合理、公开，收费标准和收费办法应当向物价和工商行政管理部门备案。广告经营者、广告发布者应当公布其收费标准和收费办法。

第三十条　广告发布者同广告主、广告经营者提供的媒介覆盖率、收视率、发行量等资料应当真实。

第三十一条 法律、行政法规规定禁止生产、销售的商品或者提供的服务，以及禁止发布广告的商品或者服务，不得设计、制作、发布广告。

第三十二条 有下列情形之一的，不得设置户外广告：

（一）利用交通安全设施、交通标志的；

（二）影响市政公共设施、交通安全设施、交通标志使用的；

（三）妨碍生产或者人民生活，损害市容市貌的；

（四）国家机关、文物保护单位和名胜风景点的建筑控制地带；

（五）当地县级以上地方人民政府禁止设置户外广告的区域。

第三十三条 户外广告的设置规划和管理办法，由当地县级以上地方人民政府组织广告监督管理、城市建设、环境保护、公安等有关部门制定。

## 第四章 广告的审查

第三十四条 利用广播、电影、电视、报纸、期刊以及其他媒介发布药品、医疗器械、农药、兽药等商品的广告和法律、行政法规规定应当进行审查的其他广告，必须在发布前依照有关法律、行政法规由有关行政主管部门（以下简称广告审查机关）对广告内容进行审查；未经审查，不得发布。

第三十五条 广告主申请广告审查，应当依照法律、行政法规向广告审查机关提交有关证明文件。广告审查机关应当依照法律、行政法规作出审查决定。

第三十六条 任何单位和个人不得伪造、变造或者转让广告审查决定文件。

## 第五章 法律责任

第三十七条 违反本法规定，利用广告对商品或者服务作虚假宣传的，由广告监督管理机关责令广告主停止发布、并以等额广告费用在相应范围内公开更正消除影响，并处广告费用一倍以上五倍以下的罚款；对负有责任的广告经营者、广告发布者没收广告费用，并处广告费用一倍以上五倍以下的罚款；情节严重的，依法停止其广告业务。构成犯罪的，依法追究刑事责任。

第三十八条 违反本法规定，发布虚假广告，欺骗和误导消费者，使购买商品或者接受服务的消费者的合法权益受到损害的，由广告主依法承担民事责任；广告经营者、广告发布者明知或者应知广告虚假仍设计、制作、发布的，应当依法承担连带责任。

广告经营者、广告发布者不能提供广告主的真实名称、地址的，应当承担全部民事责任。社会团体或者其他组织，在虚假广告中向消费者推荐商品或者服务，使消费者的合法权益受到损害的，应当依法承担连带责任。

第三十九条 发布广告违反本法第七条第二款规定的，由广告监督管理机关责令负有责任的广告主、广告经营者、广告发布者停止发布、公开更正，没收广告费用，并处广告费用一倍以上五倍以下的罚款；情节严重的，依法停止其广告业务。构成犯罪的，依法追究刑事责任。

第四十条 发布广告违反本法第九条至第十二条规定的，由广告监督管理机关责令负有责任的广告主、广告经营者、广告发布者停止发布、公开更正，没收广告费用，可以并处广告费用一倍以上五倍以下的罚款。

发布广告违反本法第十三条规定的，由广告监督管理机关责令广告发布者改正，处以一千元以上一万元以下的罚款。

**第四十一条**　违反本法第十四条至第十七条、第十九条规定，发布药品、医疗器械、农药、食品、酒类、化妆品广告的，或者违反本法第三十一条规定发布广告的，由广告监督管理机关责令负有责任的广告主、广告经营者、广告发布者改正或者停止发布，没收广告费用，可以并处广告费用一倍以上五倍以下的罚款；情节严重的，依法停止其广告业务。

**第四十二条**　违反本法第十八条的规定，利用广播、电影、电视、报纸、期刊发布烟草广告，或者在公共场所设置烟草广告的，由广告监督管理机关责令负有责任的广告主、广告经营者、广告发布者停止发布，没收广告费用，可以并处广告费用一倍以上五倍以下的罚款。

**第四十三条**　违反本法第三十四条的规定，未经广告审查机关审查批准，发布广告的，由广告监督管理机关责令负有责任的广告主、广告经营者、广告发布者停止发布，没收广告费用，并处广告费用一倍以上五倍以下的罚款。

**第四十四条**　广告主提供虚假证明文件的，由广告监督管理机关处以一万元以上十万元以下的罚款。伪造、变造或者转让广告审查决定文件的，由广告监督管理机关没收违法所得，并处一万元以上十万元以下的罚款。构成犯罪的，依法追究刑事责任。

**第四十五条**　广告审查机关对违法的广告内容作出审查批准决定的，对直接负责的主管人员和其他直接责任人员，由其所在单位、上级机关、行政监察部门依法给予行政处分。

**第四十六条**　广告监督管理机关和广告审查机关的工作人员玩忽职守、滥用职权、徇私舞弊的，给予行政处分。构成犯罪的，依法追究刑事责任。

**第四十七条**　广告主、广告经营者、广告发布者违反本法规定，有下列侵权行为之一的，依法承担民事责任：

（一）在广告中损害未成年人或者残疾人的身心健康的；

（二）假冒他人专利的；

（三）贬低其他生产经营者的商品或者服务的；

（四）广告中未经同意使用他人名义、形象的；

（五）其他侵犯他人合法民事权益的。

**第四十八条**　当事人对行政处罚决定不服的，可以在接到处罚通知之日起十五日内向作出处罚决定的机关的上一级机关申请复议；当事人也可以在接到处罚通知之日起十五日内直接向人民法院起诉。

复议机关应当在接到复议申请之日起六十日内作出复议决定。当事人对复议决定不服的，可以在接到复议决定之日起十五日内向人民法院起诉。复议机关逾期不作出复议决定的，当事人可以在复议期满之日起十五日内向人民法院起诉。

当事人逾期不申请复议也不向人民法院起诉，又不履行处罚决定的，作出处罚决定的机关可以申请人民法院强制执行。

## 第六章 附 则

**第四十九条** 本法自1995年2月1日起施行。本法施行前制定的其他有关广告的法律、法规的内容与本法不符的，以本法为准。

# 四、中华人民共和国消费者权益保护法

（1993年10月31日第八届全国人民代表大会常务委员会第4次会议通过；
根据2009年8月27日第十一届全国人民代表大会常务委员会第10次会议
《关于修改部分法律的决定》第1次修正；
根据2013年10月25日第十二届全国人民代表大会常务委员会第5次会议
《关于修改的决定》第2次修正）

## 第一章 总 则

**第一条** 为保护消费者的合法权益，维护社会经济秩序，促进社会主义市场经济健康发展，制定本法。

**第二条** 消费者为生活消费需要购买、使用商品或者接受服务，其权益受本法保护；本法未作规定的，受其他有关法律、法规保护。

**第三条** 经营者为消费者提供其生产、销售的商品或者提供服务，应当遵守本法；本法未作规定的应当遵守其他有关法律、法规。

**第四条** 经营者与消费者进行交易，应当遵循自愿、平等、公平、诚实信用的原则。

**第五条** 国家保护消费者的合法权益不受侵害。

国家采取措施，保障消费者依法行使权利，维护消费者的合法权益。

国家倡导文明、健康、节约资源和保护环境的消费方式，反对浪费。

**第六条** 保护消费者的合法权益是全社会的共同责任。

国家鼓励、支持一切组织和个人对损害消费者合法权益的行为进行社会监督。

大众传播媒介应当做好维护消费者合法权益的宣传，对损害消费者合法权益的行为进行舆论监督。

## 第二章 消费者的权利

**第七条** 消费者在购买、使用商品和接受服务时享有人身、财产安全不受损害的权利。

消费者有权要求经营者提供的商品和服务，符合保障人身、财产安全的要求。

**第八条** 消费者享有知悉其购买、使用的商品或者接受的服务的真实情况的权利。

消费者有权根据商品或者服务的不同情况，要求经营者提供商品的价格、产地、生产者、用途、性能、规格、等级、主要成分、生产日期、有效期限、检验合格证明、使用方法说明书、售后服务，或者服务的内容、规格、费用等有关情况。

第九条　消费者享有自主选择商品或者服务的权利。

消费者有权自主选择提供商品或者服务的经营者，自主选择商品品种或者服务方式，自主决定购买或者不购买任何一种商品、接受或者不接受任何一项服务。

消费者在自主选择商品或者服务时，有权进行比较、鉴别和挑选。

第十条　消费者享有公平交易的权利。

第十一条　消费者因购买、使用商品或者接受服务受到人身、财产损害的，享有依法获得赔偿的权利。

第十二条　消费者享有依法成立维护自身合法权益的社会组织的权利。

第十三条　消费者享有获得有关消费和消费者权益保护方面的知识的权利。

第十四条　消费者在购买、使用商品和接受服务时，享有人格尊严、民族风俗习惯得到尊重的权利，享有个人信息依法得到保护的权利。

第十五条　消费者享有对商品和服务以及保护消费者权益工作进行监督的权利。

### 第三章　经营者的义务

第十六条　经营者向消费者提供商品或者服务，应当依照本法和其他有关法律、法规的规定履行义务。

第十七条　经营者应当听取消费者对其提供的商品或者服务的意见，接受消费者的监督。

第十八条　经营者应当保证其提供的商品或者服务符合保障人身、财产安全的要求。对可能危及人身、财产安全的商品和服务，应当向消费者作出真实的说明和明确的警示，并说明和标明正确使用商品或者接受服务的方法以及防止危害发生的方法。

第十九条　经营者发现其提供的商品或者服务存在缺陷，有危及人身、财产安全危险的，应当立即向有关行政部门报告和告知消费者，并采取停止销售、警示、召回、无害化处理、销毁、停止生产或者服务等措施。采取召回措施的，经营者应当承担消费者因商品被召回支出的必要费用。

第二十条　经营者向消费者提供有关商品或者服务的质量、性能、用途、有效期限等信息，应当真实、全面，不得作虚假或者引人误解的宣传。

第二十一条　经营者应当标明其真实名称和标记。

第二十二条　经营者提供商品或者服务，应当按照国家有关规定或者商业惯例向消费者出具发票等购货凭证或者服务单据；消费者索要发票等购货凭证或者服务单据的，经营者必须出具。

第二十三条　经营者应当保证在正常使用商品或者接受服务的情况下其提供的商品或者服务应当具有的质量、性能、用途和有效期限；但消费者在购买该商品或者接受该服务前已经知道其存在瑕疵，且存在该瑕疵不违反法律强制性规定的除外。

第二十四条　经营者提供的商品或者服务不符合质量要求的，消费者可以依照国家规定、当事人约定退货，或者要求经营者履行更换、修理等义务。没有国家规定和当事人约定的，消费者可以自收到商品之日起七日内退货；七日后符合法定解除合同条件的，消费者可以及时退货，不符合法定解除合同条件的，可以要求经营者履行更换、修理等义务。

　　**第二十五条**　经营者采用网络、电视、电话、邮购等方式销售商品，消费者有权自收到商品之日起七日内退货，且无需说明理由，但下列商品除外：

　　（一）消费者订做的；

　　（二）鲜活易腐的；

　　（三）在线下载或者消费者拆封的音像制品、计算机软件等数字化商品；

　　（四）交付的报纸、期刊。

　　除前款所列商品外，其他根据商品性质并经消费者在购买时确认不宜退货的商品，不适用无理由退货。

　　**第二十六条**　经营者在经营活动中使用格式条款的，应当以显著方式提请消费者注意商品或者服务的数量和质量、价款或者费用、履行期限和方式、安全注意事项和风险警示、售后服务、民事责任等与消费者有重大利害关系的内容，并按照消费者的要求予以说明。

　　**第二十七条**　经营者不得对消费者进行侮辱、诽谤，不得搜查消费者的身体及其携带的物品，不得侵犯消费者的人身自由。

　　**第二十八条**　采用网络、电视、电话、邮购等方式提供商品或者服务的经营者，以及提供证券、保险、银行等金融服务的经营者，应当向消费者提供经营地址、联系方式、商品或者服务的数量和质量、价款或者费用、履行期限和方式、安全注意事项和风险警示、售后服务、民事责任等信息。

　　**第二十九条**　经营者收集、使用消费者个人信息，应当遵循合法、正当、必要的原则，明示收集、使用信息的目的、方式和范围，并经消费者同意。经营者收集、使用消费者个人信息，应当公开其收集、使用规则，不得违反法律、法规的规定和双方的约定收集、使用信息。

### 第四章　国家对消费者合法权益的保护

　　**第三十条**　国家制定有关消费者权益的法律、法规、规章和强制性标准，应当听取消费者和消费者协会等组织的意见。

　　**第三十一条**　各级人民政府应当加强领导，组织、协调、督促有关行政部门做好保护消费者合法权益的工作，落实保护消费者合法权益的职责。

　　**第三十二条**　各级人民政府工商行政管理部门和其他有关行政部门应当依照法律、法规的规定，在各自的职责范围内，采取措施，保护消费者的合法权益。

　　**第三十三条**　有关行政部门在各自的职责范围内，应当定期或者不定期对经营者提供的商品和服务进行抽查检验，并及时向社会公布抽查检验结果。

　　**第三十四条**　有关国家机关应当依照法律、法规的规定，惩处经营者在提供商品和服务中侵害消费者合法权益的违法犯罪行为。

　　**第三十五条**　人民法院应当采取措施，方便消费者提起诉讼。对符合《中华人民共和国民事诉讼法》起诉条件的消费者权益争议，必须受理，及时审理。

### 第五章　消费者组织

**第三十六条**　消费者协会和其他消费者组织是依法成立的对商品和服务进行社会监督的保护消费者合法权益的社会组织。

**第三十七条**　消费者协会履行下列公益性职责：

（一）向消费者提供消费信息和咨询服务，提高消费者维护自身合法权益的能力，引导文明、健康、节约资源和保护环境的消费方式；

（二）参与制定有关消费者权益的法律、法规、规章和强制性标准；

（三）参与有关行政部门对商品和服务的监督、检查；

（四）就有关消费者合法权益的问题，向有关部门反映、查询，提出建议；

（五）受理消费者的投诉，并对投诉事项进行调查、调解；

（六）投诉事项涉及商品和服务质量问题的，可以委托具备资格的鉴定人鉴定，鉴定人应当告知鉴定意见；

（七）就损害消费者合法权益的行为，支持受损害的消费者提起诉讼或者依照本法提起诉讼。

**第三十八条**　消费者组织不得从事商品经营和营利性服务，不得以收取费用或者其他牟取利益的方式向消费者推荐商品和服务。

### 第六章　争议的解决

**第三十九条**　消费者和经营者发生消费者权益争议的，可以通过下列途径解决：

（一）与经营者协商和解；

（二）请求消费者协会或者依法成立的其他调解组织调解；

（三）向有关行政部门投诉；

（四）根据与经营者达成的仲裁协议提请仲裁机构仲裁；

（五）向人民法院提起诉讼。

**第四十条**　消费者在购买、使用商品时，其合法权益受到损害的，可以向销售者要求赔偿。销售者赔偿后，属于生产者的责任或者属于向销售者提供商品的其他销售者的责任的，销售者有权向生产者或者其他销售者追偿。

**第四十一条**　消费者在购买、使用商品或者接受服务时，其合法权益受到损害，因原企业分立、合并的，可以向变更后承受其权利义务的企业要求赔偿。

**第四十二条**　使用他人营业执照的违法经营者提供商品或者服务，损害消费者合法权益的，消费者可以向其要求赔偿，也可以向营业执照的持有人要求赔偿。

**第四十三条**　消费者在展销会、租赁柜台购买商品或者接受服务，其合法权益受到损害的，可以向销售者或者服务者要求赔偿。展销会结束或者柜台租赁期满后，也可以向展销会的举办者、柜台的出租者要求赔偿。展销会的举办者、柜台的出租者赔偿后，有权向销售者或者服务者追偿。

**第四十四条**　消费者通过网络交易平台购买商品或者接受服务，其合法权益受到损害的，可以向销售者或者服务者要求赔偿。网络交易平台提供者不能提供销售者或者服务者的真实名称、地址和有效联系方式的，消费者也可以向网络交易平台提供者要求赔偿；网络交易平台提供者作出更有利于消费者的承诺的，应当履行承诺。网络交易平台提供者赔偿后，有权向销售者或者服务者追偿。

**第四十五条** 消费者因经营者利用虚假广告或者其他虚假宣传方式提供商品或者服务，其合法权益受到损害的，可以向经营者要求赔偿。广告经营者、发布者发布虚假广告的，消费者可以请求行政主管部门予以惩处。广告经营者、发布者不能提供经营者的真实名称、地址和有效联系方式的，应当承担赔偿责任。

**第四十六条** 消费者向有关行政部门投诉的，该部门应当自收到投诉之日起七个工作日内，予以处理并告知消费者。

**第四十七条** 对侵害众多消费者合法权益的行为，中国消费者协会以及在省、自治区、直辖市设立的消费者协会，可以向人民法院提起诉讼。

## 第七章 法 律 责 任

**第四十八条** 经营者提供商品或者服务有下列情形之一的，除本法另有规定外，应当依照其他有关法律、法规的规定，承担民事责任：

（一）商品或者服务存在缺陷的；

（二）不具备商品应当具备的使用性能而出售时未作说明的；

（三）不符合在商品或者其包装上注明采用的商品标准的；

（四）不符合商品说明、实物样品等方式表明的质量状况的；

（五）生产国家明令淘汰的商品或者销售失效、变质的商品的；

（六）销售的商品数量不足的；

（七）服务的内容和费用违反约定的；

（八）对消费者提出的修理、重作、更换、退货、补足商品数量，退还货款和服务费用或者赔偿损失的要求，故意拖延或者无理拒绝的；

（九）法律、法规规定的其他损害消费者权益的情形。

**第四十九条** 经营者提供商品或者服务，造成消费者或者其他受害人人身伤害的，应当赔偿医疗费、护理费、交通费等为治疗和康复支出的合理费用，以及因误工减少的收入。造成残疾的，还应当赔偿残疾生活辅助具费和残疾赔偿金。造成死亡的，还应当赔偿丧葬费和死亡赔偿金。

**第五十条** 经营者侵害消费者的人格尊严、侵犯消费者人身自由或者侵害消费者个人信息依法得到保护的权利的，应当停止侵害、恢复名誉、消除影响、赔礼道歉，并赔偿损失。

**第五十一条** 经营者有侮辱诽谤、搜查身体、侵犯人身自由等侵害消费者或者其他受害人人身权益的行为，造成严重精神损害的，受害人可以要求精神损害赔偿。

**第五十二条** 经营者提供商品或者服务，造成消费者财产损害的，应当依照法律规定或者当事人约定承担修理、重作、更换、退货、补足商品数量、退还货款和服务费用或者赔偿损失等民事责任。

**第五十三条**　经营者以预收款方式提供商品或者服务的，应当按照约定提供。未按照约定提供的，应当按照消费者的要求履行约定或者退回预付款；并应当承担预付款的利息、消费者必须支付的合理费用。

**第五十四条**　依法经有关行政部门认定为不合格的商品，消费者要求退货的，经营者应当负责退货。

**第五十五条**　经营者提供商品或者服务有欺诈行为的，应当按照消费者的要求增加赔偿其受到的损失，增加赔偿的金额为消费者购买商品的价款或者接受服务的费用的 3 倍；增加赔偿的金额不足 500 元的，为 500 元。法律另有规定的，依照其规定。

**第五十六条**　经营者有下列情形之一，除承担相应的民事责任外，其他有关法律、法规对处罚机关和处罚方式有规定的，依照法律、法规的规定执行；法律、法规未作规定的，由工商行政管理部门或者其他有关行政部门责令改正，可以根据情节单处或者并处警告、没收违法所得、处以违法所得 1 倍以上 10 倍以下的罚款，没有违法所得的，处以 50 万元以下的罚款；情节严重的，责令停业整顿、吊销营业执照：

（一）提供的商品或者服务不符合保障人身、财产安全要求的；

（二）在商品中掺杂、掺假，以假充真，以次充好，或者以不合格商品冒充合格商品的；

（三）生产国家明令淘汰的商品或者销售失效、变质的商品的；

（四）伪造商品的产地，伪造或者冒用他人的厂名、厂址，篡改生产日期，伪造或者冒用认证标志等质量标志的；

（五）销售的商品应当检验、检疫而未检验、检疫或者伪造检验、检疫结果的；

（六）对商品或者服务作虚假或者引人误解的宣传的；

（七）拒绝或者拖延有关行政部门责令对缺陷商品或者服务采取停止销售、警示、召回、无害化处理、销毁、停止生产或者服务等措施的；

（八）对消费者提出的修理、重作、更换、退货、补足商品数量、退还货款和服务费用或者赔偿损失的要求，故意拖延或者无理拒绝的；

（九）侵害消费者人格尊严、侵犯消费者人身自由或者侵害消费者个人信息依法得到保护的权利的；

（十）法律、法规规定的对损害消费者权益应当予以处罚的其他情形。

**第五十七条**　经营者违反本法规定提供商品或者服务，侵害消费者合法权益，构成犯罪的，依法追究刑事责任。

**第五十八条**　经营者违反本法规定，应当承担民事赔偿责任和缴纳罚款、罚金，其财产不足以同时支付的，先承担民事赔偿责任。

**第五十九条**　经营者对行政处罚决定不服的，可以依法申请行政复议或者提起行政诉讼。

**第六十条**　以暴力、威胁等方法阻碍有关行政部门工作人员依法执行职务的，依法追究刑事责任；拒绝、阻碍有关行政部门工作人员依法执行职务，未使用暴力、威胁方法的，由公安机关依照《中华人民共和国治安管理处罚法》的规定处罚。

**第六十一条**　国家机关工作人员玩忽职守或者包庇经营者侵害消费者合法权益的行为

的，由其所在单位或者上级机关给予行政处分；情节严重，构成犯罪的，依法追究刑事责任。

第八章　附　则

**第六十二条**　农民购买、使用直接用于农业生产的生产资料，参照本法执行。

**第六十三条**　本法自 1994 年 1 月 1 日起施行。

# 五、电子产品（家电模块）营销员国家职业标准

## 一、职业概况

1. 职业名称

电子产品营销员。

2. 职业定义

从事电子产品营销活动或相关工作的人员。

3. 职业等级

本职业共设三个等级，分别为电子产品营销员（国家职业资格五级），中级电子产品营销员（国家职业资格四级），高级电子产品营销员（国家职业资格三级）。

4. 职业环境

室内、常温。

5. 职业能力特征

职业能力特征见表附表 1。

附表 1　　　　　　　　　　职 业 能 力 特 征 表

| 项目 | 非常重要 | 重要 | 一般 |
|---|---|---|---|
| 学习能力 | | * | |
| 表达能力 | * | | |
| 计算能力 | | * | |
| 空间感 | | | * |
| 形体知觉 | | | * |
| 色觉 | * | | |
| 手指灵活性 | | * | |
| 手臂灵活性 | | | * |
| 动作协调性 | | * | |

6. 基本文化程度要求

具有高中毕业及高中以上文化程度（或同等学力）。

7. 培训要求

（1）培训期限：电子产品营销员，不少于 150～180 标准学时数；中级电子产品营销员，不少于 180～200 标准学时数；高级电子产品营销员，不少于 180～200 标准学时数。

（2）培训教师。培训电子产品营销人员的教师应熟练掌握市场营销知识，无线电技术知识；从事经济管理、无线电技术或相关专业教学工作，具备中级以上（含中级）专业技术职称。

（3）培训场地设备：标准教室，用于理论知识培训；具有电子产品等教学设备的实验室，用于技能培训。

8. 鉴定要求

（1）适用对象：从事或准备从事电子产品营销的人员。

（2）申报条件。

——电子产品营销员

具备下述条件之一者，可申报本职业营销员职业资格鉴定。

1）在本职业见习期满一年，考核合格。

2）经本职业营销员职业资格培训，并取得结业证书。

——中级电子产品营销员

具体下述条件之一者，可申报本职业中级营销员职业资格鉴定。

1）取得本职业初级证书后，在本职业连续工作满两年，经本职业中级营销员职业资格培训，取得结业证书。

2）取得经劳动保障行政部门审核认定的以中级电子产品营销技能为培养目标的中等以上职业学校营销专业毕业生。

——高级电子产品营销员

具备下述条件之一者，可申报本职业高级营销员职业资格鉴定。

1）取得本职业中级资格证书后，在本职业连续工作满 3 年，经本职业高级营销员职业资格培训取得结业证书。

2）大学营销专业专科毕业。

3）大学相关专业本专科毕业，并经本职业高级营销员职业资格培训取得结业证书。

4）取得经劳动保障行政部门审核认定的以高级营销技能为培训目标的高等以上职业学校营销专业毕业生。

（3）考评员配备：理论知识考试，15～20 名考生配 1 名考评员；操作技能考核，5～10 名考生配 1 名考评员。

（4）鉴定方式：本职业鉴定分为理论知识考试和操作技能考核。操作技能考核采用上机操作、营销方案、答辩等。由 2～3 名考评员组成考评小组，参照统一标准评定得分，两项采用 100 分计，皆达到 60 分以上者为合格。

（5）鉴定时间：理论知识考试，电子产品营销员、中高级电子产品营销员均为 120 分钟；操作技能考核，电子产品营销员、中高级电子产品营销员均为 90 分钟。

（6）鉴定场地设备：标准教室，用于理论知识考试；具有电子产品等教学设备的实验室，用于操作技能考核。

## 二、基本要求

1. 职业道德

职业道德基本知识：

1）遵纪守法，敬业敬岗，具有良好职业道德，尊崇公德。

2）实事求是，工作认真，精研业务，尽职尽责。

2. 基础知识

（1）电工基础和无线电基础知识：

1）常用电子元器件基本知识。

2）电工基础原理。

3）电子电路基础知识，脉冲电路基础知识，数字电路基础知识。

4）电声器件基本知识。

5）微处理器的工作基础原理。

6）电子产品中，高新技术及相关的电路和器件知识。

（2）电子产品知识：

1）电子产品的电路及其基本工作原理、产品结构。

2）电子产品中有关光学基础知识。

3）电子产品中英文标识和含义。

4）微型计算机的一般应用知识。

（3）电子产品营销基础知识：

1）电子产品市场营销业务知识。

2）消费心理学基础知识。

3）电子产品的定价方法与技巧。

（4）电子产品服务：

1）电子产品服务特点和服务内容。

2）电子产品的安装、使用和维护。

（5）电子产品的安全技术知识：

1）电子产品的安全技术规程。

2）电子产品的安全使用知识。

（6）电子产品常用英语词汇：产品控制键、钮、各输入、输出、特别提示英语相关词汇的掌握并释为中文名词，并清楚所含意义。

（7）法律法规常识。相关法律知识包括：《价格法》《消费者权益保护法》《反不正当竞争法》《经济合同法》《知识产权法》。

## 三、工作要求

本标准对初、中、高各级别技能要求及相关知识要求依次递进，高级别包括了低级别的要求。

1．初级电子产品营销员

其工作要求见附表2。

附表2　　　　　　　　　　　初级电子产品营销员的工作要求

| 项目 | 工作内容 | 技能要求 | 相关知识 |
|---|---|---|---|
| 产品知识 | （一）盒式收录机的基础工作原理、组合音响的设备 | 1．能够正确使用标准试音带、盘对组合音响进行测试；<br>2．能够正确熟练操作产品控制键、钮的功能；<br>3．能够正确进行输入、输出接插头的连接；<br>4．能够清楚、准确地表达产品的性能和使用注意事项；<br>5．能够正确安装、连接产品；<br>6．能够清楚、准确口头表达视盘机的性能和使用注意事项；<br>7．了解录像机的品种、性能特点和应用范围；<br>8．能够清楚准确口头表达各类电视机的功能、性能特点和使用注意事项 | 1．了解收录机的工作原理；<br>2．了解无线电波的发送与接收、调频、调幅的主要基本特点；<br>3．放大电路的种类及工作特点（功率、失真度、喇叭匹配）；<br>4．双卡录音座、CD、微型唱机的基本构成及工作特点；<br>5．卡拉OK电路及特点；<br>6．盒式磁带的种类和规格；<br>7．了解立体声组合音响系统的整体 |
| | （二）视盘机 | | 1．数字信号处理技术特点（A/D和D/A转换）；<br>2．了解视盘机信息的记录和播放特点；<br>3．了解视盘机基本原理 |
| | （三）录、放像机 | | 1．了解录像机的整机构成及声像信号的录、放过程；<br>2．了解磁性录放原理及磁头、磁带的特性；<br>3．了解视频信号的高密度记录方法 |
| | （四）电视机 | | 1．PAL制彩色电视机的基本构成；<br>2．全频道电子调谐器的电路特点；<br>3．全电视信号的内容及作用；<br>4．电视信号的频率范围及特点；<br>5．彩色电视机与黑白电视机的主要区别；<br>6．了解三基色原理和彩色的重现原理；<br>7．了解NISC和PAL制电视信号的形成；<br>8．了解电视制式的基础知识；<br>9．了解普通彩色电视机的整机电路特点 |
| 英语词汇 | 产品键、钮警示文字词汇 | 准确识别，准确理解其词的功能、操作警示含义 | 涉及上述产品的按键、接插口、钮标识英语词汇 |

续表

| 项目 | 工作内容 | 技能要求 | 相关知识 |
|---|---|---|---|
| 营销知识 | （一）销售 | 掌握电子产品的特点、性能，并根据客户心理恰当介绍产品 | 熟悉同类电子产品的技术品质，介绍产品的法则 |
| | （二）公关 | 1. 了解在营销活动中与顾客建立良好的人际关系；<br>2. 能够运用公共活动达到目的 | 1. 人际关系形成的过程规律；<br>2. 展示会和其他活动的一般规则 |
| | （三）市场调研 | 1. 能够按照市场调研的内容进行市场调研；<br>2. 能够初步运用市场分析方法分析市场 | 1. 市场调研的种类和步骤；<br>2. 市场分析的方法 |
| | （四）渠道管理 | 1. 能够协助进行直销管理工作；<br>2. 能够协助进行特许经营的管理 | 1. 直销点的类型及管理；<br>2. 特许经营与直销点的区别管理 |
| | （五）销售分析 | 1. 能够运用各种方法进行销售活动；<br>2. 能够撰写销售活动分析报告 | 1. 绝对、相对分析法、因素替代法和量本利分析法；<br>2. 汇集资料，分析资料，分析报告 |

2. 中级电子产品营销员

其工作要求见附表3。

附表3　　　　　　　　　　　中级电子产品营销员的工作要求

| 项目 | 工作内容 | 技能要求 | 相关知识 |
|---|---|---|---|
| 产品知识 | （一）组合音响设备 | 1. 能够掌握产品的技术性能指标，并清楚其含义；<br><br> | 1. 数字调谐的优点；<br>2. 卡拉OK的电路的原理；<br>3. 双卡录音座基本原理；<br>4. CD、MD激光唱机的特点 |
| | （二）电视机 | 2. 能够全面清楚口头表达产品的性能及特点，全面介绍产品使用注意事项；<br>3. 能够对用户进行使用培训；<br>4. 能够较熟练的安装产品；<br>5. 能够正确的操作产品的键、钮和程序输入（有程序设置的产品）；<br>6. 能够准确的进行缆线连接。通过计算机下载（MP3）音乐； | 1. 遥控发射器的电路原理；<br>2. 以微处理器为核心的彩电控制的特点；<br>3. 大屏幕彩电微处理器和I2C总线控制系统的特点；<br>4. 遥控彩色电视机的特点；<br>5. 了解大屏幕彩电新功能的特点 |
| | （三）录、放像机和视盘机 | 7. 能够全面清楚口头表达各种电视机产品的性能、特点及技术指标和其含义；<br>8. 能够清楚口头表达录、放像机的主要性能和技术指标，并清楚其含义；<br>9. 能够掌握摄像机产品的技术性能及技术指标；<br>10. 能够准确口头表达产品的性能特点； | 1. 录像机的品种、技术特点和应用范围；<br>2. 磁性记录及播放原理；<br>3. 视频信号的高密度记录方法；<br>4. 了解旋转磁头的基本结构和螺旋扫描原理，录像机的整机构成及声像信号的录放过程；<br>5. 数字信号处理电路的工作特点；<br>6. 光盘信息的压缩和解码特点；<br>7. 了解LD、VCD、DVD视盘信息的记录和播放特点；<br>8. 了解各种视盘机机芯的结构特点 |
| | （四）摄像机 | 11. 能够正确维护产品的镜头和充电；<br>12. 能够熟练正确的操作摄像机的键、钮。能正确连接缆线；<br>13. 能够对用户进行操作培训；<br>14. 能够掌握产品使用的程序录入 | 1. CCD摄像元件的功能和特点；<br>2. 了解摄像机的电路和摄像信号的形成原理；<br>3. 了解摄录一体机机芯结构和工作原理及特点 |

| 项目 | 工作内容 | 技能要求 | 相关知识 |
|---|---|---|---|
| 计算机应用 | 计算机操作 | 1. 能够操作计算机进行购、销、存的查询；<br>2. 能够操作计算机做销售日报表 | 1. 计算机基本操作知识；<br>2. 计算机销售日报表软件使用知识 |
| 英语词汇 | 产品键、钮警示文字词汇 | 掌握产品的键、钮英文标识，说明书中技术指标 | 涉及上述产品的按键、接插口钮标识英语词汇 |
| 营销知识 | （一）销售 | 1. 掌握编制计划的步骤；<br>2. 能够根据不同的方法确定销售目标 | 1. 销售计划的方式；<br>2. 确定销售目标的方法 |
| | （二）谈判 | 1. 掌握签约的程度；<br>2. 能够正确运用各种谈判方式 | 谈判的方法 |
| | （三）催款 | 1. 掌握应收款计算方式；<br>2. 能够运用各种催款技巧 | 应收款管理 |
| | （四）市场调研 | 1. 掌握抽样调研的方式；<br>2. 能够对调查资料进行简单的分析 | 1. 调研方法；<br>2. 资料处理 |
| | （五）渠道管理 | 1. 建立客户档案；<br>2. 能够掌握大客户的管理办法；<br>3. 能够对代理商的选择提出建议 | 渠道管理办法 |
| | （六）促销 | 1. 掌握主要的促销方法；<br>2. 能够运用媒介促进销售 | 1. 促销方法；<br>2. 促销筹备 |

3. 高级电子产品营销员

其工作要求见附表4。

附表 4　　　　　高级电子产品营销员的工作要求

| 项目 | 工作内容 | 技能要求 | 相关知识 |
|---|---|---|---|
| 产品知识 | （一）多功能、多制式大屏幕电视机 | 1. 能够掌握中、高档电子产品的性能特点和技术指标；<br>2. 能够较熟练的操作产品的键、钮；<br>3. 能够对产品进行操作程序输入；<br>4. 对产品进行安装调试；<br>5. 能够对产品的故障进行分析判断，并提出报告；<br>6. 能够对同类产品进行性能、技术指标分析比较，并提出报告；<br>7. 能够对初、中级营销人员进行支持指导；<br>8. 能够快速、准确的口头表达相关电子产品的性能、技术指标、特点；<br>9. 能够熟练的进行相关电子产品的操作程序录入； | 1. 大屏幕电视机的新功能基本原理；<br>2. 大屏幕、宽屏彩电的扫描电路及线性校正基本电路；<br>3. 大屏幕彩电的宽范围稳压开关电源的结构和基本原理；<br>4. 熟悉大屏幕电视机微处理器和I2C总线控制系统的电路结构和工作基本原理；<br>5. 熟悉画质、音质改善电路的结构和基本工作原理；<br>6. 熟悉多制式接收和解码电路的结构和基本工作原理；<br>7. 熟悉PLL锁相环等新的调谐电路的基本原理；<br>8. 熟悉大屏幕彩电的过载保护电路的基本功能 |
| | （二）LD、VCD、DVD视盘机 | 10. 能够应用电视测试检查判断电视机的图像质量；<br>11. 能够应用激光测试盘检查判断视盘机的质量；<br>12. 能够熟练操作摄录一体机，正确使用各种键、钮及选择电缆；<br>13. 能够掌握摄录一体机的各种性能及相关技术指标 | 1. 光盘机伺服电路的构成和基本工作原理；<br>2. 数字信号处理的基本工作原理；<br>3. 视盘机控制电路的构成；<br>4. 视盘机机芯的结构和基本工作原理；<br>5. LD光盘信息（音频、视频）的解调电路及基本工作原理；<br>6. VCD、DVD光盘信息的压缩和解压基本原理 |

| 项目 | 工作内容 | 技能要求 | 相关知识 |
|---|---|---|---|
| 产品知识 | （三）多制式、多功能录像机和摄录一体机 | | 1.S-VHS、HI8 录放电路的基本工作原理；<br>2. 摄像机自动聚焦电路和基本工作原理；<br>3. 摄像机的自动白平衡电路工作；<br>4.8mm 及 VHS-C 摄录一体机机芯结构和基本工作原理；<br>5. 多制式录像机电路的结构和基本工作原理；<br>6. 特技重放电路和数字式自动跟踪基本原理；<br>7. 高保真伴音的记录方法和深层记录基本原理；<br>8.CCD 摄像元件的结构和成像基本原理；<br>9. 摄录一体机视频、音频录放电路的组成和基本工作原理 |
| 计算机应用 | 计算机操作 | 1. 能够熟练操作计算机并能上网查询市场动态和相关营销信息；<br>2. 能够操作计算机进行营销购、销、存及相关文件的制作、整理、打印 | 1. 计算机网络操作知识；<br>2. 计算机办公自动化知识，购、销、存软件应用知识 |
| 英语词汇 | | 掌握产品的键、钮识别，产品英文说明中功能、技术指标和使用方法的关键词，并能借助词典翻译作用说明书中的短文 | 涉及上述产品的按键、接插口钮标识英语词汇 |
| 营销知识 | （一）营销 | 1. 能够分析顾客价值；<br>2. 拟制电子产品营销计划；<br>3. 能够对电子产品市场进行调研并做出报告 | 1. 建立顾客价值关系；<br>2. 营销计划的拟写；<br>3. 市场调查的方法；<br>4. 市场调查报告的拟写 |
| | （二）谈判 | 1. 能够分析谈判僵局的类别和成因；<br>2. 能够控制和回避各种商务风险 | 1. 谈判成因分析；<br>2. 商务风险的预测与控制 |
| | （三）公关 | 1. 掌握与媒体保持联系的基本方法；<br>2. 掌握新闻稿写作的基本要求 | 1. 谈判成因分析；<br>2. 商务风险的预测与控制 |
| | （四）促销 | 1. 能够灵活运用销售促进方式；<br>2. 能够协助测定并实施广告计划；<br>3. 能够协助进行广告策划 | 1. 促销方式；<br>2. 广告效果；<br>3. 广告创意、定位 |

# 参 考 文 献

[1] 张学琴，闫志俊．新编市场营销［M］．大连：大连理工大学出版社，2012．

[2] 孙国忠，袁文君．市场营销实务［M］．北京：北京师范大学出版社，2011．

[3] 韩广兴，韩雪涛．电子电器产品营销技能上岗实训［M］．北京：电子工业出版社，2009．

[4] 赵志锋．电子电器产品营销实务［M］．北京：人民邮电出版社，2008．

[5] 周伟．电子电器产品市场与营销［M］．北京：电子工业出版社，2012．

[6] 陈艳．信息产品营销［M］．大连：大连理工大学出版社，2009．